保育者のためのビデオ自己評価法

冨田久枝【著】
Tomita Hisae

理論・方法・実践的効果

北大路書房

はじめに

　「ビデオ自己評価法」という保育者研修方法を十余年にわたり実践し，その集大成として博士論文という形でまとめることができた。本書は2003年2月に筑波大学より博士（心理学）を授与されたその論文に基づいている。刊行に際し，標題を改めたほかは，ほぼ原文のままである。

　筆者は幼稚園教員として22年間，現場で保育者として日々子どもたちの成長を見守り，教頭という立場で保育者の成長も，そして自分の成長も共にしながら生きてきた。しかし，保育の現場も社会の変動の影響を受けて変化する。筆者が保育者になるための勉強をしていた頃は，一斉保育というのが当たり前で，筆者も当然の保育方法と思い，実践してきた。しかし，核家族化や少子化といった動きの中で，保育者が家庭保育まで援助しなければならない場面も多くなり，その重責にバーンアウトしてしまい，結果，大好きな子どもたちと別れ，大好きな保育を捨てる保育者を多く見てきた。そのような中にあって，1990年の幼稚園教育要領の改訂は，大変ショックだった。その理由は，これまでの保育が否定されたという思いと，新しく自分が変われるのかといった不安だったと思う。

　その不安を解消するために，そして以前から興味があったカウンセリングという道に進むために，筑波大学大学院に社会人入学した。おそらく自己変革を無意識のうちに感じて入学を決めたのだと思う。そこでは多くのカウンセリングに関する知見を得た。学んだカウンセリングの知見を保育現場で活かせないものだろうかと思うようになった。そして，行動療法を中心として研究を進めておられた田上不二夫先生と出会い，保育者の役に立つ修士論文にしようということになったのである。

　その当時は保育現場にカウンセリングを取り入れる発想も希薄で，研究にご協力いただける方はとても少なく，結局，自分の勤務している園での研修という形でこのビデオ自己評価法が生まれた。その後，多くの保育者の理解を得て，研修プロジェクトに参画していただいた。この多くの仲間たちが確かに育った，そして子どもたちも変わったという事実を何とか形にしたいと考え，筆者の気

i

持ちは，博士論文としてまとめ，この研究を世に紹介したいというものに変わっていった。この研究に参画してくださった保育者の方々への感謝の気持ちが本書である。こうした方々の協力がなければ，本書は存在しないからである。

　近年はカウンセリングが保育現場でも注目されるようになり，その知見を保育に，保護者対応に積極的に活用しようとする動きがある。十余年も前から手がけているこのビデオ自己評価法がようやく日の目を見るときが来たと感じている。自分の保育を振り返ることは，自分の人生を肯定し，より良い自分探しをすることだと筆者は考えている。ビデオ自己評価法が保育現場で活用され，そしてより良い保育の実現につながれば，これに勝る喜びはない。

目 次

第Ⅰ部　序論

第1章　研究の社会的意義　3
第1節　幼稚園教育要領・保育所保育指針の改訂　3
1．幼稚園教育要領改訂のいきさつ（1989年）　5
2．幼稚園教育要領改訂の主な内容　8
3．幼稚園教育要領・保育所保育指針の再改訂の要点　9
第2節　保育現場における保育者育成の問題点　13
1．研修機会の格差　13
2．研修内容における問題　14
3．研修効果の限界　14
第3節　本研究の社会的意義　16

第2章　問題の所在と目的　19
第1節　保育者研修の実態と問題点　19
1．幼稚園教育要領・保育所保育指針改訂直後の研修の実態　19
2．A県（首都圏）における保育者研修の動向　20
3．A県以外の首都圏の地方公共団体および諸機関の研修の動向　29
4．保育者研修の実態と問題点　30
第2節　教員研修や保育評価に関する研究の動向　35
1．教員研修（教育相談研修）に関する研究　35
2．教育活動（児童生徒への指導）の視点からみた自己評価　38
3．保育評価に関連する研究　39
4．スキル訓練と保育者研修　45
5．ビデオ自己評価法　46
第3節　自己評価と学習　47
1．自己評価（self-evaluation）と学習　47
2．自己評価を学習に活用した近年の研究　49
3．自己評価と自己調整学習　52
4．自己評価と自己覚知　55
5．自己評価と自己概念　55
第4節　映像が自己評価や学習に及ぼす影響　60
1．映像を使った自己評価　60
2．映像が学習過程にもたらす効果　63

第5節　本研究の目的と意義　69
　1．問題の所在　69
　2．本研究の目的　70

第Ⅱ部　実証的検討

第3章　幼稚園教員の援助スキル【研究1】　73
第1節　目　的　73
第2節　方　法　75
　1．調査対象者　75
　2．調査期間　75
　3．調査内容　75
　4．実施手続き　76
　5．分析方法　76
第3節　結　果　78
　1．援助スキル　78
　2．保育者としての自己意識　89
第4節　考　察　92
　1．援助スキル　92
　2．保育者としての自己意識　93

第4章　幼稚園教員の援助スキル変容に及ぼす
　　　　　ビデオ自己評価法の効果【研究2】　95
第1節　目　的　95
　1．目　的　95
　2．仮　説　96
第2節　研究方法　97
　1．対象幼稚園　97
　2．研究協力者　97
　3．研修実施者　97
　4．研修実施期間　97
　5．研修内容　98
　6．アセスメント　98
　7．援助スキルチェック・リストの作成　99
　8．手続き（セッションの実施方法）　101
　9．ビデオ自己評価法の効果測定　103
第3節　結　果　107
　1．援助スキル自己評価得点の変化　107
　2．援助スキル出現頻度の変化　108
　3．援助スキルの種類による頻度変化　109

4．ビデオ自己評価法によるセルフイメージの変化　117
　　5．ビデオ自己評価法による気づき　123
　第4節　考　察　132
　　1．援助スキル自己評価得点の変化　132
　　2．ビデオ自己評価法の効果と援助スキル出現頻度の変化の特徴　133
　　3．援助スキルの種類による頻度変化の特徴　134
　　4．ビデオ自己評価法によるセルフイメージの変化　135
　　5．ビデオ自己評価法による気づき　135
　　6．社会的強化とビデオ自己評価法の効果　136

第5章　ビデオ自己評価法の方法に関する検討（1）
　　　　実施回数と援助スキルの変化【研究3】　137
　第1節　目　的　137
　　1．目　的　137
　　2．仮　説　139
　第2節　方　法　140
　　1．対象幼稚園　140
　　2．研究協力者　140
　　3．研修実施者　140
　　4．研修実施期間　140
　　5．研修内容　140
　　6．アセスメント　141
　　7．セルフイメージ尺度の因子構造の検討　141
　　8．手続き　144
　　9．分析方法　145
　第3節　結　果　147
　　1．援助スキルの使用頻度の変化　147
　　2．ビデオ自己評価法におけるセルフイメージの各因子構造からみた変化の特徴
　　　　　　　　　　　　　　　　　　　　　　　　　　　147
　　3．認知傾向の比較　158
　第4節　考　察　163
　　1．援助スキルの使用頻度変化と研修の効果　163
　　2．セルフイメージの変化の特徴　164
　　3．援助スキルに対する認知変化　166

第6章　援助スキルチェック・リストの改定【研究4】　171
　第1節　目　的　171
　第2節　方　法　172
　　1．研究協力者　172
　　2．研修実施者　172

目次　v

3．研修実施期間　172
4．研修内容　172
5．アセスメント　172
6．手続き　173
7．分析方法　173
第3節　結果および考察　175

第7章　ビデオ自己評価法の方法に関する検討（2）
　　　　ビデオ群とチェック・リスト群の比較【研究5】　179
第1節　目的　179
1．目的　179
2．仮説　180
第2節　研究方法　182
1．研究協力者　182
2．研修実施者　182
3．研修実施期間　182
4．アセスメント　182
5．研修内容および手続き　183
6．分析方法　187
第3節　結果および考察　189
1．結果　189
2．考察　202

第8章　ビデオ自己評価法の効果に及ぼす個人要因の検討【研究6】　205
第1節　目的　205
第2節　研究方法　208
1．研究協力者　208
2．研修実施者　208
3．研修実施期間　208
4．アセスメント　208
5．研修内容および手続き　209
6．ビデオ自己評価法の効果測定　210
7．分析方法　210
第3節　結果および考察　212
1．結果　212
2．考察　216

第9章　本研究の結果のまとめと今後の課題　219
第1節　本研究の主な結果のまとめ　219
第2節　全体的な観点からの考察　228

1．ビデオ自己評価法の効果　228
    2．ビデオ自己評価法の意義　234
    3．本研究における自己評価モデル（仮説の検証）　239
    4．今後の課題　241

資料　247
研究協力幼稚園・保育園一覧　263
引用文献　265
本論文を構成する研究の発表状況　273
事項索引　274
人名索引　277
謝辞　280

第 I 部

序　論

第1章 研究の社会的意義

第1節
幼稚園教育要領・保育所保育指針の改訂

　幼稚園教育要領が1989年3月に告示,改訂され1990年より施行された。保育所保育指針も幼稚園教育要領の改訂を受けて見直され,同じく1990年より新保育所保育指針が施行されるに至った。
　この幼稚園教育要領の改訂によってそれまでの幼稚園における保育のあり方が根本から見直され,「環境を通して行う教育」が教育の基本に掲げられた。
　以前の幼稚園教育要領や保育所保育指針では,幼稚園教員・保育士(以下両者を区別せずに保育者と呼ぶ)が幼児にふさわしい環境(遊具,用具,遊びなど)を与えるといった保育者主導型の保育であった。今回の改訂では,幼児は自分を取り巻く環境に自ら主体的に関わり,その具体的な体験を積み重ねていくことが,幼児の成長発達には重要であるとされ,幼児主導の保育が主たる目的とされた。そして,保育者の役割は,適切な環境を幼児の興味や関心,発達の状態に即して準備し,さらに再構成していく援助者,つまり環境(人的環境)の一部として位置づけられることとなった。
　この改訂を受けて,この幼稚園教育要領を基本とした保育が実践できるようにするための教員研修が実施されるようになった。文部省(現在は文部科学省であるが,以下文部省として論をすすめる)は1993年7月に「保育技術専門講座資料」を提出し,その中で教育を進める際に重視する事項として「1.幼児が安定した情緒の下で自己を十分に発揮できるようにする。」「2.幼児の自発的な遊びを通しての指導を中心として総合的な指導を行う。」「3.一人一人

の発達の特性に応じた指導を行う。」の3点を挙げている。さらに，保育者の幼児理解をふまえた援助を強調し，「カウンセリングマインド」の必要性について強調している。この文部省の指導により，各地方公共団体で「保育技術専門講座」が開催されるようになった。しかしながら，「カウンセリングマインド」という新しい言葉と考え方が文部省の指導で導入されたが，「カウンセリングマインド」という言葉についての詳細な説明は無く，幼児理解をふまえた援助を，実際どのように向上させるか，全く手探りの状態であった。文部省が指導，推進した保育技術専門講座は保育者の援助向上を目指した講座であるが，首都圏のA県の幼稚園（筆者が勤務）ではこの当時（1993年），年1回の実施で，しかもその研修を受けることができるのは5年以上の経験者，1園1～3名と限定されており，ほとんどの保育者はその研修を受けることができなかった。当時，現場の保育者は改訂の内容を理解し，新しい保育内容に沿った保育を実践するのが精一杯で，「カウンセリングマインド」という言葉についてどのように捉え，研修に生かしたら良いのか，援助の質的な向上をどのような研修で図ったら良いのかなど，具体的な研修方法が見つからない状態であった。筆者が勤務していた地域の幼稚園でも，新教育要領に基づいた保育を実践し，より良い援助をどのように心がけるのかが具体的に理解できず，保育者の混乱や不安が大きかった。そのような混乱を少しでも緩和し，援助の質的な向上を図ることができ，現場の保育者なら誰でも参加，実施できるような研修を開発し，現場で実践していく必要性を強く感じ，本研究に取り組むに至った。

本研究に取り組むにあたり，保育者に関する先行研究として保育学会の学会発表論文集や保育学研究，カウンセリング学会の学会発表論文集やカウンセリング研究，日本教育心理学会の学会発表論文集や教育心理学研究等を本研究開始時（1995年）から10年間さかのぼり検索したが，保育者への援助に関する研究（系統的，継続的な研修効果に関する研究）はほとんど発表されていなかった。そこで，その少ない研究の中でいくつか保育者に関する研究を検索することができたのでここに紹介する。

腰山（1987）は「幼児理解のための幼児の行動を対象とした研究は多いが，保育そのものを対象にした評価の研究は少ない」と述べ，保育評価研究の必要性を指摘している。さらに，「保育の効果的な展開や効率的な指導過程の追求

など,保育技術側面が軽視されやすいのが現状である」と述べ,保育の行動目録と,その分類から保育評価表を利用して自己評定,他者評定に兼用できる手引きの必要性を提唱している。その他,小田(1987)の保育場面分析や,坂越ら(1987)の保育者の資質の具体化とそのレベルの向上を目指したコミュニケーション・センシティビティの向上に関する研究などいくつか挙げることはできる。しかし,これらの研究では,保育者研修の必要性について言及していたり,保育者の援助について分析はしているが,具体的な研修との関連については検討されておらず,保育現場ですぐに使える内容の研修に関する研究報告は見つからなかった。

　本章では,まず,この研究を始める大きな契機となった1989年の幼稚園教育要領・保育所保育指針の改訂,1990年の施行までの経緯について論じる。
　さらに,1998年幼稚園教育要領,1999年保育所保育指針の改訂,2000年の同時施行による保育内容や求められる保育者像の変化もこの研究を進めている中で起こっている。そこで,本研究に大きく関係する部分についてはこれらの改訂について説明を加えながら,保育界全体の流れを概観する中で,その研究の社会的意義について論じる。

1. 幼稚園教育要領改訂のいきさつ(1989年)

　ここで,1990年の幼稚園教育要領改訂のいきさつについて,少し説明を加える。なぜなら,この教育要領の改訂は,今までの幼稚園教育や保育所における保育を180度転換する画期的な改訂であり,新しい保育,そして新しい保育者のスタート地点であり,この研究のきっかけになった改訂だからである。なお,幼稚園教育要領に後れて,保育所保育指針も乳児保育を除いてほとんど同じ内容に改訂されているので,ここでは幼稚園教育要領を取り上げ,説明をしていくこととする。以下,ここで紹介する内容は文部省から配布された幼稚園教育要領改訂のための資料(1989年,県教育委員会から配布)を要約して紹介する。

◆幼稚園教育要領改訂に当たっての説明資料より（『 』内は抜粋個所）
(1) 改善の経緯

　1983年11月，中央教育審議会教育内容等小委員会から「自己教育力の育成，基礎，基本の徹底」などが示され，幼稚園教育のあり方，小学校低学年の教科構成の見直しなどについて報告が行われた。また，臨時教育審議会の4次にわたる答申においても，21世紀のための教育目標および初等中等教育の教育内容全般について，幅広い提言が行われた。一方，社会の変化が子どもに及ぼす影響に対応するための学校教育のあり方が，問われ始めた。1985年9月10日，文部大臣は教育課程審議会に対し，『幼稚園，小学校，中学校，及び高等学校の，教育課程の基準の改善について，「イ．社会の変化に対応する教育内容のあり方について」，「ロ．国民として必要とされる基礎的・基本的な事項の指導を徹底するとともに，児童生徒の能力・適性等に応じた教育を充実させるための教育内容のあり方について」，「ハ．幼稚園，小学校，中学校及び高等学校を通じて調和と統一のあり方について」，「ニ．六年制中学校（仮称）」』の4項目の観点を示し，諮問を行った。これを受けて，教育課程審議会では検討を重ね，1986年10月，審議の中間のまとめを公表した。そして，その後，審議会の各分科会において，各教科の編成や内容の改善，授業時数などについて審議の指針がまとめられた。中間のまとめ公表後，初等，中等，高等教育の分科審議会が設けられ，関係団体等から意見聴取を行い，各学校段階別にその基本事項について審議が行われた。さらに1987年には教科特別委員会が設けられ，各教科・科目等の編成や内容について具体的な改善方針が公表された。この審議のまとめ公表後，最終的な分科審議会が開催され，1987年12月教育審議会で採択，文部大臣に対して答申が行われた。

　一方，文部省においては，1986年7月より教育職員，学識経験者等の協力を得て，教育課程審議会の方針を尊重し，学習指導要領，教育要領の具体的な改訂作業を進め，これらの実施を幼稚園，小学校は1990年，中学校は1993年，高等学校は1994年という予定を示した。以上のような経緯で，幼稚園の教育要領も小学校と同様に大きな変革を遂げる結果となった。

(2) 改善のねらい

　今日の科学技術，経済の発展は物質的な豊かさを生みだし，情報化，国際化，価値観の多様化，核家族化，高齢化などの社会的な変化をもたらした。その変化に伴い21世紀に向け国際社会に生きる日本人の育成という教育の大きな課題が浮上したわけである。そこで，文部省はこの改善にあたり，4つの視点を掲げ，改善のねらいとしている。その視点とは，『「イ．豊かな心をもち，たくましく生きる人間の育成」，「ロ．自ら学ぶ意欲と社会の変化に主体的に対応できる能力の育成」，「ハ．国民として必要とされる基礎的・基本的な内容の重視及び，個性を生かす教育の充実」，「ニ．国際理解を深め，わが国の文化と伝統を尊重する態度の育成」』である。

(3) 幼稚園教育要領改善の基本方針

　旧幼稚園教育要領が制定されてから20年以上の時が過ぎ，その間，社会は著しく変化し，幼児を取り巻く環境も大きく変化した。それに伴い，自然などの直接体験の減少，人間関係の希薄化などの諸問題を生み出し，幼児の発達にも差異が見られると言われるようになった。さらに，旧幼稚園教育要領の解釈についても，基本的な共通解釈がなされていないために起こった，一部幼稚園による早期教育や知育偏重（教師指導型教科的保育）といった現状から教育内容の改善が求められたのである。そこで，文部省は幼稚園教育の基本となる事項について明確にし，特に重視されるべき事項を次のように明らかにした。
　幼児期は人格形成の基礎を培う重要な時期であると同時に環境からの影響を大きく受ける時期と考え，幼稚園教育の基本を「環境による教育」とした。ここで述べられている環境とは幼児を取り巻く全ての状況を包括するものを指している。自然や社会環境はもとより，全ての事物，事象，教師をはじめとした幼児に接する全ての人々，かもしだす雰囲気，時間，空間などを指し，従来の環境の概念をより幅広く捉えたものであった。そして，幼児は自ら環境と関わり，活動（遊び）を展開し，心身の調和のとれた発達の基礎が培われるという点に重点をおいて，『「イ．幼児期にふさわしい生活の展開」，「ロ．遊びを通しての総合的な指導」，「ハ．一人ひとりの発達の特性に応じた教育」』の3項目を掲げ，その目標の達成を図ることになった。改善に当たり，小学校との連携

も考慮した内容の配慮事項として，『「イ．人との関わりを持つ能力を育成すること」，「ロ．自然との触れ合いや身近な環境との関わりを深めること」，「ハ．基本的な生活習慣や態度を育成すること」』の3項目を挙げている。

2. 幼稚園教育要領改訂の主な内容

　幼稚園教育要領の教育内容に関する改善の要点として，領域の編成，幼児の活動，教育課程の編成と指導計画の3点が「幼稚園教育要領改訂に当たっての説明資料」に述べられている。領域の編成は旧幼稚園教育要領では6領域を設けていたが，その領域名が教科名と重なるという点を考慮し，教科名との重なりをさける工夫がなされている。

　設定された領域は5領域で，心身の健康に関する領域を「健康」，人との関わりに関する領域を「人間関係」，自然や身近な環境との関わりに関する領域を「環境」，言葉の獲得に関する領域を「言葉」，感性と表現に関する領域を「表現」とした。

　幼児の活動については，「幼稚園教育は環境による教育であることを踏まえ，幼児の活動は環境に関わることによって生み出されるものであり，その体験が積み重ねられ望ましい方向に向かい，さらに，自ら活動を選択し展開していけるように，それにふさわしい環境の構成と教師の援助が重要である」とし，幼児主体と保育者の援助の重要性を新幼稚園教育要領の総則で強調している。

　環境の構成については，人的・物的の両要素を含み，幼児を取り巻く環境全てと幅広く環境の意味を広げ，とりわけ環境としての保育者の役割が重要視されている。

　活動の選択，展開については従来の教師が活動を選択し，幼児に提供していたことの反省から，活動は幼児自身が行うものであるとし，保育者は幼児とともにねらいや内容にふさわしい環境を構成，再構成する，幼児の主体的活動を側面から支えるといった，保育者の援助のあり方に重点が置かれている。

　保育者の援助については，幼児と生活を共にしつつ，幼児が展開する活動の中に個々の幼児の興味や関心，発達の課題等を見出し，必要な体験が積み重ねられるように，環境を適切に用意することが中心となることが明確にされている。

その他に，教育課程の編成，ねらいや内容など詳しく示されているが，ここでは省略する。

3. 幼稚園教育要領・保育所保育指針の再改訂の要点

1989年に改訂された幼稚園教育要領が再度，改訂されたのが1998年であった。本研究のきっかけとなったのが1989年改訂の幼稚園教育要領であったが，本研究を進める中で再改訂が行われたため，本研究に関わりのある主な再改訂の内容を紹介する。

再改定の経緯は社団法人全国保育士養成協議会が出版している幼稚園教育要領および保育所保育指針の現行・改訂対照，関係資料から紹介することとする。

◆幼稚園教育要領の改善の要点（『 』内は抜粋個所）
(1) 改善の基本的な視点

幼稚園教育要領の改善の基本的な視点については，『「ア．現行の幼稚園教育要領の基本的な考え方を充実，発展させて，幼児理解に基づく計画的な環境構成及び教師の基本的役割を明確化する」，「イ．現行の5領域構成を維持するものの，道徳性を培う活動を充実させるなど教育課程審議会答申（平成10年7月）で示された改善事項を，各領域のねらい，内容等に取り入れる」，「ウ．幼稚園における子育て支援や預かり保育について記述する」』としている。

(2) 内容の改善の要点

内容の改善の要点ではまず総則関係では『「教師は幼児一人一人の行動の理解と予想に基づき，計画的に環境を構成すること及び幼児の活動の場合に応じて教師は様々な役割を果たすことを記述する」，「教育課程を編成する際には，自我が芽生え，他者の存在を意識し，自己を抑制しようとする気持ちが生まれる幼児期の発達の特性を踏まえることを記述する」』として，保育者の役割の明確化と幼児の他者との関係性を重視する項目が加えられた。

ねらいおよび内容関係については保育者に関わる大きな改善点が無かったので省くこととする。

(3) 指導計画作成上の要点

　指導計画作成上の要点ではまず，一般的な留意事項として『「3歳児の入園についての配慮事項」，「幼稚園全体の教師による協力体制」，「教師の様々な役割，小学校との連携について記述する」』として，3年保育を容認する内容となっている。

　さらに特に留意する事項として，『「特殊教育諸学校の幼児との交流について記述する」，「子育て支援のために，幼稚園の施設や機能を開放して教育相談を行うなど，地域の幼児教育センターとしての役割を果たすように努めることについて記述する」，「教育課程にかかわる教育時間の終了後に行う教育活動（預かり保育）の実施上の配慮事項について記述する」』といった内容が加えられ，エンゼルプランに基づいた子育て支援や地域に開かれた幼児教育の役割の拡充が示されている。

　以上が，改訂までに検討され指導された内容で，この文部省から出された改善の要点を基に新幼稚園教育要領が1998年12月に改訂された。この改訂で，注目すべき点は保育者（教師）の役割の拡大で，1989年の改訂にも増して，保育者の資質の重要性が求められるに至った。

　この改訂を受けて，保育所保育指針も1999年に再改訂された。その結果，保育所保育指針（1999年）は「第1章　総則1　保育の原理　（2）保育の方法」において，「保育においては，保育士の言動が子どもに大きな影響を与える。したがって，保育士は常に研修などを通して，自ら人間性と専門性の向上に努める必要がある。また，倫理観に裏付けられた知性と技術を備え，豊かな感性と愛情を持って一人一人の子どもに関わらなければならない」と保育者の専門性を高める研修の必要性を述べている。さらに，総則を受けて「第13章3節」で，「自己評価は職種別あるいは保育所全体で個々に主体的にかつ定期的に実施する」と保育者の自己評価を義務づけた。保育者の質的な向上は時代を経るにつれその要望が高まる傾向があり，この保育所保育指針の内容を受けて，日本保育協会と全国社会福祉協議会では保育所の園長と保育士のための自己点検評価表を刊行している。保育士用の点検項目が表1-1，表1-2に示されている。

表1-1 保育士の自己評価チェック・リスト

(1) 生命の保持と情緒の安定
- 保育中の危機管理はうまくできていますか。また，そのために子どもの自由な活動が妨げられてはいませんか。
- 環境としての園舎（保育室）や園庭は子どもにとって清潔で安全な生活の場となっていますか。また安全点検は見落としのないように行い，もれなく上司へ報告していますか。
- 子どもの気持ちを受容していますか。また，子どもは保育者を信頼し，安心して楽しい園生活を送っていますか。

(2) 保育と計画と記録
- 園の保育計画の下に，担任クラスの指導計画の作成をしていますか。また，実施に当たっては保育が適切に進められているかどうか把握し，今後の保育の資料として経過や結果を記録し，自己の保育を評価し反省することに努めていますか。特に個別計画については，一人一人の子どもの発育発達状況をとらえ，改訂指針の各発達過程のなかの「保育士の姿勢と関わりの視点」を参考に，記録と評価を十分にしていますか。
- 健康で安全な生活に必要な基本的生活習慣（食事，排尿，清潔，睡眠，着脱衣，身辺整理等）について，発達に即した養護と援助ができていますか。
- 言葉や運動機能の発達について，一人一人の発達に見合った経験をさせていますか。特に言葉や感情を豊かにするために，よい絵本を選んで読み聞かせ等の積み重ねを大切にしていますか。
- 模範能力を育てるために，乳児期からやってはいけないことを教え，思考力を伸ばすために，考えて行動する生活習慣をつけさせていますか。
- 子どもの遊びの支援と環境設定はうまくいっていますか。また，遊びを通して子ども同士の仲間作りはうまくいっていますか。
- 子どもの発達に応じた役割分担や，他人のために働く経験（お手伝い）をさせていますか。
- 特に虐待等をはじめとする問題のある子について，見落としのない配慮ができていますか。

(3) 保護者との連携や協力関係
- 連絡帳を介して信頼関係はうまくいっていますか。園内でのけがや病気についてはありのままを直接伝える努力をしていますか。
- クラス便りは，クラスの子どもの状況を把握し，月の保育目標，行事計画，家庭へのお知らせや必要事項等が見やすく整理されていますか。また配布前に上司の承認を得ていますか。

(4) 延長保育や乳児保育，障害児保育等
- 担任の保育士が核となってその子どもについての共通理解や連絡もれのないように気配りができていますか。

（新しい保育所保育指針——その解説と実践へのアプローチ—— 保育所保育指針検討小委員会メンバー編著 チャイルド本社（2000年7月）より抜粋）

表1-2　主任保育士の自己評価チェック・リスト

(1) 業務の運営を指導する
・園長の補佐役として，職員の勤務状況，年度事業計画の達成，向上を図り，潜在的なものも含めて問題点を把握していますか。職場の人間関係などを考慮の上，職場をまとめて問題解決に当たり，園の資質向上に貢献していますか。
(2) クラス運営を指導する
・各クラスの状況を把握し，問題があった場合，あるいはクラス担任から相談を受けた場合，ともに原因を分析して対策を話し合い，問題解決に当たっていますか。また必要に応じて園長に提案していますか。
(3) 園長とともに職員の育成に当たる
・職員の特性，能力を考慮して園長と協力し，職員研修，教育計画を立案し，実施の原動力となり，または，その実施を指揮していますか。
(4) 行事の計画，開催の中心となる
・行事については先を見越した準備が必要です。年間の計画に基づき，日時，場所，内容，参加者の範囲，運営体制，準備，予算などの企画・実施の中心となり，職員のリーダー役を果たしていますか。
・職員の意欲を育てるために適切な援助を行っていますか。
(5) 労務管理について
・勤務表作成の中心になり，職員の勤務表が公平になるように配慮し，園長の承認を得ていますか。あるいは，作成担当者に対して適切な助言ができていますか。
(6) 安全管理
・毎月の避難訓練について計画を立て，職員と協力して実施していますか。
・園舎，園庭の安全管理についての配慮は行き届いていますか。

（新しい保育所保育指針――その解説と実践へのアプローチ――　保育所保育指針検討小委員会メンバー編著　チャイルド本社（2000年7月）より抜粋）

第2節
保育現場における保育者育成の問題点

　幼稚園教育要領の改訂を機に，教師の援助のあり方が問われ，それを機に，教師の研修の重要性が叫ばれるようになった。しかし，新教育要領の求める保育者を育成するためには，筆者が勤務していた首都圏のA県では以下のようないくつかの問題点があり，十分な研修を実施できない現状もあった。

1. 研修機会の格差

　保育者の資質向上のために，各県主催による新任教員対象の研修会や地域や団体による研修が計画され実施されているが，研修の内容やその回数については，1993年当時は各施設によって格差があった。その理由として，まず第1は公立と私立といった設置，経営母体の問題がある。当時，首都圏のA県では公立の幼稚園や保育所の研修については市町村が予算化し，指導していた。しかし，私立の保育施設ではその指導が間接的（学事課の訪問等）にしか行われていないため，研修の予算も内容や回数も，各園の裁量に任されているため期間もバラバラな状態であった。
　第2に，特に私立の施設において，経営者またはその施設長がその研修についてどれくらい重要視しているかの問題がある。首都圏のある市の私立幼稚園協会に加盟している幼稚園10園でも，予算化をして，1年間で何回研修に派遣するか，園内においても研修グループを作り定期的に研修をどのように進めるかなどまで，年度始めに立案している園もあれば，経営者や園長が研修をし，現場の保育者は全く研修を受けることができない園もある。このように，私立の施設における研修の実態は園の教育方針や経営方針によって様々であった。そのような実態の中で，1989年に幼稚園教育要領（保育所保育指針）の改訂が行われ，保育者の援助の資質向上が求められても，保育者全てが平等に資質向上のための研修を受ける，または実施することができない現状が首都圏のある市では少なからずみられた。誰でも手軽に保育現場で実施でき，自己の援助を向上させることができるような保育者研修があれば，研修機会の格差があっ

ても，保育者自身で実施することが可能ではないだろうか。

2. 研修内容における問題

　夏休みが近づくと，毎日のように研修会，勉強会の案内が届く。その内容のほとんどが，「手遊び講座」「子どものための造形教室」「音楽リズム遊びのヒント講座」「体育遊び研究会」など，領域に即した遊びのヒントや，アイデアのための講座による研修などで，援助の資質向上のための援助技術のトレーニングプログラムや，さらにより良い援助のために必要な事例検討のような研修はわずかしか無かった（このことについては，第2章で詳しく述べることとする）。

　保育現場では，子どもたちと生活していく上で，手遊びや歌遊びなどはすぐに保育に生かすことができる便利な，そして日常的な活動であるため，その歌や手遊びなどのスキルやアイデアを獲得するのが先決となりやすい。そして，じっくりと取り組むことが必要な，援助の質について継続的に検討する研究会や事例研究や子どもの発達や，その心の動きに寄り添うために必要なカウンセリングについての学習の機会は，時間的なゆとりの無さからか，現場では特に少なくなってしまうのかもしれない。

3. 研修効果の限界

　長年，保育者の指導にあたり，痛感していることがある。それは，「人はなかなか変われない，変わらない」ということと，「人から指導されたことは，なかなか自分の中に取り入れにくい」という2点である。筆者は勤務している幼稚園において，個々の子どもの発達や援助の適切さなどについて討論するといった研修会を長年，実施してきたが，その時は気づきも生まれ，「今度からはもっと子どもの目線に立った保育を」など保育者も振り返りをする。しかし，保育現場は多忙で，研修で得た気づきを自分の保育行動として生かし，日々の保育を日常的に振り返ることが極めて困難であった。その原因は，保育現場の多忙さ以外にも研修の方法，研修の内容，保育者個人の資質の問題など，いくつかの要因を考えることができよう。しかし，自分の内面的な体験として，自己変革のきっかけになるような，そして実際の保育場面で活用できるような実

質的な保育者の援助技術の向上を目指した研修がこれからは必要となると考える。

第3節
本研究の社会的意義

　上記のように教育要領改訂を機に保育者の援助の質が問われ，保育者の研修の重要性が示唆された。しかし，従来の公立，私立幼稚園が実施している研修には研修機会の格差があり，援助を向上させるという点ではその内容は不十分であり，保育者のための新しい研修を開発する必要性があろう。そして，新教育要領（1990年）が求める保育，質の高い援助を実現するには，系統的，継続的に実際の保育現場における保育者の援助の質的な向上を図るための研修の提供が必要となってくるであろう。援助を質的に向上させるには数回の研修ではなく，時間をかけ，自己の援助をじっくり振り返ることができる研修も必要であろう。その援助の質的な向上の背景には，保育者自身のカウンセリングマインドを育てること，保育者の内的な変革，人としての成長も必要となってくるであろう。そのためには個々の保育者の性格や特性（援助の個人差）を考慮し，最終的には保育者の内面的な変化にも配慮した研修が必要となってくるのではないだろうか。

　個々の保育者の援助の実態に即しながら，じっくりと自己の保育について振り返る中で援助技術の向上が図れる，そして誰もが実施，継続が可能で，どのような保育現場でも使えることができる研修方法は，筆者の知る限りではほとんど無かった。援助をていねいに，具体的，継続的に，そして，個人差にも対応しながらじっくり時間をかけて取り組めるような新しい研修方法を開発すれば，今までに無かった研修の効果が期待できるのではないだろうか。

　全国社会福祉協議会が刊行し，保育者のための自己評価項目が使われた自己評価チェック・リスト（表1-1，表1-2に示した）は，保育所における保育者の援助向上を図る目的で作成された。首都圏のS県の公立保育園数園に問い合わせた結果，園によって違いはあるが，上述のような援助に関する自己評価チェックは年数回実施されているということであった。自己の保育について，自分で評価することの意義は大きい。自分自身について知るプロセス，自己理解はカウンセリングで最も大切にしている点でもあり，カウンセリングマ

インドを生かした保育の実現にも必要であると考えられる。そして，自己理解ができる保育者こそ，子どもの心に寄り添った援助ができるのではないかと考えられる。特に援助を自己評価チェック・リストのような指標で振り返ることは，援助を客観的に評価することを可能にし，保育者の資質向上，内面の育成を可能にすることが予想される。しかし，ここで取り上げた自己評価チェック・リストは保育全般を評価するもので，援助の具体的な内容についての評価基準は設けられていない。以上の点から，援助の質的な向上を目的とした自己評価研修を大いに取り入れる必要があるとともに，援助を具体的に評価できる基準が必要であると考える。

冨田・田上（1996a）は「幼稚園研修の実態と援助スキル訓練の重要性」で，保育者研修の実態を調査しているが，役立ったと感じた研修に教材研究を挙げる保育者が最も多かったという結果を得ている。筆者の勤務している幼稚園は年間の研修予算を立て，その範囲で保育者に年数回の出張研修を認めている。その保育者が提出する出張報告を5年間まとめてみると，年間約20件中15件は，教材研究や体育遊びなどのスキル習得研修に出張しているという結果であった。

これは，幼稚園教育要領改訂前に行なわれていた保育者主導型の保育が主流であったために，保育者が提案する遊び（教材）に関する研修や，例えば子どもたちを引き付ける，まとめるといったリーダーとしての保育者の教材指導技術の向上が必要であり，それを目的とした研修が主流であったためではないだろうか。

個々の子どもの成長，発達に即した援助の質的な向上については積極的に研修に取り入れられてこなかったのが現状であった。個々の子どもの成長，発達に即した援助は従来の援助とは違い，求められる資質も違ってくるであろう。そのためにも，保育者が保育のプロとして客観的，具体的な視点から定期的かつ継続的に自己の援助について検討できる自己評価研修の開発を試みたいと考えた。

第2章 問題の所在と目的

第1節
保育者研修の実態と問題点

1. 幼稚園教育要領・保育所保育指針改訂直後の研修の実態

　幼児教育の現場は，幼稚園教育要領が1989年に告示，1990年度より実施されるまでの2年間は混乱の中にあった。今までの，保育者が中心となってねらいを設定し，子どもに活動を促すといった方法が，長年，保育現場で定着していたために，子ども主体の保育といった意味が理解はできても，実際，どのように保育を進めたら良いのかわからず，改訂された内容を巡り，公的，私的を問わず研究会が開催されていた。

　例えば，全国幼稚園教育研究協議会の1990年から1995年までの研究会のテーマが表2-1に示されている。全国幼稚園教育研究協議会とは，公立幼稚園と私立幼稚園（現在は全て学校法人か宗教法人である）が一体となり研究を進めることを目的とした団体で，筆者も当時この団体に所属していた。

　この団体の研究テーマを概観してみると，幼稚園教育要領改訂の根幹となった「環境」を主軸にした研究会が開催されている。研究発表では，一人ひとりの子どもとの関わり方や，子どもの視座からの検討，教育時間についての検討など，どの内容も改訂の影響を大きく受けているのが推察できる。

　筆者は幼稚園教育要領改訂の動乱の中で，保育者の新しい研修の開発の必要性を痛感していた。そこで，まず保育者対象の研修会がこの改訂前後にどの程度実施されてきているのかを明らかにしていきたいと考える。

表2-1　全国幼稚園教育研究協議会　研究要紀テーマ一覧

1990年度	[論説] 幼稚園教育における活動について	[研究発表] ・一人一人が自ら環境にかかわり考えて行動する子どもをめざして ・生き生きと主体的に活動できる幼児の育成をめざして	[特別研究] 幼稚園の一日の研究時間に関する調査研究
1991年度	[論説] 幼稚園教育 未来への展望 [提言] これからの幼稚園教育	[研究発表] ・友だちとのかかわりを広げながら遊びの創造性を育てる ・豊かな感性を育てる環境の工夫	[研究報告] 幼稚園教員の研究，研修に関する調査研究
1992年度		[研究発表] ・指導計画の提案——ある園の試み—— ・主体的に取り組む子どもの育成を目指した環境の構成	
1993年度	[鼎談] 幼稚園における子どもの遊びの環境をめぐって	[研究発表] ・地域の自然や文化と幼稚園の生活 ・入園，進級間もない時期の園生活と環境について ・身近な環境とのかかわりの中で子どもはどう発達するか ・充実した生活を創る保育環境をめざして	
1994年度	[鼎談] 今，求められる教育環境とは	[研究発表] ・子どもの視座から屋外の保育環境を考える ・遊具や場にかかわる幼児の姿を通して園庭の施設，設備の活用	[調査研究] 新幼稚園教育要領に対応した幼稚園の施設，設備のあり方に関する調査研究
1995年度	[フォーラム] 子どもの遊び，環境を考える	[調査報告] 園舎内の施設・設備園具・遊具等に関する研究	[実践的調査研究] たくましく生きる力を身に付け，自立を促すための施設，設備園具，遊具のあり方（中間報告）

（全国幼稚園教育研究協議会　紀要より抜粋）

2．A県（首都圏）における保育者研修の動向

(1) 1990年当時の公立学校教員研修（幼稚園教員研修）の実態

　1990年度の幼稚園教育要領改訂を契機に，その趣旨を生かすべく教員研修

表2-2　A県における研修計画策定の基本的考え方
　　　　（A県配布資料より筆者が抜粋）

① 教職生涯を見通し，教職経験や年齢層に応じ必要なときに質の高い研修を受講できるように配慮する。
② 県，市町村等が行う各研修事業の特性を生かし，互いに関連性を持ちながら，重複することなく実施されるように配慮する。
③ 社会の変化に伴い，教職員に新たに要求される資質力量の向上を図るため，研修内容及び日数の見直しを行うとともに，教職員の社会的な視野を広げるため，学校以外の施設等における体験研修を積極的に取り入れる。
④ 生涯研修の過程を初期層（C），中堅層（B），指導層（A）の3段階に区分し，各研修事業をこれらの層別研修として位置づける。

にもさまざまな試みがなされた。しかしながら，幼稚園教育は文部省の管轄下にありながら小学校の準備教育機関のような見方が相変わらず定着していた。
　幼児期の教育こそ教育の基礎として重要であると言われつつも，教員の育成，研修は小学校，中学校の研修実施の実態に比べ，非常に少ないのが現状であった。本研究の対象幼稚園は首都圏のA県内にある。1990年当時A県では，保育の具体的な内容や研修方針は県や市町村の教育委員会が中心になって各園を指導し，県企画の研修会も開催していた。そして，各幼稚園では県の指導のもとに，県企画の研修会に保育者を参加させたり，独自に研修を計画し実施するという方法をとっていた。このような点を踏まえ，A県の幼稚園における研修を開発し，実施するには，A県や市町村といった地域の実情を考慮した研修方法を開発する必要があると考え，まずA県の研修の具体的な実態を把握することとした。また，A県は東京都に隣接し，全国の中でも積極的に研修を推進している県であり，モデルケースとなる可能性が高いと考え，A県の研修の実態を調査した。A県における研修計画策定の基本的な考え方の抜粋（筆者）が表2-2に示されている。さらに，分野ごとに，きめ細かく研修計画が構成されている。そこで，この研修計画に示されている研修内容の中から，特に幼稚園教員が参加可能な研修について筆者が抜粋したものが表2-3に示されている。それによるとA県（公立学校教職員研修）の1993年度の資料で，県が開催する140講座中21講座が幼稚園教員参加可能な講座であった。しかし，小中高の教員対象の講座に比べその数は少なく，幼稚園や保育園が小学校の準備・予備的存在として位置づけられていることが推察できる。

表2-3　幼稚園教員対象研修内容

経営の分野	1. 園長等専門講座
教科等の指導の分野	1. 幼稚園等新規採用教員研修
	2. 幼稚園教育課程研究集会
	3. 幼稚園実技講習会
	4. 幼稚園研究協議会
	5. 保育技術専門講座
	6. 学校同和教育研究協議会
	7. 8. 視聴覚教育メディア研修（研修カリキュラムⅠ・Ⅱ）
	9. VTR教材制作専門講座
	10. スタジオ利用講座
	11. 静止画像教材制作専門講座
学校保健，学校体育の分野	1. 幼・小・中地区別学校安全主任研究協議会
	2. 交通安全教育指導者研修会
特殊教育の分野	1. 障害幼児教育基礎講座
	2. 障害児教育専門講座
	3. 公開講座（障害児教育講演会）
生徒指導，学校事務の分野	講座なし
生涯学習，社会教育の分野	1. ニューライフセミナー
	2. 生涯学習入門講座
	3. ボランティア活動推進講座
	4. 生涯学習シンポジウム
情報教育の分野	講座なし

（A県教育委員会資料より抜粋）

　また，全国幼稚園教育研究協議会が教育要領改定後に実施した研修会の内容（表2-1）を見ても，具体的な援助に焦点を当てた援助スキルトレーニングのような研修テーマや内容は無い。県レベルでカウンセリングマインド育成のための保育技術専門講座が新たに加わった点など，多少，内容の変化はみられるものの，充実しているとは言い難い状況であった。そこで，この幼稚園教育要領改訂後，発足した保育技術専門講座について，その研修の内容を検討したいと考える。

(2) 保育技術専門講座開設の基本的な考え方

　この講座は新教育要領（1990年度）が教育の基本として掲げた理念「環境を通して行うもの」を具現化するため，もっとも大切な教育環境として保育者の役割の重要性を強調し，そのためにも保育者の専門性を高める必要性があるとして計画されたものである。

　幼稚園教育要領で求められる専門性とは，幼児の内面を理解し，信頼関係を築きつつ，発達に必要な経験を幼児自らが獲得していけるように援助する力の

ことである。このような保育者の資質は，カウンセラーの，来談者に寄り添いながら来談者自身が自分の問題に気づき，その問題を自分で乗り越えていくことを援助する姿勢と共通するものがあると考え，カウンセリングマインドの必要性をこの講座では強く打ち出している。そして，この講座では，これからの幼稚園教員に求められる専門性について，理論や知識の習得に加え，指導のあり方を体験的に感じ取り，身につけていくものであると考え，演習を重視している。また，あくまでも，一人ひとりの幼児に応じた指導の専門性の向上ということであり，カウンセラーの養成ではないということを付け加えている。

(3) 保育技術専門講座の内容（文部省資料要約）

　文部省の配布資料で示されている保育技術専門講座の具体的な内容例を表2-4に示した。また，この講座は以下AからDの4つの研修内容から構成されている。資料で示されている内容をここでは要約し下記に説明する。

　A．幼児の内面を理解する

　ここでは，幼児の内面を理解するということは，幼児の活動の様子などの表面的な事柄だけに目を向けるのではなく，表面に現れた表情，言葉から幼児の心の世界へ目を向けて，感情や興味，欲求などの内面を理解することであるという，内面の理解に関する基本姿勢の説明が述べられている。そして，内面を理解するということは難しいことであり，完全に理解することは不可能であるといった，内面の理解の難しさについても指摘している。また，内面を理解することを，ここでは「心の動きが伝わってくる」ことに近いとして，「解釈する」ことと区別している。そして，資料では幼児の内面を理解しようと努力する際の保育者の姿勢としては，「温かい関心をよせる」「触れ合いを通して」「相手の立場に立つ」の3点が挙げられ，詳しく事例を通して説明されている。

　B．心の動きに応じる

　「幼児は自分の心の動きを教師がどのように受け止め，どのように応じるかをよりどころとして生活を送っている。保育者が一人ひとりの心の動きにどのように応じるかが，幼児の意欲や態度，心の豊かさなどを育てるうえで大切な役割を持っている。」と保育者の役割の重要性が資料の冒頭で述べられている。そして，保育者はともすると，何かができるようになることや，新しい知識を

表 2-4　保育技術専門講座の内容例

幼児理解に関する内容
　　・幼児の内面を理解するための基本的姿勢と実際
　　［講義］――幼児理解を深めるための教師の姿勢――
　　［演習］――幼児のサインを感じとる――
　　　　　　（映像を基にグループ演習）
具体的な援助に関する内容
　　・心の動きに添った援助の考え方と実際
　　［講義］――幼児を育てる教師の応答――
　　［演習］――心の動きに添った教師のかかわり――
　　　　　　（映像を基にグループ演習）
保護者との相談に関する内容
　　・カウンセリングマインドを生かした相談の進め方
　　［講義］――教育相談の基本的な考え方――
　　［演習］――母親の悩みに応える――
　　　　　　（事例研究・ロールプレイ）
　（注）ロールプレイ：参加者がそれぞれ役割（教師の役，幼児の役，保護者の役）などを演ずる
　　　ことによって行う演習の方法
留意事項
（1）原則として，全体の時間数の2分の1以上を演習（ロールプレイ，事例研究，映像資料を基に
　　したグループ演習など）に当てること。
（2）カウンセリングの専門家から適切な指導を受けるようにすること。
（3）ビデオ等の映像資料や実践事例の活用を工夫すること。
（4）幼稚園教育指導資料第1集，第2集及び第3集を活用すること。

（文部省）

与えることに目がいって，表面に現れた結果に応じることに終始しがちであるといった，保育者が陥りやすい問題点を指摘している。そして，心の動きに応じることは解答を知識として与えることではなく，幼児と生活を共にしながら幼児の心に寄り添うように，そして共に心を動かしながら柔軟に応じていくといった，保育者の子どもとの関わり方のポイントについても説明されている。また，心の動きに応じるためには保育者自身の自己訓練が必要であるとし，ビデオなどの映像を通して自分の保育を振り返ることから始めることが必要であると強調している。

C. 集団を育てる

　幼児は同年代の集団の中で共に生活を通して刺激しあい，お互いにモデルとなりあって育ちあう。そしてその育ちあいがなされるためには，一人ひとりが安心して自己を発揮できるように保育者は援助しなければならないと，集団を育てる保育者の役割を強調している。そして，そのためには，保育者と幼児，幼児同士の，心のつながりのある温かい関係を育てることが必要であると述べ，

その関係のあり方を示している。また，幼児は無意識のうちに保育者の姿勢を自分の中に取り入れていくので，どの幼児も集団の一員で大切であると考えて接する保育者と生活を共にする中で，幼児もお互いを大切にする姿勢を身につけていき，さらには心のつながりを持った温かい集団を作り出すことにつながるとして，保育者の姿勢の大切さについても言及している。

D. 保護者の相談に応じる

「集団の中で，幼児の姿を見守りながら保育を進めている保育者と，家庭の中で愛情をこめて我が子を育てている保護者とがお互いに意見を交換したり，考えあったり，よりよい成長を願って考えあうことは大切なことである。」と保育の営みに欠かせない保護者との連携を資料では強調している。そして，これから幼稚園教育における保護者の相談に応じる保育者の役割と，その必然性が述べられている。さらに，日常の幼稚園生活の中で，保護者と触れあう機会は多いが，いざ相談を持ちかけられると，返答に迷うことが多いといった保育相談の現状や，「保育者として，家庭でして欲しいことや，幼稚園での様子を伝えようとして，その内容が受け止められず，思わぬ誤解や反発を生むこともある。また，保護者の考え方や話の内容を教師側が理解できず，違和感を覚えることもある。」と具体的に保育現場での相談の問題点が指摘されている。そして，その問題点やズレを防ぐために，「イ．何でも話せる雰囲気をつくる。ロ．事柄よりも保護者の気持ちを大切にする。ハ．子どもは保護者にとってかけがえのない存在である。その保護者の目になって子どもの姿を考えてみる。ニ．子どもの姿を良い点や伸びる可能性を中心に話すようにする」という留意点4点を挙げて説明している。

E. 充実した研修のために

以上のA～Dの4項目に加えて，研修の方法や参考となる具体的な内容が，「充実した研修のために」というタイトルで説明されているが，まず研修の方法として体験を通した研修から，さらに自分の体験中から保育を振り返り，自分自身に気づくことから始めなければならないとしている。

そして，実践事例を通して，グループなどで話し合いを持つ中で，日々の自分の実践に照らし合わせ「こんな時はどうしたらよいのか」「幼児の思いがつかめない」など，保育者自身の疑問や戸惑いに気づいていくことも大切である

としている。また，映画やビデオなどの映像資料を中心に演習を進めることも，日頃，保育者の目に触れない幼児の姿などにも気づかせてくれ，幼児の内面の理解を深めるには有効であるとしている。

以上のように，幼稚園教育要領の改訂に続いて，保育所保育指針も改訂され，保育の主体が保育者から幼児へ移ったのを受け，文部省の指導に基づき保育技術講座が開催され，カウンセリングマインドが強調されたこと，映画やビデオといった映像資料を活用しようとしたことなど，保育の世界では画期的なことであった。しかしながら，A県では，この講座も年1回，1園1名程度，3日間と，到底現状の必要性には追いつかないのが実情であった。数日間この講座に参加した保育者がどの程度カウンセリングマインドを理解して保育に生かせるのかと考えると，開催があまりにも単発的で，期間も短すぎる。カウンセリングマインドを身につけ，それを自分の保育に生かすとなれば，数日間だけの研修では無理であろう。集中講義であろうと，定期的な研修方法であろうと，もう少し時間的な配慮が必要であるとともに，研修終了後，園に戻っても継続して園内の研修に生かせるような専門性を身につける配慮も必要であると，本研究開始当初は考えられた。

(4) その後の状況

幼稚園教育要領改訂後，本研究開始当時の研修の動向を，保育技術専門講座を中心に概観してきた。しかし，本研究をまとめるにあたり，近年のA県の研修動向についても，ここに一部紹介する。

現在，A県では幼稚園教員対象の研修は教育庁教育振興部指導課が企画し，実際の研修の運営は県の総合教育センター研修総務部が行っている。また，保育士の研修は健康福祉部児童家庭課，子育て支援班が企画運営している。まず，幼稚園対象の研修から紹介する。

〈幼稚園教員対象研修〉A県資料抜粋

ここで紹介する資料は，筆者が県の指導課，幼稚園教員研修担当者と直接面談し，資料の説明を受けたものである。

A県の基本的な幼稚園教員対象の研修は，大きく分類すると幼稚園等新規採用教員研修，幼稚園教育課程理解推進事業（幼稚園教育課程協議会，園長

表2-5　A県2003年度，年間研修計画（新規採用教員研修）

	月／日	主題・内容
1	5／9	・A県県政について ・A県の教育課題
2	6／4	・保育参観・学級経営の意義 ・安全に関する指導
3	7／8	・幼稚園教育の基本原理（含幼稚園教育要領） ・幼児の発達の理解と障害のある幼児の理解
4	7／30	・さわやかマナーと心配り（接遇の在り方） ・人権同和教育の意義 ・宿泊研修事前指導Ⅰ
5	8／8	・遊びを通しての指導の在り方 ・先輩の実践に学ぶ ・宿泊研修の事前指導Ⅱ
6	8／20 (宿泊)	・社会教育施設とその活用 ・実践発表
7	8／21 (宿泊)	・施設や地域の特徴を生かした体験研修 ・実技研修 　キャンプファイヤー 　野外炊さん
8	8／22	・実践を通しての反省と今後の課題 ・研究協議等
9	10／29	・保育参観 ・環境構成の考え方 ・幼稚園と小学校及び保育所との連携の在り方
10	12／25	・新規採用教員の今後に期待する ・閉講式

（A県教育委員会資料より抜粋）

等運営管理協議会，保育技術協議会），幼稚園10年経験者研修の3種類である。2003年の新規採用研修会の年間計画が表2-5に示されている。この新規採用研修会は幼稚園教員だけではなく，公立学校の全新規採用教員対象の研修である。新規採用ということもあり，具体的な援助に関する研修は見当たらない。

　幼稚園教育課程理解推進事業は「教育課程研究協議会」「園長等運営管理協議会」「保育技術協議会」の3協議会から成り立っている。ここでは「保育技術協議会」の概要を紹介する。保育技術協議会の詳細な内容と日程が表2-6に示されている。

　2003年度の保育技術協議会の主な方針は，「1．平成14年度の趣旨や内容を継承する。2．主題は①幼児理解を深めるための教師の基本姿勢，②教育相談の基本的な考え方と進め方，③幼児を育てる教師の応答，④安全に関する指

第1節●保育者研修の実態と問題点

表2-6　A県2003年度，保育技術協議会日程・内容

月	日	時　　間	主題・内容
8月	4（月）	9：30～9：40	オリエンテーション
		9：40～12：00	＜講義・演習＞ 幼児理解を深めるための教師の基本的姿勢
		13：00～16：00	＜講義・演習＞ 教育相談の基本的な考え方と進め方 （幼児・保護者）
	5（火）	9：30～10：40	＜講義＞ 幼児を育てる教師の応答
		10：50～12：00	＜講義＞ 安全に関する指導
		13：00～16：00	＜講義・演習＞ 身近な素材の生かし方とその指導
	6（水）	9：30～12：00	＜講義・協議＞ 幼児の心の発達と理解・援助
		13：00～16：00	＜講義＞ これからの幼児教育の行方とその指導の在り方

（A県教育委員会資料より抜粋）

導，⑤身近な素材の生かし方とその指導，⑥これからの幼児教育の行方とその指導の在り方」としている。しかし，2003年度の概要からも，保育者の具体的な援助に関する研修は見当たらないのが現状であった。これらの資料は2003年度の事業計画であるが，1998年（幼稚園教育要領の再改訂）からほとんど内容の変更はないと担当者から聞いた。特に，1998年以降は，幼稚園教育要領の再改訂の影響を受けて，幼児の道徳性育成のための研修，幼稚園が子育て支援を担うための研修（教育相談など）が中心となってきている。しかし，保育者のための具体的な援助に関する研修は現在も実施されているとはいい難い現状がある。

〈保育士対象研修〉A県資料抜粋

　保育士対象の研修会については，1990年から2001年までの資料から，最も新しい2001年度の資料を一部抜粋したものが表2-7に示されている。

　2001年度の資料によると，やはり，幼稚園教員対象の研修会同様，本研究で進めようとしているビデオ自己評価法による援助スキルのトレーニングのような，具体的な援助に焦点を当てた研修は見当たらなかった。

表2-7　2001年度実施，保育所職員資質・技術（研修）事業
(ア) 保育所長研修会

名称	期日	出席者	内容
保育所長研修会	6/28～29	139名	講義I「真の利用者主体の保育所を目指して」 講義II「息苦しさを解きほぐす管理者」

(イ) 保育士研修会

名称	期日	出席者	内容
初級保育士研修会	6/7～8	116名	講義I「21世紀の子どもたちのために」 講義II「子どものこころとことばを育てる」
子育て支援事業研修会	10/31～11/1	101名	講演「『支援』とは？」 講義「支援センター活動の記録～事業開始のときから，データを残そう」
中級保育士研修会	7/12～13	115名	講義I「子どもが主体的に遊ぶ環境づくり」 講義II「物語絵本と保育」
上級保育士研修会	8/30～31	139名	講義I「こころ豊かな保育士を目指して」 講義II「子どもと子育て家庭への相談・支援活動」

(ウ) 障害児保育研修会

名称	期日	出席者	内容
障害児保育研修会	9/4	134名	1 実践発表 2 講義「こどもと音楽について――音楽療法の観点から」

(エ) 乳児保育・健康管理研修会

名称	期日	出席者	内容
乳児保育・健康管理研修会	8/23	194名	1 実践発表 2 講義「乳児が求める心の栄養とは何か！？」

（A県保育課資料より抜粋）

3．A県以外の首都圏の地方公共団体および諸機関の研修の動向

(1) B県における公立学校教職研修の実態

　首都圏全般の傾向を検討するためB県の研修についても取り上げることとする。B県はA県に近接する首都圏の地方公共団体であるが，全国の教育の中心でもある。B県の資料は，公立学校教員対象（幼稚園教員対象も含む）の研修内容である。B県の2002年度の資料によると，B県が開催している講座は約90種類ある。その90講座の内，幼稚園教員が参加できる研修は，例えば「教育課題」研修の中で，「人権教育I，II，III」「心の教育I，II，III」「幼児教育I，II，III」など6講座，「教科等」では「心身障害教育I，II」「幼児教育I，II」の2講座，その他で参加できるのは，新規採用教員研修会の1講座

のみである。

1990年の幼稚園教育要領改訂当時よりは多少，参加可能講座も増えているが，小学校以上の教員はほとんどの講座に参加可能であるという点から考え，幼稚園教員の参加可能な研修は少ないといった現状が，今なお続いている。

内容に関しても，心の教育，人権教育といった援助観や基本的な考え方についての研修はあるが，具体的な援助に関する研修は現在もなお見当たらない。

(2) その他，諸機関の研修の動向

その他，首都圏私立学校教員対象の研修会の資料から，1981年から1999年までの幼稚園教員が参加可能な研修会を抜粋して，筆者がまとめたものが表2-8に示されている。

1981年当時は1年に1回の開催であった研修会が，時代の変化とともに，1986年頃より増えはじめている。しかし，その対象は新任教員が中心で，当時急速に幼稚園が設置され，新しい教員が多く採用された保育現場の現状を反映したものであろう。その後，1992年まではその傾向が続くが，文部省の指導により「保育技術専門講座」の開催に関する指導が行われた1993年から「幼稚園中堅教員研修会」が登場する。反面，「新規採用教員研修会」が姿を消すことになる。その後，1999年まで2～3講座が定期的に開催されている。

主な内容は，幼児教育の基本姿勢，体験発表，実技研修であるが，やはり，援助に関する，現場レベルで活用できる具体的な研修は見当たらなかった。

また，保育士対象の研修会は，首都圏では社会福祉法人日本保育協会が中心となって実施している。日本保育協会の研修の動向が表2-9に示されている。これは，A県の内容とほぼ一致するものであった。1993年か2002年までの具体的な研修テーマにも，保育者の援助観，子どもとのかかわり方といった抽象的な内容はあるが，援助の具体的な内容についての研修会は見当たらなかった。

4. 保育者研修の実態と問題点

本節では，本研究開始当初から近年までの保育者（幼稚園教員・保育士）の参加可能な研修内容について，公的な機関を中心にその動向を概観してきた。

本研究を始めた当時は，保育技術専門講座が1993年に文部省の指導により

スタートした経緯もあり，研修のテーマにも「援助」という言葉が多く登場する。
　しかし，その後，子どもの主体性を尊重し過ぎた保育が原因で，自己中心的な子どもの行動が増えたという社会的な評価の影響を受け，再改定が行われた。そのため，再改定では，子どもの主体的な活動を促しながらも，道徳性の芽生えを培うような指導が重要であるという，教師の主導性がやや強調され，また，子育て支援という視点での保育者のカウンセラー的役割が強調された。そのため，援助そのものに焦点を当てた，現場で応用可能な研修の開発はほとんど行われないまま現在に至っている。
　研修会や講座の開催も，年に数回，研修日数も数日では，日常の保育に生かせる具体的な研修になり得ないのは当然である。研修方法は実技や演習と講義をバランスよく取り入れているが，実施回数が少なすぎる。また，参加定員をみても，保育者全員が参加できる可能性はほとんど無い。保育技術専門講座のスタートは，保育者研修として画期的なことではあったが，その充実には至らなかった。公的な機関で推進できる研修の限界もあると考えられる。
　冨田・田上（1996a）は幼稚園教員を対象に保育者のこれから望む研修について調査をしている。その結果，事例研究会や幼児理解のための研修を望む保育者が多く，カウンセリング研修などの新しい研修の開発が必要であると，その研修の必要性を指摘している。さらに，援助の質的な向上のための，スキルアップを目的とした研修プログラム（援助スキル訓練）の必要性を述べている。
　いつでも，誰でも，保育者自身が，自己の援助について定期的に，継続的に，具体的に吟味できる研修方法や，その内容の開発が必要であると考えた。現場の保育者は，日々迷い，悩みながら，子どもを援助しているのである。その悩みを少しでも解決できるような研修を開発することが急務であると感じた。

表 2-8　首都圏私立学校研修会

年度	開催	研修会名	研修テーマ	人数
1981	1/26	基礎・教養研修	幼児・児童期の心身の特性と教育	244
1982	10/28	基礎・教養研修	動物の子育てに学ぶ	102
1983	9/29	基礎・教養研修	子育ての原点	115
1984	10/22	幼児教育研修会	これからの幼児教育	42
1984	11/2	基礎・教養研修	子どもの可能性	78
1985	3/19	幼児教育研修会	子どもの心の健康と保育	42
1986	8/28	幼稚園新任教員研修会	幼稚園教育の基礎・基本	734
1986	8/28	幼稚園新任教員研修会	歴史に見る人づくり	734
1986	8/28	幼稚園教員新任研修会	体験発表「私の保育体験」	734
1986	8/28	幼稚園教員新任研修会	実技研修「音楽」	734
1986	8/28	幼稚園教員新任研修会	実技研修「造形」	734
1987	8/25	幼稚園教員新任研修会	幼稚園教育の基礎・基本	658
1987	8/25	幼稚園教員新任研修会	教員としての心得	658
1987	8/25	幼稚園教員新任研修会	体験発表「私の保育体験」	658
1987	8/25	幼稚園教員新任研修会	実技研修「幼児の運動遊びと身体表現」	658
1987	8/25	幼稚園教員新任研修会	実技研修「母として，妻として，仕事に生きる女として」	658
1988	8/24	幼稚園教員新任研修会	現代の子どもの基本的生活習慣の実態と指導	863
1988	8/24	幼稚園教員新任研修会	体験発表「私の保育体験」	863
1988	8/24	幼稚園教員新任研修会	マンマルなんか，ない	863
1988	8/24	幼稚園教員新任研修会	実技研修「質問に応えて」	863
1988	8/24	幼稚園教員新任研修会	実技研修「さわやかなふれあいを求めて」	863
1989	8/30	幼稚園教員新任研修会	新しい幼稚園教育要領の基本を踏まえた実践のあり方	476
1989	8/30	幼稚園教員新任研修会	体験発表「私の保育体験」	476
1989	8/30	幼稚園教員新任研修会	絵本，愛の体験	476
1989	8/30	幼稚園教員新任研修会	実技研修「質問に応えて」	476
1989	8/30	幼稚園教員新任研修会	実技研修「表現力を育てる手遊びからオペレッタ」	476
1990	8/30	幼稚園教員新任研修会	こどもの生活の理解——新教育要領をふまえて——	449
1990	8/30	幼稚園教員新任研修会	実技研修「楽しい手遊び」	449
1990	8/30	幼稚園教員新任研修会	童話を語るために	449
1990	8/30	幼稚園教員新任研修会	体験発表「私の保育体験」	449
1990	8/30	幼稚園教員新任研修会	シンポジウム「新任の悩みに応えて」	449

年	日付	研修会名	テーマ	頁
1990	8/30	幼稚園教員新任研修会	幸せさがし	449
	8/31	幼稚園教員新任研修会	実技研修 「うたおう，あそぼう，こどもたちと」	449
1991	8/26	幼稚園教員新任研修会	幼児期にとって園生活とは ――生活を共にする関わり方――	457
	8/26	幼稚園教員新任研修会	実技研修「影絵で遊ぼう」	457
	8/26	幼稚園教員新任研修会	体験発表「私の保育体験」	457
	8/27	幼稚園教員新任研修会	動物に見る子育てのヒント	457
	8/27	幼稚園教員新任研修会	シンポジウム「園長の期待する保育者像 ――質問への答えも含めて――」	457
	8/27	幼稚園教員新任研修会	実技研修「幼児への話し方 ――そのポイントと工夫――」	457
	8/27	幼稚園教員新任研修会	実技研修「保育に生かす手遊び歌遊び」	457
1992	8/24	幼稚園教員新任研修会	幼児教育の基本問題	495
	8/24	幼稚園教員新任研修会	実技研修「子どもが楽しくなる表現遊び」	495
	8/24	幼稚園教員新任研修会	体験発表「私の保育体験」	495
	8/24	幼稚園教員新任研修会	パネルディスカッション「子どもを見る目」	495
1993	11/4	幼稚園中堅教員研修会	動物の子育てから	32
	11/4	幼稚園中堅教員研修会	動物の子育てから	32
	11/4	幼稚園中堅教員研修会	子どもと共に生きる	32
	11/5	幼稚園中堅教員研修会	おはなしの生まれるところ	32
	11/5	幼稚園中堅教員研修会	討議会　実践からの読み取り ――仲間関係を通して――	32
1994	12/7	幼稚園中堅教員研修会	幼児理解 ――知ってるつもり？　見てるつもり？――	70
1995	11/22	幼稚園中堅教員研修会	子どもが見えますか	78
	11/22	幼稚園中堅教員研修会	保育におけるカウンセリング・マインド	78
	1/25	幼稚園中堅教員研修会	ロールプレイの演習を通して	78
1996	12/2	幼稚園中堅教員研修会	文化の変動と子ども	79
	12/2	幼稚園中堅教員研修会	討論会　子どもに対する親の意識はどのように変わってきているか	79
1997	11/27	幼稚園中堅教員研修会	社会変動と子どもの発達・教育	73
	11/27	幼稚園中堅教員研修会	討論会　社会変動と子どもの発達・教育	73
1998	9/16	幼稚園中堅教員研修会	生きるよろこびを子供たちに ――絵本と紙芝居をかく中で――	94
1999	11/18	幼稚園中堅教員研修会	親子関係と幼稚園	94
	9/29	幼稚園中堅教員研修会	現代社会と子ども	83
	10/27	幼稚園中堅教員研修会	幼児教育における父性の役割	70

(財団法人東京都私学財団「研修研究事業一覧」から筆者が抜粋して作表)

表2-9 日本保育協会の研修動向

	1993	1994	1995	1996	1997	1998	1999	2000	2001	2002
保育所長研修会										
主任保育士研修会										
地域子育て支援センター担当者研修会										
特別保育研修会										

保育所長研修会

中堅保育所長研修会
1975年度から地区別保育所長研修会として実施していたが、1983年度から中堅保育所長研修会に改名。1997年を最後に実施していない。(経験年数5年未満対象)

初任保育所長研修会
1975年度から地区別保育所長研修会として実施していたが、1983年度から初任保育所長研修会に改名している。(経験年数5年未満対象)

保育所長セミナール
1975年度から地区別保育所長研修会として実施していたが、1983年度から保育所長セミナールに改名して実施している。

主任保育士研修会

主任保育(初任者指導保母)研修会
1975年度からスタート、全国5地区に分け実施
1999年度より主任保育士(初任者指導保育士)研修会に改名。当初は8地区で実施。

地域子育て支援センター担当者研修会

地域子育て支援センター
乳幼児育児相談担当者研修会(1986年〜1995年、中央で実施)にかわり、1996年度より実施。2001年度までは年3回実施していたが、2002年度より2回(A型・B型)の実施。

特別保育研修会

保育所障害児保育担当者研修会
1976年度から中央研修として年2回、現在は年1回の実施。1978年度から県単位の障害児研修もスタート

保育所乳児保育担当者研修会
1977年度より中央研修としてスタート。当初は2回、現在は1回実施。1981年度から県単位の乳児研修もスタート。

34　第2章●問題の所在と目的

第2節
教員研修や保育評価に関する研究の動向

　ビデオ自己評価法は新しい保育者研修であるが，これまでにこのような研修を実施し，その効果を検証している研究は，1990年の改訂および1993年の保育技術専門講座開催当時はほとんど見当たらなかった。筆者が本研究を始めた当時，1995年の時点でも同じ傾向であった。このビデオ自己評価法という新しい研修方法が果たして効果があるのかといった点で，その根拠を明らかにして取り組む必要があると考えた。そのためには，近接領域の研究成果を実証的根拠としてまとめる中で，ビデオ自己評価法という研修方法の意義や価値，期待される効果などを探っていきたいと考える。

　そこで，まず初めに，筆者が本研究を開始した当時から近年まで教員全般を対象に実施されていたカウンセリング研修や保育評価についての研究をいくつか取り上げ，その効果について検討する。カウンセリング研修について取り上げる理由は，1990年の幼稚園教育要領の改訂から，保育者の研修にも心理学の知見が生かされるようになった点，カウンセリング研修も教師自身の児童生徒への援助技術向上を目指したものであるという点から検討が必要であると考えたからである。

1. 教員研修（教育相談研修）に関する研究

　教員（小学校以上）研修に児童・生徒のより良い指導や保護者との緊密な連携のために，カウンセリング研修が積極的に取り入れられるようになった。しかし，その運営は地方公共団体に委任されていたため，カウンセリング研修といっても内容等バラバラな状態で，その効果も明らかにされていなかった。

　その現状を明らかにするため，中澤（1985）は教育相談研修を受講することによって生じる一般的な自己意識の変容について検討を行っている。それによると，体験学習は知識学習に比べ，受講者の自己探究心の向上に有効に作用し，自己意識が肯定的に変化すると述べている。保育者の研修でも基礎理論的な講義も必要であるが，演習を中心とした研修の方が効果が上がる可能性が示唆さ

れているといえる。

　また，松原・萩原（1987）の調査によると，全国の都道府県教育相談所のうち，回答のあったすべての機関で，各自治体により研修カリキュラムは異なるものの，初級教育相談研修は近接領域の研修と合わせるとほとんどの団体で実施されていると述べている。そして，教育相談の方法として取り上げているカウンセリングは，Rogersの来談者中心療法が87.5％，折衷的カウンセリングが64.6％，グループカウンセリングが62.5％という割合で，講義および実習が行われているということである。また，教員対象の研究会がカウンセラーの専門講座のように高度化し，研修で扱われているカウンセリングの技法および心理療法は約30種類にも及ぶと指摘している。カウンセリング研修と一口に言っても幅広く，研修の方法も多岐にわたっているため，実施されている研修も多くの問題点を含んでいることが考えられる。

　保育技術専門講座で取り上げられている「カウンセリングマインド」の向上も，実際どのような研修内容で具現化するかが問題となるであろう。

　また，実際その講座を受けた教師は自分の教師としての資質向上にこれらの研修が役立ったと感じているのであろうか。研修を受けた教師がその効果を実感しなければ，実際の教育場面で活用される可能性が少なくなるかもしれない。

　宮本ら（1988）は，教育相談研修に対する教師の期待と受講後の充足度について調査を行っている。その結果，内容に改善を加える必要はあるものの，大半の受講者がその研修の成果に満足しているという結果を示している。しかし，どのような内容について良かったのか，改善点はどこにあるかまでは検討されていない。

　その後，福島・佐野（1990）は教師の特徴とカウンセラーの傾向を挙げる中で，研修の効果についてカウンセリング研修を受けた教師の態度変容からその効果を検討している。その結果，教師は「べき志向と理想主義」を持ち，「教示・説得好き」であり，社会基準を背景とした評価をしがちで，「集団志向と社会的比較」の目を持って対応している。それに対し，カウンセラーは「あるがまま志向と現実主義」「聞き手・共感的理解志向」「没評価的・個性尊重」という特徴を持っていると，それぞれの特徴について分析を行っている。そして，教師も教育相談研修を受講することにより，カウンセリングマインドを習得すれ

ばカウンセラーの特徴に近づくと述べている。

　また，坂倉ら（1993）は研修経験を有する教師と一般の教師および生徒指導教師とカウンセリング研修の効果についての比較研究で，一般教員（研修初回参加者）と研修修了者とでは，カウンセリングの基本的な態度において，大きな差がみられたと報告している。「カウンセリング的な態度，すなわちおしつけでない傾向，受容の傾向，集団統制でない傾向，自律の傾向が，教師としての経験の量や対象となる児童生徒との年齢差によって影響されるのではなく，カウンセリング研修そのものの効果が大きい」と述べ，カウンセリング研修の役割と重要性を示唆している。

　一方，東條・前田（1993）は教育相談研修による教師の指導態度の変容とその維持に関する調査を行っている。その結果，初級研修者と中級研修者と非受講者の3群間における指導態度には有意な差は見られなかったが，研修終了後，初級，中級受講者のいずれも教育相談的な態度は強まるが，中級群のみ維持されることを見いだし，その要因として動機づけの強さを挙げている。この動機づけの強さと研修の維持に関する影響については，今後のカウンセリング研修の効果的な実施のあり方を示唆していると言えよう。

　これまで，カウンセリング研修に関する研究を概観してきたが，実際に行われている研修の内容は様々で，どのような内容が最も効果があったのかは明らかになっていない。しかし，カウンセリング研修により，教師の態度に変容が見られる（坂倉ら，1993）といった結果からは，カウンセリングの知見を生かした研修を実施すれば保育者の態度，もしくは援助行動にも変化を及ぼす可能性が期待できる。

　カウンセリング研修は自己理解および他者理解を促進し，援助者としてのコミュニケーションを中心としたスキル向上にも貢献するものである。保育者の資質向上を目指す内容，「自己を振り返り（自己理解の促進）その振り返りを保育に生かせる」「幼児をより深く理解し，その発達に沿った援助ができる（他者理解およびスキル）」といったカウンセリング研修の目指すものと共通点があるのではないだろうか。このような点からも，自己の援助スキルを自己評価する，つまり自己の援助を見つめ直せば，援助スキルが変化・向上し，ひいては援助の質的な向上といった効果が得られるのではないだろうか。特に，保育

者の資質として求められている援助は，子どもの主体的な活動を支え，子どもの心に寄り添うという点で福島・佐野（1990）の言うカウンセラーの特徴に近づくといったカウンセリング的な態度の習得と近接していると考えられる。

　また，東條・前田（1993）は，中級群においてのみ教育相談的態度が維持されるといった結果を得て，その要因として動機づけの強さを挙げている。カウンセリング研修の中級群は初級研修が終了し，カウンセリング研修を継続的に続けている群である。つまり，中級群のカウンセリング研修の効果維持が影響しているということも考えられる。保育者の援助に焦点を当てた系統的，継続的な研修を行えば，この中級群のように，より良い援助スキルが教育相談的態度のように維持される可能性も考えられる。しかし，保育者研修では，カウンセリングマインド向上を目指した保育技術専門講座の回数は少なく，前述のようなカウンセリング研修は保育者対象には実施されていない。このことから，援助向上を目的とした，保育者自身が役に立ったと感じることができ，実際の援助スキルも身につけることができる，ビデオを使った自己評価研修は，保育者のための新しい研修として効果が期待できるのではないだろうか。

2. 教育活動（児童生徒への指導）の視点からみた自己評価

　2000年の幼稚園教育要領・保育所保育指針の再改訂以来，保育者の研修に自己評価が取り入れられ，注目されるようになったが，本研究を始めた当時は自己評価という保育評価方法を保育に取り入れることは実施されていなかった。しかし，教師，保育者の資質向上を考える時，教師自身が自己の内面に目を向け，自我を確立し，知性や感性を，常に高める自助努力が不可欠である。自己評価という方法は，保育評価をより効果的にする可能性を持つものと考える。

　近年になり自己評価という方法が保育現場に導入されたが，より効果的な実施方法や具体的な援助を自己評価できるようなチェック・リストは開発途上である。そのためには，援助内容をより詳細に分析し，保育者が自由に自己評価でき，援助の質的な向上を図ることができるような研修の開発が必要であろう。

　従来，自己評価を取り入れた教育活動は小学校以上の学校教育現場で活用され，その効果についても検証されてきている。そこで，保育者研修を1つの教育活動として捉え，これまでの教育活動で活用されてきた自己評価に関する研

究で明らかにされた効果について検討することが，保育者ための自己評価を取り入れた新しい研修開発には必要であると考えた。

　児童生徒の学習活動を促進する要因の1つとして自己評価が取り入れられ，その効果が期待されてきた。安彦（1993）は教育活動を有効にする評価の条件として，子どもの自己観察と自己表現，教師の感受性と価値観，子どもへのフィードバックの3つを挙げ，評価で重要なのはフィードバックであり，このフィードバックによって自己評価が促されるとしている。保育者研修でも，自己評価を行う保育者と，その自己評価または研修を実施する研修担当者や園長のフィードバックが重要となるであろう。

　沢崎（1993）は，自己評価とやる気の関係について，自己評価を肯定的自己評価と否定的自己評価から検討し，肯定的な自己評価（自分を好きと思える）を高めることが大切であると述べている。保育者が行う自己評価も自己の欠点を探すような自己評価ではなく，自己の援助の良い所をまず振り返ることができ，自己を受容する中でより良い自己を求めるような自己評価の方法が必要である。

　また，林（1994）は自己評価を「①自分の現状を知る（問題の理解），②自分で考える手段の確保（解決方法），③自分の成長を見つける（成果），④次の発展を促す（新しい発展）」の4つの側面から捉え，「気づきカード」「ふりかえりカード」といった自己評価カードを使い児童生徒の学習活動に活用し，その効果を明らかにしている。「自己評価カード」といった，個別に自己を振り返る教材を用意し，児童生徒の学習にも自己評価という方法を取り入れ，自己評価を具体的，客観的そして日常的にするといった点は注目できるであろう。

　保育者研修で自己評価を取り入れる場合，自己評価カードのような具体的で客観的な自己評価の基準が必要なこと，自己肯定感が高まるような自己評価の方法の工夫が必要なことが沢崎（1993）や林（1994）の研究から理解できた。

　このように，保育者研修でも具体的な援助に関する自己評価を取り入れれば，保育者の援助への気づきを促すことができるのではないだろうか。

3. 保育評価に関連する研究

　石川（1990）は保育者の資質について，「何よりも子どもの人格と個性を尊

重し，その発達状況を正しく理解することを根底におき，望ましい保育観や子ども観の確立が必要とされる」と述べ，幼児を主体にした保育者のあり方を示唆している。また，その保育観を支えるものが保育における評価であるとし，その保育評価も「自分の指導（保育）を振り返る」ことが重要であると自己評価の重要性を示唆している。

　幼稚園教育要領の改訂等の影響で子どもの主体性を重要視する傾向が強まり，保育を単なる子守りとしてではなく，より専門性の高い技術として捉えるようになった。そして，保育者の資質をより向上させるために保育評価という概念が保育の中に取り入れられるようになったことが石川（1990）の研究から推察できる。本研究でも，保育者の資質向上を目指し，保育者自身の保育評価（自己評価）を取り入れた研修を開発しようと考えた。そこで，保育評価がどのような流れで研究されているのか，どんな視点から保育の質を検討しているのか，保育評価の研究の流れから保育評価の意義，保育評価の視点を検討する。また，保育評価は本当に保育者の資質向上に寄与するものであろうか。保育評価の効果についても検討する。

(1) 保育者の行動（援助）の分析

　腰山（1987）は「幼児理解のための幼児の行動を対象とした研究は多いが，保育そのものを対象にした評価の研究は数少ない」と述べ，保育評価に関する研究の必要性を指摘している。さらに，「保育の効果的な展開や効率的な指導過程の追求など保育の技術的側面が軽視されやすいのが現状である」と述べ，保育の行動目録とその分類から保育評価表を用い，自己評定，他者評定に兼用できる手引きの作成の必要性を提言している。また，「VTRを利用した保育観察は自他の場面分析も可能にし，保育行動そのものの多面的な分析を可能にし，有益である」と述べている。

　小田（1987）は，保育場面での保育者の期待に焦点をあてた分析を，PFT（Picture Frustration Test）の質問紙を使い，反応をベールズのカテゴリーシステムにより分類している。各場面における刺激語は，CCP（A Test for measuring children's cognition of parents）の各場面の欲求体系から実践に近いものを抽出した。その結果，「保育場面を中心とした保育者，子どもの相互

作用において，子どもへの働きかけ→子どもによる観察，認知→子どもの反応→保育者の観察，認知→子どもへの働きかけというサイクルを見直してみる必要があり，そのためにも客観的な保育場面分析の方法の開発が待たれる」と述べ，客観的な保育評価の必要性を示唆している。

平山（1987）は，現職の幼稚園教員を対象に保育方略について行動分析を行い，「幼児理解」「めあて」「手立て」の３つの変数からその行動の関連を検討している。その結果，「めあて」が他の「幼児理解」にも「手立て」にも強い影響を及ぼしていることがわかった。保育者の行動，つまり援助がどのように行われているかということが保育活動において重要な役割を果たしていることがうかがえる。腰山（1987），小田（1987），平山（1987）らの研究で保育行動を分析し保育評価に生かすこと，さらにその評価にVTRを活用する可能性が示唆された。

また，小池（1990）は，保育行動の基盤となる「共感性」は人と人との関係で育つ能力のため，保育者の過去の体験内容が反映され，自分の生きてきたプロセスをどのように感じ，統合しているかといった自己受容のあり方が自己概念に関与し，さらには，保育行動に影響することを指摘している。また，「一人の保育者の中に子どもと共感している部分と困難な部分が共存し，それは保育者の自己に対する態度と一致している」と述べ，自己受容との関連を示唆している。

保育における援助の向上を目指し研修を開発実施するためには，その保育者の援助の根底にある心理的な側面についても配慮することが必要であろう。

細川・若林（1992）は，保育行動を保育において主要な部分である「幼児へのかかわり行動」として捉え，受容―拒否，統制―配慮の二次元から理解しようと試みた。

その結果，拒否的かかわり行動因子，共感的かかわり行動因子，統制的かかわり行動因子，配慮的かかわり行動因子の４因子を抽出している。さらに，若林・細川（1992）は，抽出した４因子を使って，保育者の人間関係，対人関係，自己評価等に関してどのよう傾向が見られるかを明らかにしている。その結果，「拒否的かかわり行動得点の高い保育者は，子どもを否定的に捉え，子どもは自ら発達する力をもっておらず，操作することによって発達し，保育者の意図

する方向へ子ども集団をリードすべきだと考えている」と述べている。そして，「対人関係，人間的深み，自己評価と目標設定は重要ではないと考えている」とその傾向について述べている。

　幼稚園教育要領の改訂で，変革が必要な保育者像はまさに，拒否的かかわり行動タイプの保育者だったのかもしれない。細川・若林（1992）の研究でいくつかの保育者のタイプと保育行動等の関係を明らかにした意義は大きい。しかし，その保育行動の特徴を生かしながらも，より質の高い援助をどのようにして育てるかという点までは検討されていない。

　以上のように，前述の研究では保育者の援助を保育行動として捉え，その重要性，その特徴など，いくつかの側面から検討はしているが，どのようにその援助の質的な向上を図るかといった方法論にまでは至っていない。しかし，近年になり，保育カンファレンスという新しい保育者の研修方法が注目されるようになった。保育カンファレンスは保育者の援助に焦点を当て，保育を保育者自身が評価して援助の質的な向上を図ろうという研修方法であり，本研究の目指す保育者の自己評価による援助の質的な向上という点で共通している。そこで，近年注目されている保育カンファレンスなどの研修方法についても検討が必要と考えた。

(2) 保育カンファレンスと保育者研修

　幼稚園教育要領・保育所保育指針の改訂以降，保育カンファレンスという保育現場における研究が注目されるようになったのは，森上（1995）が「保育カンファレンスはそれぞれの保育者がその人らしい保育を創り出すために行なうものでなくてはならない」と保育カンファレンスの意義を提唱したのが始まりである。

　平山（1995）は保育現場における保育カンファレンスの有効性に関して研究をまとめており，それを受けて田中ら（1996）は，継続的な保育カンファレンス実施からその効果を詳細に明らかにしている。保育カンファレンスは月に1〜2回，2年間，保育現場において実施された。カンファレンス参加者は保育者8名（担任6名，副園長1名，非常勤職員1名）と保育学の大学教員1名であった。テーマは決めずに，話したい人が話すといった自由討議形式で行われ

た。その結果，2年間のプロセスの中で，当初は話題提供者が自分の発表を通し，自己の枠組みに気づき，自己の枠組みの捉え直しを行っていたという。そして，「繰り返しカンファレンスを行うにつれ，メンバーが共通性（共有主観）を持てるようになり，保育者自身が自分の保育行為の，判断の根拠に自覚的になった」と述べている。保育カンファレンスは現場の保育者の日常保育をその研究の対象としていること，保育者自身が自己の保育への気づきを深める契機になる研究であることから，現場における保育者の援助に焦点を当てた，定期的，継続的な研修として注目すべき方法であると考えられる。しかし，研究を目的とした研修であるため，いつでも，どこでも，誰でも，保育者自身で行う現場レベルの研修としては今後の検討が必要となるであろう。

(3) 保育者の自己評価に関する研究

一方，1997年幼稚園教育要領および1998年保育所保育指針の再改訂を受け，全国福祉協議会が中心となり，「保育内容等の自己評価」のためのチェック・リスト，園長編（1996），保母編（1996）を出版した。その出版が契機となり，保育現場における自己評価が注目されるに至った。

岩立ら（1997）はそれを受け，保育者の評価に基づく保育の尺度（3歳未満児用）の開発を試みている。ここで注目すべきは，保育の質を評価する場合の重要度として，現場の保育者の判断を元に尺度作成を試みた点にあると考えられる。作成された尺度は6つのカテゴリーから成る。クラスの保育者の関係では，「クラスに一体感がある」「担任同士の意思疎通がうまくいっている」など5項目，保育者の保育姿勢では，「子どもに笑顔で接している」「子どもとの共感を大切にしている」など5項目，保育のあり方では，「担任制をとっている」「子どもの発達を考慮して食事（離乳食）を与えている」など5項目，子どもの姿では，「子どもはそれぞれクラスの中に好きな保育者がいる」「好きな遊び（活動）に集中して取り組む子どもがかなりいる」など5項目，親との関係では，「連絡帳を工夫して親と共感できるようにしている」「保育者と親がお互いに信頼関係で結ばれている」など5項目，保育環境・条件では，「保育の環境が工夫され，保育者が動きやすくなっている」「子どもにあった遊びができるように遊具を豊富に用意している」など5項目，計30項目から成る保育者用の自

己評価尺度である。保育者自身が日常保育を振り返る視点を客観的に提供している点と，保育全般を振り返ることができるようにバランスよく項目が配列されていて，項目数も30項目と自己評価に時間や手間がかからない点は適切であるが，保育者の援助や保育の具体的な内容についての振り返りには十分ではない。自己の保育全体を見直すことも必要であるが，「笑顔で接する」という項目に○をしたとしても，どれくらい，どんな時にその笑顔があったのか，などといった援助の具体的な内容や質については自己評価できない。具体的な援助を評価できる保育者用の自己評価尺度があれば，より詳細に保育を評価できるのではないだろうか。

(4) 具体的な援助内容の分類に関する研究

保育を自己評価することの必要性が問われ，自己評価尺度の開発は行われたものの，保育者の実態に即した自己評価項目とは言い難かった。

そこで，齋藤（2000）は教師（保育者）と幼児の関係性の中で教師の援助に注目し，小川（1978）の行った一斉指導における粘土遊び活動における保育行動分析や，関口ら（1985，1986）の行った一斉的なボール遊び場面における保育者の保育指導分析，宮原・宮原（1987）の保育者の言語応答性に関する研究や，芦田（1992）のフランダース法（Flanders,1970）による保育行動のカテゴリー分析を挙げ，場面の特定性，言語中心の分析，幼児の行動が考慮されていないなどの問題点を提起し，幼児と保育者の，ありのままの指導・援助の姿を分析しようと試みている。保育者にとっては日常の保育が重要であり，その日常の保育を無理なく振り返ることができれば，援助の質的な向上が図れるものと考えられる。その点で，齋藤（2000）の研究は注目できる。しかし，事例を中心に保育者と子どもとのかかわりを時系列で分析しているため，援助の質を検討するための知見は提供してくれるが，保育者自身が日常の保育の振り返りに使うには問題がある。

三宅・田中（2001）は，保育者の行動でも，言語コミュニケーションで保育者が誘因的に用いる「ことばかけ」の分析を行っている。分析方法はフランダース法等を参考にしている。分析の対象は，造形活動場面の2つの保育事例である。カテゴリーは保育者言語（応答・自発），幼児言語（応答・自発），沈黙の3

カテゴリーであった。保育者言語の「応答」では，①感情を受け入れる，②ほめる，③幼児の考えを受け入れる，あるいは用いるなど5応答が挙げられ，自発では⑥説明する，⑦指示を与える（さらに3応答に分けている），⑧示唆を与える（さらに5応答に分けている）など4応答に分類している。ことばかけこそ援助の基本であり，その援助の内容を具体的な保育場面で，さらに幼児とのかかわりの場面から分析したことは援助の質的な向上を図る場合の指標になるものと考えられる。この分析のように，援助をことばかけという言語コミュニケーションに限定せず，非言語コミュニケーション，例えば「抱っこする」「手を貸す」などについても分析すれば，より詳細な援助の姿が明らかにできるものと考えられる。

4. スキル訓練と保育者研修

　三宅・田中（2001）は保育における保育者のことばかけについて取り上げ，そのことばかけを幼児とのやり取りかどうか分析し分類している。保育者のことばかけは保育における援助の基礎であり，場面に応じたことばかけは援助行動におけるスキルとして捉えることができる。

　一方，コミュニケーションに焦点を当てたコミュニケーション・スキルトレーニングも盛んになってきている（Ekman & Friesen, 1969; Knapp, 1978; Harrison, et al., 1972; Harrison, 1974; 佐藤，1992，1994，1995a，1995b，1997，1998）。佐藤（1999）は非言語コミュニケーションに焦点を当て，訓練プログラムの開発を試みている。佐藤（1999）はこれまでの研究などをもとに，非言語コミュニケーション・スキル訓練のための要素を分類抽出している。この訓練要素も，まさに，保育者の援助におけるコミュニケーション・スキルとして重要なものと言える。

　保育者の援助は保育を目的としたコミュニケーションが基本であり，とくに子どもとの関係作りに言語・非言語のコミュニケーション・スキルを使用していると考えることができよう。保育者の援助をスキルという視点（援助スキル）で分類すれば，援助の質的な向上を図る研修（訓練）プログラムを作成することが可能なのではないだろうか。

5. ビデオ自己評価法

　以上，研修の実態，そして保育者研修に関連した研究について検討してきた。このように，1990年の幼稚園教育要領や保育所保育指針の改訂をきっかけとして研修の方向性は変化しつつあるが，現在もなお，保育現場で保育者が継続的に自己の援助を向上させることができるような研修が十分に実施されているとは言いがたい現状であることがわかった。

　そこで，筆者は「ビデオ自己評価法」(Self-evaluation Using Video Analysis) という新しい研修方法を考案した。このビデオ自己評価法は保育者の援助スキルに焦点を当て，定期的にその援助スキルを自己評価するという点が筆者のオリジナルである。以下，ビデオ自己評価法の実施方法について紹介したいと考える。

　ビデオ自己評価法とは，保育者（研究協力者）のクラスの自由保育場面を10分間，研修実施者がVTRに録画する。その録画VTRを翌日，園内の研修室（個室）で研究協力者が視聴する。その後すぐに，そのVTRの中でチェック・リスト（援助スキル自己評価表，40項目）の中の援助スキルを使ったか否かについて自己評価し，その援助スキル項目に○をつけるという方法である。VTR視聴後に自己の援助を見た感想を，各自に自由記述してもらう。さらに，研修実施者は各研究協力者と面接を行い，自由に記述した感想の内容について確認を求め，さらに研究協力者自身が良かったと評価した項目について，フィードバック（社会的強化子）を加える。これを1セッションとする。

　撮影場面は，保育室内で保育者とそのクラスの幼児が遊具や教材を自由に使い，遊びを展開している場面に限定した。クラス全体に同一の教材を与えて指導する場面や，戸外での固定遊具（ブランコや鉄棒など）を使った遊び，ゲームなどの集団での遊び，縦割り保育（異年齢の合同保育）などの場面は研究対象にしなかった。保育現場での実験という点で，さらに定期的，継続的な研修として実施するという理由から，保育者の負担を考慮して上記のように場面を限定し，撮影時間（VTR視聴時間）も10分間とした。

第3節　自己評価と学習

1. 自己評価（self-evaluation）と学習

　これまで，教育活動で活用されてきた自己評価の効果について検討し，さらに筆者が考案した研修方法であるビデオ自己評価法について紹介をした。本研究ではその自己評価を保育者研修に生かそうと考えている。そこで，心理学で検討されてきている自己評価や学習，教育といった視点から，自己評価を生かした研修の意義を，先行研究から検討する必要があると考えた。

　安彦（1987）は自己評価を教育・学習という視点から検討し，多くの見解をその著書『自己評価』で述べている。そこで，本研究に関連のある内容を一部引用しながら，学習（教育）という視点から自己評価について検討してみたいと考える。

　まず，安彦（1987）は橋本（1983）の自己評価の定義を引用し，「生徒が，自分で自分の学業，行動，性格，態度を評価し，それによって得た情報（知見）によって自分を確認し，自分の今後の学習や行動を改善・調整するというこの一連の行動」と述べている。

　さらに，安彦（1987）は自己評価の意義について，「学習者の『自己評価』は，それがまさに学習者自身に『身近な』もの，『親密な』ものであることに，決定的な意味がある。」と述べ，自己評価における学習者自身にとっての身近さや親密さの重要性を挙げている。加えて，「もし仮に『自己評価』の役割が，評価している本人の活動に，実質的な意味をもたなかったとしたら，まさに『自己評価』は単なる不必要で余計な活動に過ぎない。」と述べ，自己評価を学習に生かすための，学習者の「自覚」を強調している。保育現場で自己評価が注目され，自己評価項目が検討され始めたが，自己評価する主体が本人であること，学習者の自己評価への自覚が必要なことが示唆されていると言えよう。

　自己評価の方法だけを導入しても，自己評価する主体の意思，自覚をいかに促せるか，自己評価する主体の要望にどれだけ沿っているかが，その自己評価

活動を有効な学習とする重要な鍵となると考えられる。自己評価のための尺度作成も，現場の保育者の実際的な活動がそのまま反映されたものでなければ，効果はうすいであろう。

　保育者が自己の援助を評価し，さらに，その自己評価をもとに自己の援助を保育者自身が向上していくことは，すなわち保育者（学習者）自身が自己の援助に強化を与える，自己強化と捉えることもできる。そこで，自己評価研修を推進する上で自己強化についてもふれる必要があると考えた。

　安彦（1987）は「自己強化」（self-reinforcement）についても福島（1980a）の定義を引用し，自己評価との関連を検討している。

　自己強化は外的強化との関連から論じられることも少なくない。学習者の特定の行動を他者が強化する外的強化はその行動の出現頻度を増加させるが，外的強化によって出現頻度が増大した反応は自己強化に切り替えてもその機能は維持されることが Kanfer & Marston（1963）によって示されている。一方で，Marston（1967）や Bandura & Perloff（1967）は自己強化のみでも特定の行動を増加させることを報告している。これまで，実験場面では自己強化と外的強化は個別に検討されることが多かったが，福島（1980b）は外的強化と自己強化の効果に関する研究などから外的強化と自己強化が相互に影響しあうことを確認している。

　さらに，福島（1980a）は自己強化を「自分の行動に対して自分で強化刺激（報酬物や賛辞）を与える手続，つまり強化刺激の自己管理」と述べている。また，強化と自己強化の違いについては「従来の強化が行為者の行動に対する外界の反応であった（例えば，子どもが宿題にとりくんでいると母親がほめる）のに対して，自己強化の場合は，行為者が同時に強化を操作する人でもある（宿題をやりながら自分でほめる）というところに最大の特徴がある」と述べている。

　そして，福島（1980a）は，Bandura & Perloff（1967）の挙げている自己強化に必要な三つの特性から，「①子ども自身（被験者自身）が完全に強化子をコントロールできること。②強化子を条件つきで自己呈示するということ。③遂行基準の採用＝ある行動が自己報酬に値するかどうかその時々に決定するための基準が必要になること。」の3要件を挙げ，この3要件が全て備わっていることが自己強化には必要であるとしている。

この要件を安彦（1987）は自己評価に当てはめ，自己評価の要件を「①自分で自分を評価することが許される。②自分で自分を評価するときだけ評価する。③自分で自己評価するときの基準を知っている。」の3点を挙げ，自己強化を自己評価活動の一部として位置づけている。さらに，自己評価をメタ認知の過程として捉え，「自己強化は認知とメタ認知とをつなぐ過程としての性格を強く持っている」と述べ，自己評価と自己強化の違いを指摘している。

　本研究では，保育者の援助スキルの向上を目指した研修を自己評価という方法で実施しようと考えたが，自己の援助を自己評価した結果，自己のより良い援助をさらに自分で伸ばそうという保育者の変化も考えられ，これは自己強化として捉えることもできる。安彦（1987）は自己強化を自己評価活動の一部に位置づけているが，本研究では福島（1980a）の自己強化の3要件を完全に満たすことは困難であり，外的強化条件を全く取り除けないという問題も考えられるため，自己評価活動の一部という立場を取るには無理があると考えられる。しかし，先にも述べたが，自己評価研修の結果として保育者の援助スキルが向上する背景に，自己の援助を自分でほめ，その結果さらに自己の援助スキルを向上させていくという自己強化がある可能性は否定できない。そこで，本研究では，自己評価を取り入れた新しい研修方法の効果の検討を主たる目的する。そして，結果として起こる自己強化については，研修の効果に関連する要因の1つとして，その影響も考慮に入れ，詳細に，慎重に研修効果について検討する必要があると考える。

2. 自己評価を学習に活用した近年の研究

　自己評価は学習活動に有効に働く要因として捉えられているが，学習者の心理的な面との関連によって，その効果に違いがあることが示唆された。特に，自己評価は他者評価（外的評価）と対比させて内発的動機づけ（intrinsic motivation）に及ぼす影響が検討されている。

　桜井（1983, 1984a, 1984b, 1984c, 1985）は，Deci（1975）による認知的評価理論をもとに，人間の動機づけ全般を扱いうる自己評価的動機づけモデル（Self Evaluation Motivation Model: SEMモデル）を提唱し，多方面から（自由選択行動法から，質問紙法による児童の課題への動機づけから，生徒のパズ

ル課題に対する動機づけに及ぼす外的報酬の効果から，外的報酬の内容（言語か物質かといった多面）から等）このモデルの検討をしている。さらに桜井（1987）は「やる気のない生徒指導」において，その妥当性を検討している。検討の対象となったのは中学生男子である。桜井（1987）の提唱しているSEMモデルはDeci（1975）の理論に従い，外的報酬に制御的側面と情報的側面の2側面を設定している。そして，外的報酬のもつ制御的側面に，動機の評価→自己決定感（他者決定感）→自己決定への欲求→学習行動というプロセスを仮定した。他方，外的報酬の持つ情報的側面は有能さの評価→有能感（無能感）→有能さへの欲求→学習行動というプロセスを仮定した。

その結果，桜井（1987）はSEMモデルの基本的な指導方針を2つ挙げている。その1つは「成功体験を豊富に与えて自分が有能であることに気づかせる」というもので，これはモデルでいう外的報酬の情報的側面に対応するものである。2つ目は「自らが学習計画を立て，それに沿って着実に遂行できるように援助すること」というもので，これは外的報酬の制御面に対応するものとして重要視されている。

このSEMモデルの枠組みは刺激→認知→感情→動機づけ→行動という達成動機づけの枠組みに準拠しているが，保育者の研修も一つの学習行動であると捉えると，保育者研修の中でも桜井（1987）の提唱するプロセスをたどる可能性が考えられる。研修内容に援助に関する自己評価的な研修を取り入れるとすれば，SEMモデルでいうところの認知レベルが自己評価にあたるであろう。その自己評価が保育者によりどのように行われるか，つまりどのように自己評価研修が進められるかによって，保育者の内発的な動機づけを高めることにも，低めることにもなるであろう。内発的動機づけを高めることができなければ，研修の効果が期待できないかもしれない。自己評価のあり方が研修の効果を左右する可能性を示唆していると言えよう。保育者にとって自らが変化することに喜びを持ち（有能であると気づかせる），自分の研修として自己変革できるような研修でなければ，保育者の援助はもとより，本質的な保育者の資質向上にはつながらないであろう。桜井（1987）の研究は自己評価という方法だけではなく，その自己評価のあり方をも示唆する研究であると考える。

また，小倉・松田（1988）の研究では，対象が小学校1年ではあるが，他者

評価条件と自己評価条件における内発的動機づけの変化を検討し，自己評価条件の方が内発的動機づけを著しく上昇させるという結果を得ており，これは桜井（1987）とも対応する結果である。

　西松・千原（1995）は，教師による評価（個人内評価，絶対評価，相対評価）と生徒自身の自己評価が生徒の内発的動機づけに及ぼす効果について検討している。この研究は小倉・松田（1988）の，自己評価条件の方が他者評価条件より内発的動機づけを高めるという結果と，一方で小学生を対象にした Hughes, et al.（1986）の，他者評価（others evaluation）が自己評価に比べて継続的な動機づけを高めるという相反する結果から，内発的動機づけを高めるのは他者評価なのか，それとも自己評価なのかという，効果研究の矛盾点を明らかにしようと考え行われた研究である。その結果，個人内評価に基づく教師評価と自己評価を同時に与える実験では，「個人内評価は，コンピテンスを高め，内発的動機づけを高め，自己評価は，自ら課題に取り組んでいるという自己決定感を高め，内発的動機づけを高める」という仮説が支持された。これらの研究から，自己評価による内発的動機づけへの影響については，桜井（1987）も示唆しているように，自己決定感が重要であることを確認することができた。また，西松・千原（1995）は，「教師による個人内評価と自己評価は対立するものではなく，2つの評価を同時に実施することで，より大きい効果が期待できる」と述べている。そして，教師評価といった外的評価が内発的動機づけに良くないという指摘に対して，「教師評価であっても個人内評価のように学習者の個人内の基準に即した評価であれば，学習者のコンピテンスを高め，内発的動機づけを高める」ことが明らかにされた。この結果から，保育者対象の自己評価も，もちろん，自己決定を重視した自己評価研修が望まれるが，指導的立場の人からの有効なフィードバックや評価は，保育者の個人内評価に準拠したものであれば，コンピテンスを高め，自己評価を支え，内発的動機づけを高める可能性もあることが示唆されたと言えよう。

　中川・松原（1996）は，児童を対象にわり算の学習に及ぼす自己評価訓練の効果を検討している。この研究は訓練（トレーニング）という視点から自己評価を積極的に学習に取り入れている点で，本研究が保育者対象の研修，いわゆるトレーニングに着目していることと共通している。中川・松原（1996）は，

従来から検討されてきた自己採点法（課題の採点を単に自分で行うという方法）による自己評価の効果（橋本，1981；鹿毛・並木，1990；鹿毛，1990，1991，1993；Maehr & Stallings, 1972; 小倉・松田，1988；Salili, et al., 1976）について，自己評価カードといった課題解決方法や学習の進捗状況を記入するカードを自己採点法に併用し，その効果の差について検討している。その結果，児童が従来と同じ自己採点法のみで課題について自己評価するよりも，自己評価カードを併用して自己評価する方が，学習を促進し内発的動機づけを高めることが明らかにされた。この研究で使用された自己評価カードは，Brown（1978）の主張を重視して「問題解決の方略や，スキルの実行過程における評価やエラーの修正等の自己統制機能を高め，自己評価をより促進する」という目的で作成された。

　保育者の援助スキルについて自己評価する研修でも，援助スキルに対する自己評価に加え，自己の援助スキルについて良かった点や改善点など，さらにその研修に対する自分の取り組み（姿勢）などの記述を求めれば，自己の援助スキル向上に対する問題解決の方略や，援助スキル実行の過程における修正等に関して，自分で改善していくといった自己統制機能を高めるかもしれない。

　また，西松・千原（1995）は，自己評価カードを併用した群の自己評価が促進された理由として，課題解決の実行過程における自己評価カード併用群のモニタリング能力を挙げ，自己評価とモニタリング能力との関連について考察している。自己評価という方法を教育活動にどのような方法で取り入れるか，その方法によって，内発的動機づけだけではなく，自己統制力，モニタリング能力にまで変化，つまり成長を及ぼすことが中川・千原（1995）の研究では示唆された。

　自己評価の方法を工夫すれば，自己評価法は有用な学習（研修）方法となるであろう。しかし，この研修を実質的な保育者の援助向上に役立てるためには，今後のさらなる検討がぜひ必要である。

3. 自己評価と自己調整学習

　近年では，学習指導要領の改訂をはじめとして，自分で課題を見出し，自ら学び，自ら考える力，「生きる力」を身につけることが，教育課題として掲げ

られている（中央教育審議会，1988）。保育者の研修においても，自己の援助を振り返る方法として自己評価するということを自己学習の問題として捉えることもできる。そして学習者が自分に最も適した学習方法を選択し，学習行動を行うことはその学習者にとって重要なことであろう。しかし，自分に適した学習方法を選ぶにあたっては，能力や認知スタイルなどの個体的な要因や，学習環境のような外的な要因も大きく影響するために，学習活動には個人差がある。その個人差に着目したのが，「自己調整学習」（Self-regulated learning）である。保育者の研修においても，より良い効果を期待するためには保育者の個人差に考慮する必要があり，個人差に着目した自己調整学習に関する研究はその知見を与えてくれるものと考えた。

中川・千原（1995）は，自己評価に関与する要因として，モニタリング能力や自己統制力を挙げ，また，上淵（1995）は従来の，学習者による自己教育や自己学習を自己制御学習と呼んでいる。この自己制御学習は一方で自己調整学習とも訳されている。

この自己調整学習について初めて記述したのがCorno & Mandinach（1983）で，学習における認知過程のあり方を認知的従事（cognitive engagement）と呼び，認知的従事の形態の一つを自己調整学習と呼んだ。そして，「内容領域の関連するネットワークを深め，操作するよう，また，深めている処理をモニターし改善するために，学習者によってすすめられる努力」と定義している。

また，Corno & Madinach（1983）は自己調整学習を，注意（alertness）、選択（selectivity），統合（connecting），プランニング（planning），モニタリング（monitoring）の5つの要素からなると述べ，さらに彼らはこれらの要素を大きく「獲得（acquisition）過程」と「変換（transformation）過程」に分類している。そして，これら2つの過程の組み合わせから学習の姿（認知的従事の形態）を明らかにしている。

自己調整学習は主に学習プロセスにおける制御に焦点がおかれていて（Pintrich & De Groot, 1990; Veenman et al., 1990），学習者の内面や学習方略（learning strategy）などはあまり検討されてこなかった。

しかし，Zimmerman & Martinez-Pons（1986）は，これらの研究の流れの中で，学習者の内面や学習方略に注目した。そして，自己調整学習を「情報を符号化

し，課題を遂行するのを助ける体系的なプラン」と述べ，さらに自己調整学習における15の自己調整学習方略を仮定している。その学習方略は，自己評価，目標設定，体制化，モニタリング，リハーサル，情報収集，環境構成，救援行動（大人），救援行動（教師），救援行動（友達），レビュー（教科書），レビュー（ノート），レビュー（テスト），自己強化およびその他である。

また，Zimmerman & Martinez-Pons（1992）は，自己調整学習インタビュー目録を初めて作成した。日常場面における自己調整学習方略の使用について明らかにしようとしたことが従来の研究と異なっている点であろう。

一方，速水（1993）も内発的動機づけの過程に関する研究で自己調整学習を扱い，学習者の内面に着目している。伊藤（1996）もPintrich & De Groot（1990）の尺度を使い，生徒の教科への興味関心が学習全般の動機づけを高めるきっかけになるという，自己調整学習への学習者の内面の影響を報告している。

谷島・新井（1996）は，各教科における生徒の動機づけを高めるには，教科によって動機づけの方略の設定を変える必要があることを示唆し，さらに，クラスの動機づけ構造をポジティブにしていくことで，生徒の自律的な学習を促進することができる可能性についても述べている。

佐藤（1998）は学習方略の使用と達成目標および原因帰属（causal attributions）との関係を検討している。その結果，学習に対する目標，例えば，学習プロセスを楽しもうという目標や，良い成績を取りたいという目標をもつ児童・生徒は全ての学習方略を用い，他者から良い評価を得たいという目標を持つ児童・生徒は作業方略以外の方略を多く用いることが明らかにされた。さらに，テストの点数の良さを能力に帰属させる者は柔軟的方略を多く用い，努力や方略に帰属させる者は全ての方略を用いるといった，原因帰属の傾向と使用する方略との関連を明らかにしている。

これまで，自己調整学習の研究について概観してきた。学習者にとっては最も適した学習行動を行うことが重要な課題であるが，自己調整学習は学習者がより効率的に学習方法（学習方略）を選択し，自分自身で調整しながらすすめていく学習であり，保育者の研修の実施においても，自己調整学習の知見は必要なことと考える。Zimmerman & Martinez-Pons（1986）は自己調整学習方略の要素として自己評価の必要性を述べている。保育者研修でも自己評価を取

り入れ，個々の学習方略にあった自己調整学習を推進することが大切であろう。

4. 自己評価と自己覚知

　一方，自己調整学習と同様に注目されているのが，学習における覚知（awareness）である。小堀・上淵（2001）は学習場面における情動の覚知を，メタ認知機能，情動についてモニタリングする力として捉え，そのモニタリング操作が学習に及ぼす影響について検討している。そして，遊び場面から学習場面への移行時における情動の覚知のレベルを上げること（覚知の高まり）により，自己の情動制御が促進され，学習効果が高まるという仮説をたて研究を進めた。その結果，情動制御過程をモニタリングすることで，情動の覚知が高まり，情動制御が速くなることが示唆された。また，情動制御のレパートリーでも，学習前と学習後に自己の情動をモニタリングさせているために，学習場面で意識される情動の経験数が増加したという結果が得られている。

　以上のように，学習において学習者に適した学習が遂行されるためには，その学習プロセスで起こる情動や行動への覚知が重要な鍵となっていることが小堀・上淵（2001）の研究で明らかとなった。

　保育者研修においても，援助を自己評価しようとする時（学習開始時），どのような情動が覚知されたのか，そして，自己評価プロセス（学習中）ではどのような情動が喚起されたのかを自己モニタリングすれば，自己の研修プロセスに対する情動制御がスムーズに行われるようになるのではないだろうか。そして，さらに自己の情動制御（メタ認知機能）が促進されることにより，自己の援助（行動）への覚知も高まり，援助行動に対する行動制御（メタ認知機能）も促進され，さらに学習（研修）の効果をあげることができるのではないだろうか。

　研修というと，多くの保育者を対象に一斉に行われることが従来多かったが，これから進めていかなければならないのは，自己調整学習のような，個人の学習スタイルに考慮した研修の開発であろう。

5. 自己評価と自己概念

　自己評価は一方で，自己認知（self-cognition）や自己概念（self-concept）

との関連から検討されることも多い。保育者の自己の援助に関する自己評価においても，保育者の自己認知や自己概念との関連が考えられる。そこで，自己評価を自己概念や自己認知の関連から検討した研究についても検討する必要があると考えた。

　Coopersmith（1967）は，「自己評価は個人的に希求するところの自己を背景として測定された自己の諸側面の評価を反映するものである」と，自己の諸側面の認知について言及している。また，山本ら（1982）も，自己の諸側面の認知から自己概念を検討し，自己全体に向けられる評価を「自己評価」，様々な側面から構成される自己の認知を「自己認知の側面」として整理し，この2つの自己意識から自己概念を説明している。さらに，山本ら（1982）は，「自己全体への評価と，この自己を構成する諸側面の認知の両者は，自己を1つの特殊な態度対象とみる立場における（Rosenberg, 1965），態度の感情成分と認知成分とに対応する」として自己認知と自己評価との関連を説明している。そして山本ら（1982）は，自己の諸側面の認知には自己評価を決定してしまうような本人にとって重要な側面とそうでない側面があると考え，自己概念の構造の中における各側面の重要度を明らかにしようと試み，自己認知の諸側面を11因子抽出している。そして，「優しさ」は内面的側面において，「容貌」は外面的側面において，「生き方」は対人的側面の自己評価との関連が強いことを見出し，性差についても男子は内面的な資質を重要と考え，女子は外面的側面（対人的，社会的属性）が重要と考える傾向があることを明らかにしている。

　以上の研究成果から，どのような側面について重要であると自己を認知しているかによっては，自己全体に向けられる自己評価にも影響を与え，さらには自己概念にも変容が起こる可能性が示唆されたと言えよう。保育者の援助スキルについても，保育者自身がどのような援助スキルを重要であると考えているかによって，自己評価研修の効果にも影響を及ぼす可能性が考えられる。そして，研修を実施する上では，保育者の自己の援助に対してどのような側面（どのような援助スキルなど）を重要と考えているかといった自己認知の側面を考慮し，研修を進めていくことが大切であろう。そして，そのような研修を実施していけば，保育者の援助の質的向上という結果に加え，保育者の自己概念にも影響を与える可能性があるのではないだろうか。

一方，自己概念は理想自己（ideal self）と現実自己（real self）の2側面から検討されることも多い。遠藤（1992a）は自己認知と自己評価の関係を，理想自己と現実自己の差異スコアの重みづけから検討している。この理想自己・現実自己の概念を最初に用いたのがRogers（1951）で，カウンセリングにおけるクライエントが肯定的な自己への知覚をするようになっていくプロセスを，理想自己と現実自己の一致度が増したものと捉えた。Rogers（1959）はさらに，理想自己を個人が非常にそうありたいと望み，最も価値をおいている自己概念であると言及している。現実自己と理想自己という2つの側面から個人の適応の状態を自己評価（自己への適応）として数値化したことで，Rogers（1959）はより詳細に自己の姿（変化過程も含む）を明らかにできる可能性を呈示した。
　Rosenberg（1979）も，自己評価について「自己評価とは，個人の現実自己の状態で，こうありたいと願う理想自己の状態とのズレの知覚を反映したものである」と言及し，やはり現実自己と理想自己からその機能を明らかにしている。
　中村（1983）は，自己評価は自らの中に設定された理想の自己と現実の自己との比較によって行われると述べ，梶田（1988）も同じく，現実の自己に関するイメージと志向的・理想的な自己像との食い違いの意識がバネとなって新たな行動への意欲が生じると言及している。さらに梶田（1988）は，自己意識（self-identification）の構造を現実自己と理想自己から明らかにしている。
　Rogers（1951）以後長い間，現実自己・理想自己のズレと一致度から自己の適応との関連が研究されている（Bills, et al., 1951; Hoge & McCarthy, 1983; Lombardo, et al., 1975; McDonald & Gynther, 1965）。そして，算出されたスコアに関する解釈の妥当性についても様々な研究が行われてきた（e.g. Block & Thomas, 1955; Chodorkoff, 1954; Gough, et al., 1978）。保育者が保育者として，自己を理想や現実といった側面から捉えることができれば，そのズレの部分に焦点を当て，個々の重要であると考えている部分を研修に組み込むことによって，より効果が得られるのではないだろうか。
　それ以降，個人の側面，特に自尊感情（self-esteem）との関連や，個人差に対応したスコアの読み取りなどから自己概念を捉えようとする研究が多くみられるようになった。
　Tesser（1980）は自尊感情維持モデルを提唱している中で，自己評価に関

わるものとして「他者の遂行」「他者との心理的距離」「課題への関与」などを要因として挙げ，さらに個人がその課題遂行をどれくらい重要視しているかが自己評価に影響すると言及し，個人の側面の重要性を述べている。

また，Higgins（1987）も自己評価基準としての理想自己を吟味する中で，個性記述的（idiographic）視点を提唱して，個人内における目標の内容や構造の違いに注目している。

Moretti & Higgins（1990）は，個性化された基準としての理想自己に照らした現実自己の位置づけが自己評価に関連すると考え，自由に現実自己と理想自己について記述させ，自尊感情との関連を検討している。

遠藤（1992a，1992b，1993）は，個々の感情面（自尊感情）に焦点を当て，自己認知との結びつきを明らかにしようとしている。遠藤（1992b）は従来から自己意識の構造を測定する概念として使われてきた「現実自己」と「理想自己」といった単純モデルではなく，特に「理想自己」に注目し，「正の理想自己」と「負の理想自己」から自己認知の諸側面の重み付けと自尊感情との関連を検討している。

従来から行われていた現実自己と理想自己のズレの研究は，研究者が用意した項目に対して評定を求め，そのスコアの差異に着目するという特徴があった。しかし，Tesser（1980）以来，理想自己・現実自己の内容には個人差があり，調査者が用意した項目が被験者にとって重要な側面の項目でなければ，自尊感情に影響を及ぼすことはない（Moretti & Higgins,1990）といった結果から，個人差を重視して「理想自己」「現実自己」の両面から自己概念を捉えようとする傾向がみられるようになった。

溝上（1997）は，従来からのスコアの検討方法を「法則定立的方法」として，Moretti & Higgins（1990）や遠藤（1992a，1992b，1993）らの方法を「個性記述的方法」としてその位置づけを分類している。そして，溝上は個性記述的方法によって自己概念を「外在的視点」と「内在的視点」の2つの視点から測定した。自尊感情との関連を検討した結果，「Self-esteem 高群は要因に支えられて自己を高めており，そのことは外在的視点による規定要因の選択個数の多さ，内在的視点による規定要因の表出のしやすさ，として現れた」述べ，「Self-esteem の低群においても，多くの要因をもって，自己を低く評価してお

り，そのことは外在的視点による規定要因の選択個数の多さ，内在的視点による表出しやすさ，として現れた」と両群の傾向について述べている。そして，これらの結果から，「外在的視点から規定された要因の中で比較的意識されやすい規定要因が内在化的視点によって表出されたものと考えられる」と，外在的視点と内在的視点の関連について考察を加えている。さらに，自己を一直線上で評価することの困難さや，自己卑下的自己評価（寺田，1984）のような自己内における矛盾についても考察している。

ここで使われている外在的視点・内在的視点というのは梶田（1988）が提唱した概念である。梶田（1988）は外在的視点を「主体の外側からその主体の意識や行動を統一的に理解するために要請されるもの」と定義し，内在的視点は「主体の実際の意識体験として現われるもの」と定義している。

以上のように，自己概念は多くの研究者によって「現実自己」「理想自己」とう2側面から検討され，その測定方法についても個人差への考慮や自尊感情との関連からの検討など，自己の側面をより詳細に明らかにしようとする研究が進められてきている。

保育者の研修で自己評価法を取り入れれば，援助ばかりではなく，保育者の内面（セルフイメージ），ひいては自己概念にも変化が起こる可能性が考えられる。そして，従来から多くの研究者が検討してきた自己概念の測定方法である「現実自己」「理想自己」という2つの側面から，保育者が重要と考えている保育者としてのセルフイメージを測定すれば，保育者研修の効果が詳細に測定できるのではないだろうか。また，自尊感情などの内面の変化との関連についても加えて検討する必要があろう。そして，これらを明らかにすることで，個々の保育者の内面に配慮した研修の開発が可能となるのではないだろうか。

第4節
映像が自己評価や学習に及ぼす影響

1．映像を使った自己評価

　1993年度からスタートした保育技術専門講座では，映画やビデオといった視聴覚教材の活用を提唱している。その理由は，日常で見られない，出会えない子どもの姿などを，映像を通して体験し，幼児理解の幅を広げようというものであった。映像を教材に使う学習方法は学校教育現場でも企業人教育でも活用されてきた。しかし，映像を利用した研究会（ビデオカンファレンス）やビデオ教材を使った勉強会などは普及してきているが，保育者の研修にビデオ（映像）を使っている研究は少ない。本研究でも，保育者の自己評価にビデオを使用しようと考えているという点から，ビデオを自己評価や学習に使用する意義について検討したいと考えた。

　坂越ら（1987）は，保育者のコミュニケーション・センシティビティの向上に関する研究でビデオを活用している。この研究は，保育者に自分の保育行動を写したVTRを見せて，そのコミュニケーション（言語行動，非言語行動）の成立要因をINREAL（inter-reactive learning: コロラドで開発された障害児とその療育や教育に携わる大人とのコミュニケーションを扱うプログラム）を使い，保育者の行動から検討している。その結果，言語行動については，子どもの気持ちになって関わるといった理念は知っているものの，行動では実現されておらず，非言語行動については，子どもを待つ，理解する，気持ちを読み取るなどの大人の基本姿勢に問題があることがわかった。また，田中・竹田（1987）はVTRのフィードバックの効果についても検討している。それによると，保育者4名中3名が60〜80％の項目で良くなったと答えていて，VTRという手段は自分を見直す方法として有効であると述べている。さらに，子どもとのコミュニケーションにおける大人の受容的な基本姿勢が獲得され，維持されるとともに，声の抑揚や調子などの言葉の周辺要素が持つ効果についても検討されるといった効果がこの研究で認められた。

保育者の資質向上を考える時，自分自身を知るといった保育評価の重要性が，さらにツールとして VTR が有効であることも示唆された。

　関口・柳田（1990）は保育者の行動と幼児の反応について，保育者の姿勢と視線から分析を行っている。分析に使用する記録として，保育場面（幼稚園の4歳児のクラスで保育者のいる場面）を中心に，ビデオテープに録画した。そして，その保育場面を10秒ずつに区切り，保育者の位置，周辺の幼児の数，保育者の姿勢，10秒後の保育者の視線の動き，幼児の保育者への働きかけ方などについてチェックするという方法で検討を行った。その結果，保育者には幼児の目の高さで接することの重要性が求められることが多いが，実際は幼児の反応や状況の変化にすぐ応じることができる姿勢や広い視野も必要なことが明らかにされた。

　立川ら（1995）も保育者の援助と保育内容の研究手法としてビデオを活用している。T幼稚園の3年保育のクラスを入園から卒園までの3年間，月1～2回の参加観察とビデオによる観察記録を資料として，園児2名の成長を事例研究という方法で検討している。観察記録としてビデオを活用した点が従来の記録方法（従来は文字による記録が中心であった）と異なる点であり，注目される。しかし，観察記録として新しくビデオを取り入れたにもかかわらず，その意義やその効果については言及されていない。

　大豆生田ら（1996）も事例研究の方法としてビデオを使用している。某短期大学の付属幼稚園において週1～2回，研究者が園に通う形で1年間ビデオ撮影をした。その撮影されたビデオを用い，月1回研究会を開催し，子どもの行為の意味などについて自由に話し合う形で研究が進められた。研究会のメンバーは他園の保育者，副園長，主任，保育者養成校の教員，カウンセラー等で構成された。その結果，VTRを通して，「観察していたY男の行動や表情を注意深くみていくことができ，Y男自身が何度も繰返す行動の表情から，Y男の訴えたい意味や心の叫びのようなものが，それぞれのメンバーに浮かび上がって，意見を戦わせるうちに，Y男への理解が深まり，Y男の心の変化を待てたり，その微妙なきざしを感じられるようになった」と述べている。そして，「映像の情報には限界もあるが，文字で表わされた記録よりは，はるかに情報量は多い」とその情報量について従来の記録方法との比較を行っている。さら

に，「Y男の事例では保育者が見せたくない場面までも映像があらわに映し出してしまったり，逆に保育者の映して欲しいY男のいい表情の場面がなかなか撮れなかったりと，映像の問題点も多かった」と指摘しているが，「映像の果たした役割は大きかった」とその重要性も述べている。しかし，事例報告ということで客観的な検証は行われていない。

田代（1996）は，稲垣（1984）の提唱している授業カンファレンスの考えを基盤に保育カンファレンスの意義を検討しようとした。稲垣（1984）が提唱した授業カンファレンスというのは，医師が病院や研究会で行っている臨床の事例検討や研究における成果（議論を通して適切な診断，プロフェッションとしての医師の力量を高める）を教育に応用しようとしたものである。稲垣（1984）は授業カンファレンスの意義について，「小学校以上の教育実践においても，事例に則して検討を行い，専門家としての力量を形成していく場をつくり，それをプロフェッションとしての成長，発展の基盤として位置づけるというものである。」と述べている。さらに具体的には，以下の3点を挙げている。

①ビデオを利用し，映像によって実践を対象化するとともに，授業の中で見落としていた子どもの表現をとらえ，子どもの理解を深めること。
②学校や研究会において，お互いにビデオを見あい，それぞれの授業における判断や見解を交換し，それを通して，相互に授業を見る目をひろげ，鍛えること。
③同じ教材で複数の教師が授業を行い，その比較を通して，それぞれの授業の特質や問題を検討すること。

田代（1996）はこの授業カンファレンスの考え方を基に，約2年間，月1～2回，保育現場で自由に保育について語り合うという方法で保育カンファレンスを実施した。その結果，保育者が「保育者として自分をありのままに受け止められるようになった。（中略）保育者としての自分のありようを少しずつ明確に自覚できるようになる。」と，保育カンファレンスの重要性を示唆している。しかし，カンファレンスの材料として稲垣（1984）が提唱しているVTRについては検討されていない。

以上が，日本保育学会を中心としたビデオを活用した研究の概要である。保育技術専門講座の開始以来，ビデオを保育者の援助や保育内容の検討に使用し

たり，子ども理解のための記録に使用するといった試験的な試みがなされるようになってきた。しかし，なぜビデオがその研究法として適しているのか，ビデオを使ったことで，どんな変化が生じたのかといった，ビデオという手法を取り入れた効果についてはほとんど明らかにされていない。保育者の援助について質的な向上を図るためにビデオを活用することは興味深いが，どのような効果があるかをもっと具体的，客観的に明らかにしていく必要があると考える。そのためには，何のためにビデオを使用するのかという目的が重要となる。

2. 映像が学習過程にもたらす効果

保育技術専門講座でビデオの使用が示唆されたのをきっかけに，保育者の援助や保育内容の検討にビデオを使用する傾向が高まってきたが，その効果については十分な検討がされているとは言い難い状況であった。

コンピュータやマルチメディアシステムの発達とともに，便利で効果的といった理由で，実践場面での映像の利用が盛んになってきている。小学校でも，テレビはもちろん，コンピュータが各教室に設置される時代となり，学習のあらゆる場面で映像が活用されている現状がある。映像メディアの情報が主体（学習者）に何らかの影響を及ぼすのではないかということは，これまで理論的探求に先行して，むしろ実践場面で盛んに研究されてきた（中島, 1996）。そこで，映像の効果に関する様々な取組みについてここでは検討したいと考える。

(1) 映像の学習促進効果

Peeck（1974）やLevin & Lesgold（1978）は，学習場面で映像を併用すると学習成績が良くなるという学習促進効果（mathemagenic effects）の存在を確かめている。代表的な例が，散文（textあるいはprose）の理解や記憶において，映像（主に静止画）が同時に提示されると，テキストだけを提示した場合に比べ，学習者の事後テストの成績が向上するという結果である

また，Levie & Lentz（1982）は，1953～1981年の間に書かれたこの分野の研究論文を総合的に集計・分析している。その結果，同種類46件の実験の中で39件において，静止画の併用で統計的に有意な促進効果が生じていることを確認している。そして，テキストのみ提示群と静止画併用群を比較し，事

後テストの成績を1とした時、成績の平均向上率は36%という結果をまとめている。

Cowen（1984）は、これらの研究が静止画を用いているため動画でその効果を確認しているが、動画でも静止画と同様な効果が得られたと言っている。

(2) ズーミングの効果

保育者の研究でもビデオ（映像）が用いられているが、その撮影内容は保育者の援助に焦点を当てたり、子どもの動きや表情に焦点を当てて撮影している場合が多くみられる。映像の技術は飛躍的に発展しているが、全体を撮影した映像と部分を撮影した映像とでは、その効果が違ってくるものと考えられる。全体を映す、部分を映すといった技法が活用できるという点は映像独自の優れた点でもあり、保育者の援助向上のために、保育者の援助にフォーカスして、研修に使用することも可能となってくる。

映像における全体―部分の関係は、動画やスライドのような時間の経過とともに映像の遠近が操作される（ズーミング：zooming）時に意味をもつと言われている。

Salomon（1974）は全体像から部分対象へ視点を集約していくカメラ技法（zooming in）を、映像コミュニケーションの解釈法則のひとつとして位置づけた。そして、この解釈法則を得ることで、映像の見方が変化するかどうかについて検討した。検討にあたり、ブリューゲルの絵を3枚用い、①動画ズーミング提示条件、②部分静止画提示条件、③全体画（スライド）のみ提示条件、④被験者に何も操作を与えない条件の4条件からその効果を検討した。動画ズーミング提示条件というのは、提示する絵の全体をまず映し、次に絵の部分対象（各絵について8項目）へズーミングするフィルムを提示するものである。部分静止画提示条件は全体を映した後、ズーミングではなく、上記と同じ部分対象のスライドを提示するというものである。全体画のみ提示条件は全体画を十分な時間をかけて提示するものである。そして、被験者は各々の絵について、気づいた部分対象の項目名を書きとめるという課題を行った。その結果、何も操作を与えない条件では成績の変化は見られず、①～③の3条件では成績の向上が見られた。この中で、最も成績が向上したのが動画ズーミング提示条件で

あった。そして，事前テストの成績が悪かった者ほど事後テストの成績が向上したという結果を得ている。その理由として Salomon（1974）は，ズーミング操作そのものが被験者の心的操作のモデル（スキーマ）となり，それが内面化されて一連の課題の達成に寄与したと推測している。この知見から，動画を用いてズーミングを活用すれば，学習効果をあげる可能性があるかもしれないと考えられる。

(3) 言語情報と映像情報の関連

Levie & Lentz（1982）は，映像の持つ重要な役割として，テクストの理解や記憶を向上させ，学習を促進し，付加的な情報を提供するという認知的機能について言及している。さらに，学習における映像の機能として，映像が文教材への注意を誘い，文教材の内容へ注意を向けさせるという注意的機能をあげている。人間の情報処理における選択的注意とは区別しているが，その機能における過程については明らかにされていない。

Peeck（1974）は，互いに一致しない映像と言語情報（聴覚）が同時に提示された場合，被験者の多くは映像の情報をより多く保持し，そのために言語情報の保持が干渉されるという結果から，映像の方が注意が向きやすく，映像併用の効果がそれによってもたらされると述べている。

Grime（1990）は映像と言語情報という枠組みから，映像に注意が向けられやすいということを検討している。検討方法は，テレビのナレーションの内容一致度を操作した3種類（高一致，中一致，低一致）の映像情報を被験者に提示し，各刺激の視聴中に視覚についての課題，もしくは聴覚についての課題を課し，反応時間を測定するというものである。視覚についての課題は，カラーバーを映像・ナレーション視聴中に挿入するというもので，聴覚についての課題は 10000Hz の純音が提示され，それぞれの提示時間は33ミリ秒間であった。さらに，提示したナレーションと映像の内容に関する再認テストが行われた。視覚課題において映像とナレーションが最も一致している高一致条件の反応時間が有意に長かった。映像の再認テスト（視覚再認テスト）では高一致条件と低一致条件の再認率が高く，ナレーションについては（聴覚再認テスト）高一致条件が高かった。低一致条件では視覚，聴覚の課題では有意な差が見られな

かった。視覚再認テストでは成績が高く，聴覚再認テストでは成績が悪くなるというものであった。これによって，映像情報と言語情報では符号化に必要な注意の程度が違う，つまり，映像の方が言語よりも注意が向けられやすいという情報の符号化の特徴が示唆された。

(4) 視覚刺激における二重符号化説

Clark（1978）は二重符号化説を唱え，自己評価における視覚刺激（映像情報）の効果について検討している。そこでは，同時に引き出すことが可能な記憶情報が多く，その質が豊かであると検索が容易に行われるという記憶検索の志向性について言及し，この仮説を学習場面で検証した。その検証方法は，32人の大学生に幾何学デザインに関する15の言語，映像情報を与え，そのデザインをすぐに描かせる（即時再生）というものであった。そして，どのようなデザインを描くかを，①その手順についての文章（提示する幾何学の図を示す）を提示する，②文章をナレーションとして聴覚提示する，③文章を読み上げる教示者を視覚提示し，かつナレーションを聴覚提示する，④デザインのみを視覚（ビデオ映像）提示する，⑤デザインを視覚提示し，かつナレーションを聴覚提示する，という5条件を設定し，それぞれの効果の差を検討した。その結果，条件⑤で記憶の再生成績が最も良いことが確認された。この結果から，言語情報は言語的記憶として，視覚情報はイメージ的記憶として二重に記憶されることが明らかにされた。つまり，関連する映像そのものを提示する方が，学習成績が向上することを示唆している。

保育者の援助の検討にビデオ（映像情報）を使用する場合，その援助に関する文字情報（例えば援助内容に関するチェック・リスト）を併用すれば，より効果的な研修が実施できるのではないだろうか。

(5) 映像と眼球運動との関連

近年，映像がどのように見られているのかという問題から，その効果について検討している研究が目立つ。伊藤（1990），Ito（1991,1993）はテレビ番組視聴中の眼球運動を測定し，その一般特性について検討し，視聴者は映像内の動きのある対象を注視しやすいという結果を見出している。

中島・井上（1993）も眼球運動のパターンを研究し，ズーミングやショットの切り替えといった操作に対応した眼球運動パターンがあると述べている。視覚行動には，人間の理解様式や理解能力，制限といった認知的な処理や，その特性も反映されていると考える。「映像がどのように見られているのか」という問いは，「見る者のどのような処理過程とかかわっているのか」という問いとも結びついている（中島，1996）。

(6) 映像の影響力

映像は，従来の絵やスライドといった静止画とは違った様々な効果を学習活動にもたらすことが，これまで紹介してきた研究で明らかになった。では，映像は学習の促進にどのような影響力をもつのであろう。保育者研修にビデオを使用するにあたり，映像のもつ影響力についても具体的に確認しておく必要があると考える。

中島（1996）は映像の影響力を3つの側面から言及している。1つ目の側面は理解に及ぼす影響で，映像の内容がわれわれの知識を変えると捉えるものである。2つ目の側面は感情に及ぼす影響で，映像の内容がわれわれの気持ちを変え，人間の行動の動因に大きく関与していると述べている。コマーシャルで美しい人が使っている化粧品は品質が良いと感じ，早速買いに行くといった，価値に対する感情が変化し，購買行動を引き起こす（動因となる）ことは日常生活でも実感できることである。3つ目の側面は態度に及ぼす影響である。映像の内容がわれわれの行動を変え，それはパフォーマンスとの関連が大きいと述べている。これらの映像による影響で最も注目されたのは，攻撃的行動に関するものであろう。

Pearl, et al.（1982）は暴力的テレビ映像が子どもの攻撃性を増加させるという研究を発表している。一方それに反論した研究（Milavsky, et al., 1982）もある。Josephson（1987）も映像が子どもの攻撃的行動に与える影響について検討している。実験の手続きは，ランダムに選出された少年に映像を視聴してもらった後，引き続いてフロアー・ホッケー（てがかり条件）をするというものである。使用された映像は2種類で，暴力的な映像は刑事ドラマのアクションからの抜粋で，非暴力的な映像はハイウェイパトロールのメンバーが，少年

モトクロス・チームをコーチするという内容のものであった。そして，フラストレーション条件として，映像開始前または終了後の映像が突然「静止し，霜降り状」に分解するシーンが挿入された。その結果，テレビ視聴前にフラストレーションが与えられ，暴力的映像＋てがかり条件が与えられた条件が攻撃的行動発現にもっとも効果的であった。さらに，子どもたちの攻撃的な性格傾向との関係を検討している。攻撃的な性格の指標には，被験者の少年たちのクラス担当教師によって評定された攻撃性格得点を用いている。その結果，攻撃的性格の比較的高い子どもたちには暴力的映像が攻撃性の発現に効果的であるが，攻撃性の比較的低い子どもたちには当てはまらないという結果を得ている。結局，どんな映像シーンであっても，見る側の性格傾向やその他の心理特性によって，その効果が影響されることが明らかになった。

Bandura（1973, 1983）は，自分自身の経験ではなく，他人の経験を見ること，すなわちモデル行動を見る（モデリング）ことで新たな行動を学習するとして，これを社会的学習と呼んだ。また，モデル行動を見るだけで成立する学習であるため，観察学習とも呼ばれている。

以上のように，実践場面での映像の効果は立証されつつあるが，保育者研修や自己評価に映像を応用した研究はほとんどない。しかし，学習場面で効果が立証されている点を考慮すれば，保育者の資質を高めるような自己評価を取り入れた研修に映像を利用できるのではないだろうか。

第5節
本研究の目的と意義

1. 問題の所在

これまで述べてきたように，1990年の幼稚園教育要領および保育所保育指針の改訂に伴い，今までの教育のあり方が根本から問われ，幼児主体の保育が推進され，幼児を取り巻く環境としての保育者の援助，保育者自身の資質がよりいっそう重要視され，問われるに至った。そこで，文部省はカウンセリングマインドという言葉を研修内容に組み込み，保育者の資質向上を図ろうと，1993年に保育技術専門講座を開催することを指導したが，その研修内容，方法も試行錯誤の途中であり，未だ充実しているとは言い難い。保育者の援助の向上を目的とした研修の開発が急務である。本研究が開始された当時（1995年）は保育技術専門講座がスタートしたばかりで，保育者自身の気づきが重要な鍵となると筆者は考え，自己評価法と映像（ビデオ）を取り入れた研修プログラムの開発を手がけた。この研究に後れて1997年，1998年にかけて再改訂された幼稚園教育要領・保育所保育指針で，保育者の自己評価を活用した研修が推進されるに至ったが，未だに保育現場で保育者自身がいつでも，どこでも使える，日常の保育に根ざした研修方法は開発されていない。

Peeck（1974）やLevin & Lesgold（1978）は映像の効果として，学習成績が向上するという学習促進効果の存在を確認している。また，中島（1996）は映像の影響力について，理解，感情，行動の3つの側面からその影響力を説明している。以上のように映像は学習を促進し，考え方の修正，行動の修正，イメージの修正など多様な効果があることが明らかにされている。また，坂越ら（1987）の研究では，VTRを保育者のコミュニケーションの振り返りに活用し，保育者の受容的な基本姿勢が獲得されたとその効果を明らかにしている。田代（1996），関口（1990），大豆生田ら（1996）もVTRを保育カンファレンスや事例検討に活用している。保育実技専門講座でも映像を保育者研修に積極的に取り入れようとした経緯から考え，視覚教材を保育者の研修に単発ではなく継

続的に取り入れれば，より効果が高くなることが予測される。そこで本研究では，ビデオを利用した自己評価を取り入れた保育者研修プログラムの開発とその効果について明らかにしたいと考える。

2. 本研究の目的

本研究は，ビデオを使い，自己の援助スキルについて自己評価し，援助スキルの向上を促す方法として，ビデオ自己評価法を提唱し，その効果について明らかにすることを目的とする。具体的には，

①現場の保育者の援助の実態に即した研修を進めることが重要であるという考えから，保育者の援助の実態を明らかにし，その援助を援助スキルとして分類・整理する（研究1，研究4）。

②ビデオ自己評価法を用いた研修で援助がどのように変容したかという，ビデオ自己評価法の効果を明らかにする（研究2）。

③ビデオ自己評価法の方法，実施時期，実施回数，ビデオを使用する方法について検討し，ビデオ自己評価法の有効性を明らかにする（研究3，研究5）。

④ビデオ自己評価法の効果には，個人の心理的な面（個人差）が影響を及ぼしている可能性もある。そこで，ビデオ自己評価法の効果に及ぼす個人要因を明らかにする（研究6）。

⑤ビデオ自己評価法は保育者研修に活用するために開発された研修方法であるが，スキルトレーニングなどの学習方法に活用できるかといった可能性について検討する。

第II部

実証的検討

第3章 幼稚園教員の援助スキル【研究1】

第1節 目的

　本研究の目的は，実際の保育現場で行われている保育者の援助の実態を明らかにして，援助スキルとして分類することにある。これらのことによって，保育者の研修で必要な援助スキルに関する研修内容を吟味する。具体的には以下の3点から検討してその内容を明らかにする。

　第1に，保育者の保育現場における援助の実態を明らかにし，その援助内容を援助スキルとして分類・整理する。

　保育者の援助は，幼児との生活や遊びといった全ての関わりの中で展開される。筆者は長年にわたり保育に携わってきたが，筆者が知る限りでは，保育現場で援助を評価する際「この援助は良かった」「この援助は今後工夫が必要である」といった抽象的な表現で評価される傾向がみられた。そのため，「笑顔が良かったのか」「言葉がけの内容がどうだったのか」「手をとってあげれば良かったのか」といった，具体的な行動レベルで保育者の援助を評価することが，現場ではあまり実施されていない傾向があった。

　しかし，幼稚園教育要領の改訂により保育者の援助の質が問われ，その向上が望まれる時代にあって，現場における保育者の援助の実態を明らかにし，援助の質的向上を目的とした援助スキルトレーニングを実施するためには，援助を援助スキルとして整理することが必要であると考える。そこで，具体的な援助の実態を，保育場面の典型的な状況や子どもの例を挙げて，援助スキルとして具体的な行動レベルで分類・整理しようと考えた。

本研究で明らかにしようとしている保育者の援助とは，一般的に子どもが主体的に遊びに取り組み，成長発達にふさわしい経験を積み重ねることができるように，保育者が保育環境を整備し，さらに子どもと共に環境を構成，再構成し，必要に応じて子どもの要求に応えながら個々の成長発達を側面的に支援するために行われる行動全てを指している。そして，この援助の目的は子ども一人ひとりの全体的な発達を促しながら，集団生活における友達との関わり方，集団生活のルールや基本的な生活習慣などを，子ども同士の生活から有効に学習できるようにすることである。個々の子どもの発達に即したライフスキルやソーシャルスキルなどが獲得できるように，場面に応じた助言や指導，感情の伝達なども保育者の援助と呼んでいる。

　本研究ではこの援助に焦点を当て，そこで使われる援助スキルの向上を目的とした研修の開発を試みたいと考えている。そこで，本研究における援助スキルを「幼児との人間関係を成立させ，指導していくために必要な対人的な技術」と定義する。本研究で扱う援助スキルとは，幼児の主体的な活動を促すためにとられる目的的な援助行動や幼児指導のための専門的なスキルの総称である。

　第2に，保育者の保育者としての自己意識について明らかにする。具体的には，保育者が自分自身を一人の保育者としてどのように捉えているかを，「どのような保育者になりたいか」（理想の保育者像）と「どんな保育者で，どんなことで悩むのか」（現実の保育者像）の両側面から明らかにしていきたいと考えている。現場の保育者の保育者としての意識を明らかにすることは，保育者の研修，つまり保育者育成，支援をより現場に即したものとするために，さらにその研修が有効に活用されるためにも不可欠なことと考えたからである。

第2節
方法

1. 調査対象者

　首都圏の現職幼稚園教員 115 名（内訳は公立幼稚園 8 園 59 名，私立幼稚園 7 園 56 名である）に以下のアンケートを配布し，戻ってきた 50 名を分析の対象とした。

2. 調査期間

　1995 年 3 〜 4 月。

3. 調査内容

　記述式のアンケートによって，保育者の受けている研修としての援助スキル，保育者としての自己意識について調査した。

(1) 援助スキル
　日常の保育場面での幼児と保育者との関わり方について，研修の実態アンケートに加えた形で記述式のアンケートで回答を求めた。アンケートの内容は保育場面での保育者の態度や援助内容について尋ねるものである。想定した保育場面，3 場面における 5 タイプの子どもに対する（3 × 5 = 15 パターン）援助について記述してもらった。パターンの内容は，保育場面として「信頼関係をつくる時」「トラブルに対処する時（けんか，仲間はずれ，悪口他）」「遊びを広げたり，発展させていく時」の 3 場面を設定した。どこの保育現場においても子どもが保育者の援助を必要とする場面であることと，保育場面が想起しやすい，現場の保育者アンケートとして負担が少ないといった理由で 3 場面とした。さらに，それぞれの場面に関わる子どものタイプを「泣いてなかなか馴染めない子」「1 人でぽつんとしている子」「保育者のそばにすぐ寄ってくる子」「友達の中に自分から入って遊べる子」「活動的ではあるが自分勝手に行動

する子」の5つを設定した。ここで使用した場面および子どものタイプについては，ベテランの保育者（20年以上）5人で討議して設定した（資料1）。

(2) 保育者としての自己意識

保育者自身が保育者として自分についてどのように考え，また実際どのようなことに困ったり悩んだりするかを以下の設問で尋ねた。実際の保育者が求めている保育者像や悩みを確認し，新しい研修の開発に生かしたいと考えたからである。どのような保育者になりたいですか？（理想の保育者像）と，実際のあなたはどのようなことで上手くいかない，悩む，迷いますか？（現実の保育者像）の設問について記述式アンケート（援助スキル調査と併用）を用いて尋ねた（資料1）。

4. 実施手続き

アンケートを実施するにあたり，首都圏の公立，私立幼稚園40園にアンケート調査の依頼を電話で行い，承諾を受けた30園がアンケート対象園となった。承諾を受けた後，全保育者の人数分の「幼稚園教諭の研修の実態および援助に関するアンケート」を各園の研修担当者，または園長宛てに郵送した。

各園の研修担当者または園長が全保育者にアンケートを配布し，回収した後に，筆者の用意した返信用封筒で筆者宛てに返送してもらった。

アンケートは前述の通り115名を対象に配布したが，有効回答は50名であった。その理由は，アンケート実施が保育者にとって一番多忙な時期で，公立幼稚園では異動の時期とも重なったためと考えられた。

5. 分析方法

(1) 援助スキル

援助に関する回答は場面別・子どもタイプ別（3場面×5タイプ＝15パターン）の援助についての記述文から形容詞や副詞，接続詞などを取り除き，複文はそれぞれ単文に修正してカテゴリーを設定し，K・J法で分類，整理した。分類にあたりGoldstein et al.（1980）が分類・整理している若者のための社会的スキル項目（資料2）と，菊地・堀毛（1994）が分類・整理している社会的

スキル100項目（資料3）を参考にした。さらに，場面別に援助スキルを記述頻度の多少で分類，整理した。

(2) 保育者としての自己意識

記述文を設問項目ごとにK・J法で分類，整理した。さらに記述文の傾向からカテゴリーを設定して分類，整理した。「日々のかかわりの中でどのような教師であろうと，あなたは心がけていますか」については「受け止め」「かかわり」「その他」の3カテゴリーを，「幼児を援助していく時，そのかかわりの中でうまくいかない時，迷う時，悩む時はどんな時ですか」については「気持の理解」「援助行動」「状況」の3カテゴリーを設けて分類，整理した。

また，カテゴリー名で「かかわり」という平仮名を使って表現した理由は「関わる」という動詞と区別して名詞として扱うためである。

第3節
結果

1. 援助スキル

(1) 場面と保育者の援助

　自由記述された内容を，設定した15パターン別に分類整理した。その結果をさらに「スキンシップをとる」「声をかける」「一緒に遊ぶ」などの言語・非言語を使った積極的な態度を中心とした援助，「そばにいる」「見守る」「待つ」などの主に非言語を中心とした見守り型の援助，「表情をよく見る」「気持ちを肯定する」などのどちらにも属さない援助の3カテゴリー（15×3＝45）に分類することができた。この分類については，幼児のタイプ別にその記述内容をまとめた。

　援助の幼児のタイプ・パターン別，質別分類は表3-1〜表3-5に示されている。さらに，それぞれのパターン分類別の割合を示したものが図3-1〜図3-5に示されている。

　これらの結果から，場面や子どものタイプにかかわらず，15パターンすべてにおいて，言語・非言語を含めた積極的な態度を中心とした援助が多い傾向が見られた。しかし，子どものタイプによっては援助の傾向が多少異なっていた。

　「園そのものに馴染めない幼児がいた場合」では積極的な態度の割合が最も高かった。また，一方で見守りの割合も20％近くあり，子どもが慣れるまで待つという意味で保育者にとって重要な援助であることがわかった。

　「友達の中に入って行けず，ぽつんとしている幼児がいた場合」や「先生のそばにばかりいて，友達と関わりが少ない幼児がいた場合」では，どの場面においても積極的態度の割合が圧倒的に多くなっていた。しかし，トラブル対処の時で見守りの割合が14.6％と比較的高かった。

　「自分勝手に行動し，周りのことを考えない幼児がいた場合」では，やはり積極的態度の割合が圧倒的に高かった。見守りの割合も20％前後あった。

表3-1 園そのものに馴染めない幼児がいた場合

	A. 信頼関係を培う時	B. トラブルに対処する時	C. 遊びを広げたり、発展させていく時
積極的態度 言語・非言語	a・スキンシップをとる（10） a・声を多くかける（8） a・身近な話題をする（7） a・一緒に行動する（6） a・その子に合った言葉をかける（3） a・抱っこをする（3） a・手をとる（3） a・きっかけを作る（2） a・得意なものを認める（2） a・一緒に遊ぶ（2） a・おんぶをする（1） a・くすぐりっこをする（1） a・ぶらぶらごっこをする（1） a・目を合わせる（1） a・笑顔で接する（1） a・一緒に体を動かす（2） a・手を貸す（1） a・見方である身の回りの物をかたづける（1） a・見方であるということを伝える（1） a・友達の中に誘う（1） 合計（57）	a・気持ちを代弁してあげる（10） a・気持ちを聞く（7） a・両方の話を聞く（5） a・何回か気持ちを聞く（4） a・目と目を合わせる（4） a・助言をする（4） a・周りの子の意見を聞く（3） a・一緒に考える（3） a・自分から言えるように声をかける（2） a・楽しさを伝える（1） a・周りのすべて代弁させる（1） a・励まず、勇気づける（1） a・スキンシップをとり落ち着かせる（1） a・橋渡しをする（1） 	a・一緒に遊ぶ（11） a・ヒントを提示する（8） a・友達の中に誘う（8） a・やりたいことを探すのを手伝う（7） a・遊びを紹介する（6） a・声をかける（6） a・要求を聞き入れる（1） a・スキンシップを多くとる（1） a・遊具を用意する（1） a・イメージを広げる言葉をかける（1）
		合計（47）	
見守り 非言語	b・そばに居る（4） b・よく観察する（3） b・遊びを見守る（2） b・見守る（1） b・何に気持ちが動くか探る（1） b・要求をすべて受け入れる（1） b・動きをだまって行う（1） 合計（13）	b・そばにいてあげる（7） b・見守る（4） b・自分から言えるように見守る（2） b・心のエールを送る（1） b・様子を見る（1） 合計（15）	b・得意なことを充分見守る（6） b・よく観察する（1） b・見守る（1） 合計（8）
その他	c・嫌がる気持ちを認める（1） c・母親に近い状態で接する（1） 合計（2）	c・気持ちを肯定する（4） c・表情をよく見る（1） 合計（5）	

注：（ ）内の数値は人数

第3節●結果　79

表3-2 友達の中に入っていけず、ぽつんとしている幼児がいた場合

		A. 信頼関係を培う時	B. トラブルに対処する時	C. 遊びを広げたり、発展させていく時
積極的態度	言語・非言語	a・声を多くかける (12) a・一緒に遊ぶ (11) a・話しかける (7) a・一緒に友達の中に入っていく (5) a・様子を見る (3) a・教師の気持ちを伝える (3) a・目を合わせる (3) a・スキンシップを多くとる (3) a・一緒に話を聞く、会話する (2) a・周りの子に声をかけさせる (2) a・笑顔で接する (2) a・集団遊びに誘いきっかけをつくる (1) a・友達を付ける (1)	a・二人の仲裁に入り話を聞く (8) a・その子の話を聞く (7) a・お互いの気持ちを教師が代弁する (4) a・周りの子に気持ちを伝えていく (4) a・周りの子の話を聞く (4) a・その子の気持ちを代弁する (3) a・気持ちが出せるように声をかける (2) a・一緒に考える (2) a・声をかける (1)	a・一緒に遊ぶ (8) a・誘ったり、声をかけたりする (8) a・周りの子に声をかける (7) a・良いところをほめる (5) a・周りの子に広げる (4) a・子どもの要求をよく聞く (3) a・集団遊びに誘う (2) a・教師の気持ちを伝える (1) a・声を掛ける (1) a・楽しさを伝える (1) a・遊びのヒントを言う (1) a・仲良くなれそうな子に橋渡しをする (1) a・関心のありそうな物を見つけ出してあげる (1)
		合計 (55)	合計 (35)	合計 (43)
見守り	非言語	b・友達の中へ誘う (3) b・観察をする (3) b・好きな遊びを見守る (1)	b・見守る (1)	b・様子を見守る (2)
		合計 (7)	合計 (1)	合計 (2)
その他		c・気持ちを受けとめる (4) c・興味を探る (1) c・遊びを認める (1)	c・気持ちを肯定する (3)	c・遊べる場所を確保する (2)
		合計 (6)	合計 (3)	合計 (2)

注：( ) 内の数値は人数

表3-3 先生のそばにばかりいて、友達と関わりが少ない幼児がいた場合

	A. 信頼関係を培う時	B. トラブルに対処する時	C. 遊びを広げたり、発展させていく時
積極的態度言語・非言語	a・友達の中へ連れていく (9) a・一緒に行動する (8) a・遊びに誘う (5) a・一緒に遊ぶ (5) a・周りにいる子へ橋渡しをする (5) a・気にかけていることを伝える (3) a・手伝いを頼む (3) a・話しかける (3) a・声を多くかける (2) a・笑顔で接する (1) a・目を合わせる (1) a・遊べた時ほめる (1) a・認めてあげる (1) a・スキンシップを充分にとる (1)	a・理由を聞く (9) a・双方の気持ちの橋渡しをする (7) a・気持ちを代弁する (5) a・相手の気持ちを伝える (3) a・言い方を知らせる (3) a・話し合いの場面を作る (2) a・自分から言うように気持ちを支える (1) a・励ましてあげる (1) a・アドバイスを言う (1)	a・一緒に遊ぶ (9) a・他の子の遊びを伝える (8) a・一緒に他の子の遊びに入っていく (8) a・遊びやすい環境を用意する (6) a・周りの子へ遊びを紹介する (4) a・自信を持たせる発言をする (2) a・刺激になるような助言をする (2) a・集団遊びに誘う (2) a・他の子と遊べた時ほめる (1) a・良いところをほめる (1) a・他の子に声をかけさせる (1) a・楽しさを伝える (1)
	合計 (48)	合計 (33)	合計 (45)
見守り非言語	b・見守る (3)	b・見守り、応援する (3) b・様子を見る (3) b・そばについている (1)	b・気持ちを見守る (1)
	合計 (3)	合計 (7)	合計 (1)
その他	c・そばにいさせる (10)	c・気持ちを受け入れる (7)	c・一緒にいたい気持ちに合わせる (3) c・そっと抜けていく (3) c・落ちつける場所を確保する (1) c・手を加えない (1)
	合計 (10)	合計 (7)	合計 (8)

注:( ) 内の数値は人数

表3-4 自分勝手に行動し、周りのことを考えない幼児がいた場合

		A. 信頼関係を培う時	B. トラブルに対処する時	C. 遊びを広げたり、発展させていく時
積極的態度言語・非言語		a・たくさんほめる（8） a・周囲の気持ちを伝える（7） a・善悪について伝える（6） a・話をよく聞く（4） a・危険なことを話す（4） a・思っていることを伝える（3） a・対等に遊ぶ（2） a・友達という思いを言う（1） a・声をかける（1） a・一緒に遊ぶ（1） a・役割を守るように言う（1） a・相手の存在に気づかせる（1） a・やり方を提案する（1）	a・相手の気持ちを伝える（14） a・気持ちを伝える（6） a・言い分を聞く（5） a・その子の発言を促す（3） a・自分で考えるように助言する（3） a・悪い時叱る（3） a・助言する（2） a・一緒に考える（2） a・友達の大切さを伝える（2） a・本人の気持ちを聞く（1） a・ルールの大切さを伝える（1） a・一緒に問題を考える（1）	a・仲間との遊びの楽しさを伝える（6） a・その子のアイデアなどを広げる（4） a・一緒に考える（4） a・他の子の発言や関わり方を伝える（3） a・他の子の意見を聞けるように助言する（3） a・要求を聞き入れる（2） a・助言する（2） a・ルールを提案する（1） a・遊びの方向性を伝える時々聞く（1） a・刺激になるような助言をする（1） a・一緒に身体などを使って遊ぶ（1） a・変化があった時確認める（1） a・協力できるように誘う（1）
		合計（41）	合計（43）	合計（31）
見守り非言語		b・その子の行動を認める（8） b・遊びを見守る（2） b・笑顔で接する（1）	b・気持ちを聞き受け入れる（7）	b・見守る（6） b・他の子の関わりを見守る（4）
		合計（11）	合計（7）	合計（10）
その他		c・けじめをつけて接する（2） c・その子の良さを周囲に伝える（1）	c・話し合いの場を作る（1） c・良いところを周りに伝える（1）	c・他の子を誘い入れる（2） c・材料などを用意する（1） c・危険なことは話しておく（1）
		合計（3）	合計（2）	合計（4）

注：（ ）内の数値は人数

表3-5 友達の中に自分から入って遊べる幼児がいた場合

	A. 信頼関係を培う時	B. トラブルに対処する時	C. 遊びを広げたり,発展させていく時
積極的態度 言語・非言語	a・一緒に遊ぶ（6） a・こまめに声をかける（6） a・要求に合わせて遊ぶ（4） a・認める言葉をかける（3） a・遊び以外で関わりを持つ（2） a・要求に合わせて入る（1） a・手伝いをさせる（1） a・信頼していることを伝える（1） a・周りの子の遊びに誘う（1） a・ほめる a・たくさん会話する（1） a・スキンシップを多くとる（1）	a・双方の意見を聞く（13） a・一緒に考える（9） a・意見を言い合えるように助言する（4） a・自分たちで解決するように助言する（3） a・解決方法を教える（2） a・発言を促す（1） a・相手の気持ちを伝える（1） a・必要に合わせて助言する（1） a・言い分を聞く（1） a・意見を言う（1）	a・必要な物を用意してあげる（9） a・友達との関わりを認める（7） a・刺激になる助言をする,強化する（6） a・一緒に考える（3） a・遊びのヒントを助言する（3） a・いろいろ助言する（2） a・他の子も誘うように言う（1） a・子どもの意見を聞く（1）
	合計（28）	合計（36）	合計（32）
見守り非言語	b・見守る（7） b・肯定的に受けとめる（5） b・そばにいる（1）	b・見守る（12）	b・見守る（5） b・認める（1）
	合計（13）	合計（12）	合計（6）
その他	c・責任を持たせる（1）	c・全員に意見を聞く（1） c・話し合いの場を設定する（1）	c・遊べる場を確保する（6） c・遊びを他の子に紹介する（3）
	合計（1）	合計（2）	合計（9）

注：（ ）内の数値は人数

第3節●結果

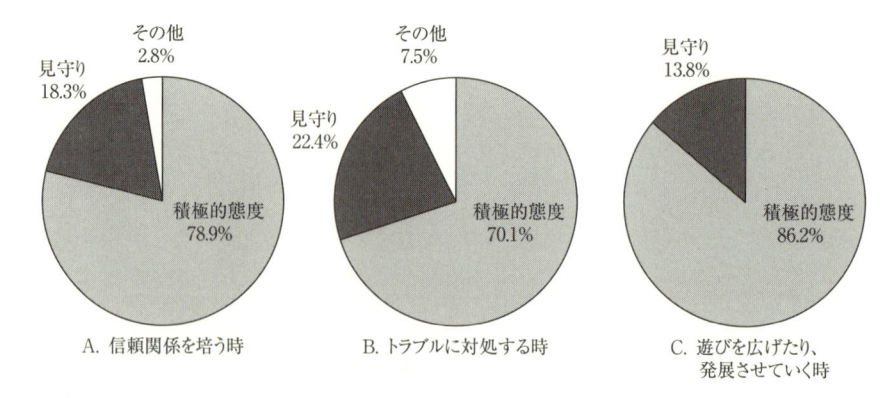

図 3-1　園そのものに馴染めない幼児がいた場合

A. 信頼関係を培う時
- その他 2.8%
- 見守り 18.3%
- 積極的態度 78.9%

B. トラブルに対処する時
- その他 7.5%
- 見守り 22.4%
- 積極的態度 70.1%

C. 遊びを広げたり、発展させていく時
- 見守り 13.8%
- 積極的態度 86.2%

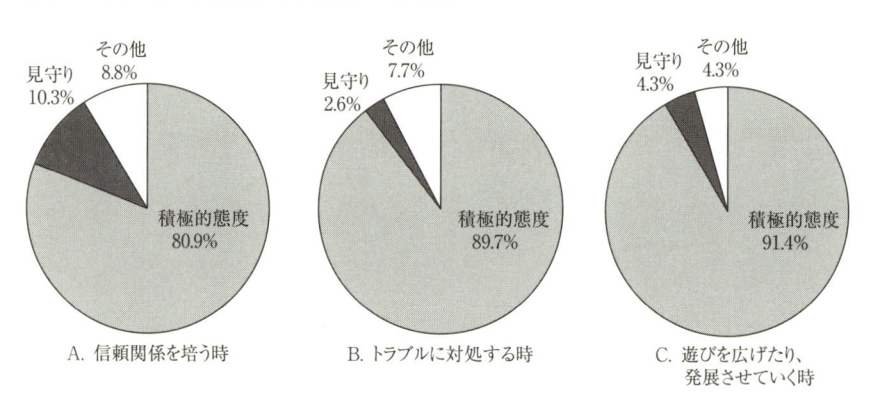

図 3-2　友達の中に入っていけず、ぽつんとしている幼児がいた場合

A. 信頼関係を培う時
- その他 8.8%
- 見守り 10.3%
- 積極的態度 80.9%

B. トラブルに対処する時
- その他 7.7%
- 見守り 2.6%
- 積極的態度 89.7%

C. 遊びを広げたり、発展させていく時
- その他 4.3%
- 見守り 4.3%
- 積極的態度 91.4%

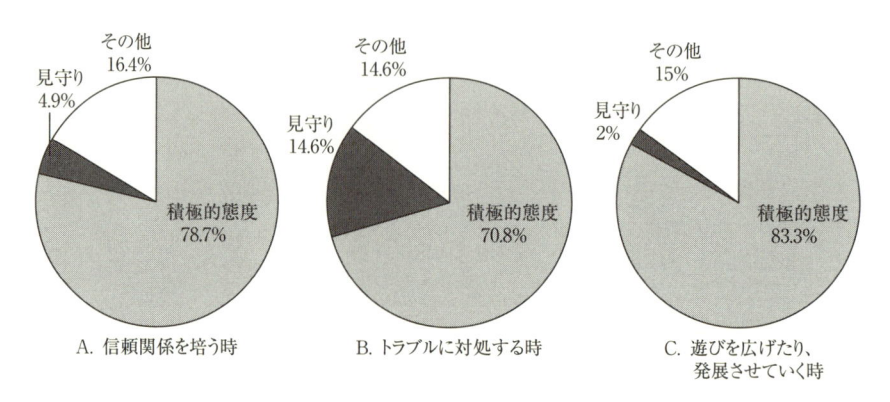

図 3-3　先生のそばにばかりいて、友達と関わりが少ない幼児がいた場合

A. 信頼関係を培う時
- その他 16.4%
- 見守り 4.9%
- 積極的態度 78.7%

B. トラブルに対処する時
- その他 14.6%
- 見守り 14.6%
- 積極的態度 70.8%

C. 遊びを広げたり、発展させていく時
- その他 15%
- 見守り 2%
- 積極的態度 83.3%

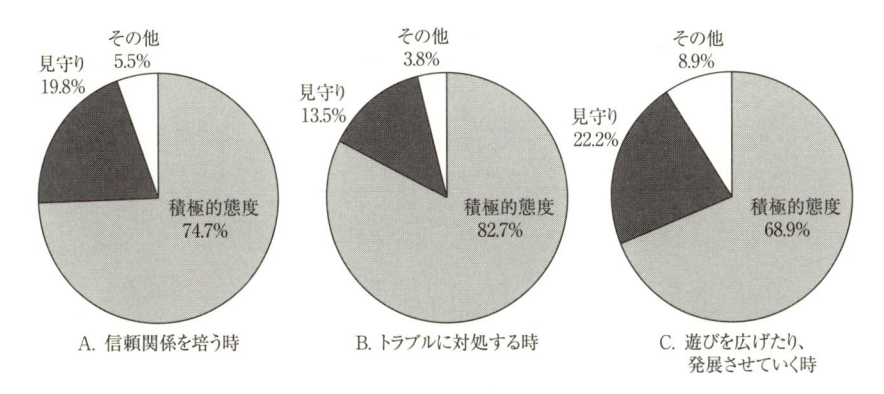

図3-4 自分勝手に行動し、周りのことを考えない幼児がいた場合

A. 信頼関係を培う時: 積極的態度 74.7%、見守り 19.8%、その他 5.5%
B. トラブルに対処する時: 積極的態度 82.7%、見守り 13.5%、その他 3.8%
C. 遊びを広げたり、発展させていく時: 積極的態度 68.9%、見守り 22.2%、その他 8.9%

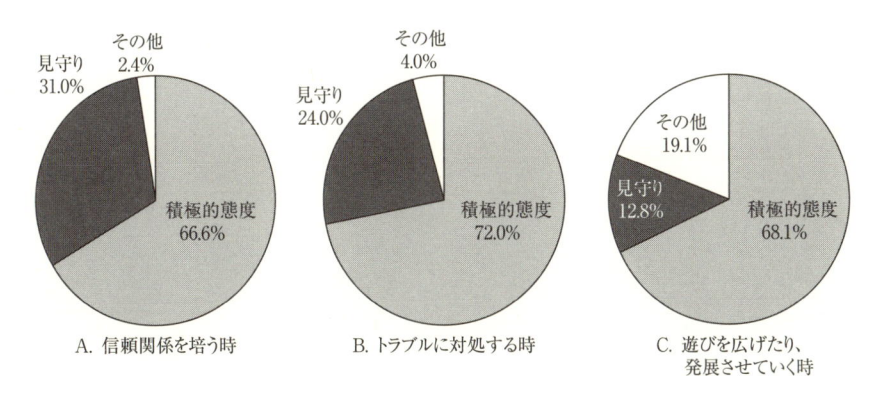

図3-5 友達の中に自分から入って遊べる幼児がいた場合

A. 信頼関係を培う時: 積極的態度 66.6%、見守り 31.0%、その他 2.4%
B. トラブルに対処する時: 積極的態度 72.0%、見守り 24.0%、その他 4.0%
C. 遊びを広げたり、発展させていく時: 積極的態度 68.1%、見守り 12.8%、その他 19.1%

(2) 援助スキル分類

　場面別に各パターンから記述文を援助スキルとして分類・整理した結果が表3-6～表3-8に示されている。援助スキルには「スキンシップをとる」「目を合わせる」などのようにどのような場面にも使われる援助と、「手を貸してもらう」などの信頼関係を養う時に必要な援助スキル、「遊べそうな遊具を用意する」などの遊びを広げていく援助、「周りの子どもの言い分を聞く」などのトラブル処理のような場面固有の援助スキルがあることがわかった。

表3-6　信頼関係を培う時の援助（場面別援助）

★スキンシップをとる（手をとる，抱く，おぶる，くすぐる，頭をさわる）。
★そばについている。
・身近な話題など，その子に合った言葉をかける。
・行動の変化や気持ちの動きを見る。
・名前を呼ぶなどして声を多くかける。
・一緒に遊ぶ。
◎一緒にお片づけなどして，手を貸してあげる。
・得意な遊びや行動をほめる。
★笑顔で接する。
・一緒に友達の中に誘い遊ぶ。
・好きな遊びを見守り，時に声をかける。
・遊びながら話しかける。
・教師のその時々の気持ちを伝える。
★目を合わせ話をする。話を聞く。
・集団遊び等に誘い，きっかけを作る。
・世話をしてくれそうな友達を付ける。
・周囲の子の気持ちや考えを伝える。
・ルールについて話をする。
・善悪について伝えていく。
★その子の気持ちをよく聞く。
・周囲の子に，その子の良さを伝える。
・友達の存在に気づけるような助言をする。
◎気の合いそうな友達の中に連れて行く。
・楽しく遊んでいる時にほめる。
・要求を聞き入れ，それに合わせて遊ばせる。
★見守っていることを伝える。

注）★印は，各場面に共通して現れた援助
　　◎印は，固有の場面に現れた援助

表3-7　トラブルに対処する時の援助（場面別援助）

★そばにいてあげる。
・その子の気持ちを代弁してあげる。
・自分から言えるまで見守る。
・自分から言えるように声をかける。
★その子の気持ちをよく聞く。
★目と目を合わせる（アイコンタクト）。
・気持ちを受け入れてくれることを言う。うなずく。
◎周りの子の意見を聞く（言い分を聞く）。
・問題について一緒に考える。
・表情や態度をよく観察する。
★スキンシップをとり落ち着かせる。
・お互いの気持ちをまとめたり，子どものかわりに代弁する。
・周りの子にそのことを伝えていく。
・気持ちが出せるように励ます（声をかける）。
・理由を一つ一つ，丁寧に聞く。
★見守り，励ます（笑顔を忘れない）。
・言い方や，解決のヒントを助言する。
・いけないことについて一緒に話し合う。
・周囲の子に声をかけ，様子を聞く。
◎話し合いの場面を作る。
・善悪について話をする。
・それぞれの言い分をすべて聞く。
・友達の大切さを伝える。
・自分たちで解決するよう助言する（考えさせる）。
◎必要に応じて意見を言い仲裁をする。

注）★印は，各場面に共通して現れた援助
　　◎印は，固有の場面に現れた援助

表3-8　遊びを広げたり，発展させていく時の援助（場面別援助）

・一緒に遊び，一緒に楽しむ。
・遊びを紹介したり，提示する。
・ヒントを助言する（刺激になる助言）。
・やりたい遊びを一緒に探す。
・仲間の一員として意見を言う。
・好きな遊びや得意なことを見守る。
◎遊べそうな遊具を用意する。
★スキンシップを多くとる。
・声をかけて，認めたり，ほめたりする。
・周りの子に声をかける。
・小さなことでも，良いところをほめる。
・友達の中に誘う。
・集団遊び（ゲーム）などに誘う。
★子どもの気持ちや要求をよく聞く。
・遊びの楽しさを伝えていく。
・仲良くなれそうな子に橋渡しをする。
◎他の子の遊びを伝える。
★一緒にいたい気持ちに合わせる（そばにいる）。
★友達とうまく遊べている時笑顔でほめる。
・周りの子へ，その子の遊びを紹介する。
・周りの子に声をかける。
・そっと抜けていく。
・他の子との関わり方を伝える。
・他の子の意見や話が聞けるように助言する。
・一緒に考えながら遊ぶ。
・要求に沿って手を貸したり，材料を用意する。
・友達と協力したり，うまく関わっている時ほめる。
・子ども達の意見をよく聞く。
・遊びの方向性を聞くなどして発展へと助言する。

注）★印は，各場面に共通して現れた援助
　　◎印は，固有の場面に現れた援助

2. 保育者としての自己意識

(1) 理想の保育者像 (どのような保育者になりたいか)

「どのような保育者になりたいですか？」の設問に対する記述文を「受け止め」「かかわり」「その他」の3カテゴリーを設定して整理したものを，表3-9に示した。「子どもの気持ちに共感できる保育者」「子どもの気持ちを中心に接する保育者」などの共感的理解を中心とした「受け止め」に関するもの49.1％，「一緒に考えることができる保育者」「スキンシップをはかることができる保育者」「子どもの動きを見通せる目をもつ保育者」などの共感的かつ積極的にかかわろうとする態度をあらわす「かかわり」に関するもの35.8％，「信頼されるような保育者」「感動できる保育者」などの援助そのものよりも保育者自身の生き方に関するもの，つまり「受け止め」や「かかわり」のカテゴリーに属さないその他15.1％に分類することができた。

(2) 現実の保育者像 (かかわりの中でうまくいかない時，迷う時，悩む時)

「子供を援助していく時，そのかかわりの中でうまくいかない時，迷う時，悩む時はどんな時ですか」の設問に対する記述を「気持ちの理解」「援助行動」「状況に関するもの」の3カテゴリーを設定して整理したものが表3-10に示されている。「子どもの気持ちがつかめない時」「子どもと気持ちがかみ合わない時」などの「気持ちの理解」に関するもの39.2％，「トラブルの処理の時，相手の気持ちを伝えられなかった時」「援助が良かったのか悪かったのか迷う時」などの「援助行動」に関するもの47.1％，「園になかなか馴染めない子どもがいた時」「一斉保育に参加したがらない子どもがいた時」などの「状況」に関するもの13.7％に分類することができた。

表 3-9 「どのような保育者になりたいか」のまとめ（理想の保育者像）

受け止め	a・子どもの気持ちに共感できる保育者（8） a・子どもの心の動きを受けとめることができる保育者（7） a・子どもの気持ちを中心に接する保育者（3） a・柔軟に感じる心がもてる保育者（3） a・子どもの気持ちに近づくことができる保育者（2） a・子どもの個性を受けとめることができる保育者（1） a・いろいろな角度から子どもを理解できる保育者（1） a・子どもの心の支えになるような保育者（1）	49.1%
かかわり	b・一緒に考えることができる保育者（4） b・意見をよく聞く保育者（2） b・子どもの動きを見通せる目をもつ保育者（2） b・温かい環境づくりができる保育者（1） b・スキンシップをはかることができる保育者（1） b・子どもの心で一緒に遊べる保育者（2） b・1日1回，一人一人と話ができる保育者（1） b・子どもの立場にたって援助できる保育者（1） b・よき助言者（1） b・子どもの言い分をよく聞くことができる保育者（1） b・発達段階に沿った援助ができる保育者（1） b・状況をよく見て，働きかけたり，見守ったりできる保育者（1） b・子どもを見守り，待つことができる保育者（1）	35.8%
その他	c・信頼されるような保育者（3） c・感動できる保育者（2） c・安心感が持てるように接することができる保育者（1） c・心身ともに健康で，最良のコンディションで保育できる保育者（1） c・家庭の状況を把握できる保育者（1）	15.1%

注：（　）内の数値は人数

表3-10 かかわりの中で,「うまくいかない」「迷う」「悩む」時

気持ちの理解	a・子どもの気持ちがつかめない時（7） a・子どもと気持ちがかみ合わない時（6） a・トラブルの処理で,子どもの気持ちを理解できない時（3） a・教師の思いがうまく伝わらない時（2） a・話をしない子どもの気持ちが見えない時（2）	39.2%
援助行動	b・トラブルの処理のとき,相手の気持ちを伝えられなかった時（5） b・援助が良かったのか悪かったのか迷う時（4） b・子どもとの距離（自立）を作る時（3） b・先走り過ぎた援助をした時（2） b・目が行き届かない時（2） b・援助をするタイミング（2） b・教師自身のかかわり方そのものに疑問をもった時（2） b・臨機応変な対処ができなかった時（1） b・子どもにルールを教え我慢させる時（1） b・理解できる子どもと,理解できない子どもとの差を埋める時（1） b・どの程度の援助が必要かわからない時（1）	47.1%
状況	c・園になかなか馴染めない子どもがいた時（3） c・一斉保育に参加したがらない子どもがいた時（2） c・他の教師との連携の取り方（1） c・教師の言うことを聞き入れてくれない子どもがいた時（1）	13.7%

注：（ ）内の数値は人数

第4節
考察

1. 援助スキル

　保育者が使用する援助スキルの傾向は，場面や子どものタイプにかかわらず，15パターンすべてにおいて言語・非言語を含めた積極的な態度を中心とした援助が多い傾向が見られた。言語・非言語を含め保育者から子どもに対して積極的に関わることが援助の中心となっていることが推測される。
　子どものタイプによっては援助の傾向が多少異なっていた。全体的には積極的な態度を中心とした援助が高い数値を示していたが，「園そのものに馴染めない幼児がいた場合」では見守りの割合が20％近くあり，「友達の中に入って行けず，ぽつんとしている幼児がいた場合」や「先生のそばにばかりいて，友達と関わりが少ない幼児がいた場合」のトラブル対処の時も見守りの割合が14.6％と比較的高く，「自分勝手に行動し，周りのことを考えない幼児がいた場合」でも，見守りの割合が20％前後あった。保育者は自分が行動を起こすことを援助と考える傾向があるが，子どものタイプによっては見守りのような非積極的な行動も，子どもの個性を生かした主体的な活動を促すために必要な援助であると捉えていることが推測される。
　また，援助スキルの分類を行い，どのような場面にも使われる援助と場面固有の援助があることがわかったが，記述文を複文から単文に整理，分類する過程で，援助はいくつかの援助スキルの組み合わせで成り立ち，それが場面に応じて組み合わされ，時には単独で使われていることがわかった。場面固有の援助の場合，関わりをつくる，トラブルの処理といったように，援助のねらいが違うために，使われる援助スキルも違うことを示唆している。場面固有の援助は，子どもとの基本的な関わりを基礎として応用的に使われ，場面共通の援助スキルは関わりの基礎になるような援助スキルして使われていると考えることもできる。これらの援助スキル分類を使って，援助そのものに焦点を当てた援助スキルトレーニングを実施すれば，援助の質的な向上が図れるのではないだ

ろうか。

2. 保育者としての自己意識

どのような保育者になりたいかについての記述では「子どもの気持ちに共感できる保育者」「子どもの気持ちを中心に接する保育者」などの共感的理解を中心とした「受け止め」に関するものや，「一緒に考えることができる保育者」「意見をよく聞く保育者」などの共感的な態度や積極的な態度をあらわす「かかわり」に関する記述が大半を占めており，受容，共感といった態度の必要性を保育者が感じていることが推察される。

「子供を援助していく時，そのかかわりの中でうまくいかない時，迷う時，悩む時はどんな時ですか」の記述では「子どもの気持ちがつかめない時」「子どもと気持ちがかみ合わない時」などの「気持ちの理解」に関するもの，「トラブルの処理の時，相手の気持ちを伝えられなかった時」「援助が良かったのか悪かったのか迷う時」などの「援助行動」に関するものが大半を占めていた。子どもを受容，共感できる保育者になりたいが，実際どのように気持ちを受け止め，その気持ちにそった援助を心がけたらよいのか迷うという，保育現場での切実な悩みがうかがわれる。

保育者は子どもの気持ちに寄り添い，子どもと一緒に考えたり活動するという，共感的で積極的な援助ができる保育者になりたいと考えていることがわかった。そして，実際にどのような援助を心がければ子どもの気持ちを受け止め，子どもの気持ちや行動が理解できるか，具体的な援助方法について悩んでいるようである。このことからも，具体的な保育場面で日常的に展開される子どもとの関わりに焦点を当てた援助スキルについて研修を行えば，保育者の実際的な悩みの解決につながるのではないだろうか。

本研究で保育者の援助および自己意識の実態を明らかにしたことで，保育者の内面に配慮した援助技術向上を目的とした保育者研修開発の，具体的，実際的な情報を得ることができたと考える。しかし，有効回答50名とデータ数が少なく，データによっては複数回答についても回答数として集計している点で，一般的傾向とは言い難い。これらの結果はあくまで首都圏のA県における実態であり，限定されたものとして捉えていく必要があると考える。

第4章 幼稚園教員の援助スキル変容に及ぼすビデオ自己評価法の効果【研究2】

第1節 目的

1. 目的

　研究1で，現場における保育者の援助の実態から援助スキルについて明らかにすることができた。また，保育者としての自己意識については，日常的な保育場面での援助について悩みを抱えているということも把握できた。

　保育者の自己評価は，近年，幼稚園教育要領および保育所保育指針の再改訂により保育の振り返り方法として保育現場で取り入れられるようになったが，その効果についての検討は十分ではない（岩立ら，1997）。また，坂越ら（1987）をはじめとして，保育行動の分析や評価にビデオ（映像）を活用する傾向はある（関口・柳田，1990；立川ら，1995；大豆生田ら，1996）が，保育現場における保育者の援助行動を対象にVTRを継続的に撮影し，そのVTRを研修に活用した研究は筆者の知る限り見当たらない。さらに，保育者の援助スキルに焦点を当て，自己評価という方法でその効果を確認している研究も見当たらなかった。

　研究1で明らかにされた援助スキル分類を使い，自己評価チェック・リストを作成すれば，より保育現場に密着したチェック・リストとなるであろう。さらに，社会的スキルトレーニングのように，作成した援助スキルチェック・リストを使い，自己の援助スキルについてVTRを使って自己評価するというトレーニングを実施すれば，保育者の援助技術の向上が図れるのではないだろう

か。

　そこで，本研究は幼稚園教員の援助スキルに焦点を当て，ビデオ映像を使って自己の保育（援助スキル）を自己評価するという，ビデオ自己評価法による研修の効果を明らかにすることを目的とする。

2. 仮説

①ビデオ自己評価法で保育者研修を実施すると，自己の援助スキルを客観的に自己評価できるため，保育者の援助スキルの使用頻度が増え，使用する援助スキルの種類も増える。

②ビデオ自己評価法で保育者研修を実施すると，援助スキルを客観的に自己評価することで，保育者の援助スキルへの気づきが増え，自己理解が促進され，援助スキルの根底にあるセルフイメージ（理想自己・現実自己）が変化し，自己一致傾向が高まる。

第2節 研究方法

1. 対象幼稚園

　対象となった幼稚園は，園児数約160名の中規模幼稚園である。幼稚園バスを運行しているため，保育時間は午前8時30分から午後3時15分である。クラス担任制（1クラスに1人の保育者）であるが，縦割り保育（クラス，学年解体，異年齢構成）を実施している。1日の保育カリキュラムは全幼児が縦割りで自由に遊びを選び，幼稚園全体に用意されたいくつかのコーナーで，各コーナーの担当保育者と遊びを展開する時間と，年齢別のクラス単位でその担任と遊びを展開する時間から構成されている。

2. 研究協力者

　対象幼稚園の全担任保育者6名。その構成は表4-1に示されている。

3. 研修実施者

　対象幼稚園の教頭（筆者）。

4. 研修実施期間

　1995年5月～1996年1月。

表4-1　保育者の属性

研究協力者	年齢	担当学年	経験年数
A	20代前半	年少（3歳児）	3年
B	20代前半	年中（4歳児）	3年
C	40代前半	年中（4歳児）	20年
D	20代前半	年長（5歳児）	3年
E	20代前半	年長（5歳児）	3年
F	30代後半	年長（5歳児）	16年

5. 研修内容

　ビデオ自己評価法を使い，保育者が自己の保育場面における幼児に対する援助スキルを自己評価するというセッションを各自に実施する。

6. アセスメント

(1) 援助スキルチェック・リスト（研究協力者には援助スキル自己評価表という形でチェック・リストを提示した）（資料4）

(2) 援助スキル頻度測定チェック・リスト（資料5）

(3) セルフイメージ尺度（現実自己・理想自己）（資料6）
　遠藤（1992a）は自己概念を測定する方法として，現実自己・理想自己の両側面から検討する方法をとっている。そこで，セルフイメージも現実・理想自己という両側面から捉えれば，より詳細にそのイメージの変化を明らかにできるのではないかと考えた。さらに研究1では，どのような保育者になりたいかという設問で理想の保育者像について，かかわりの中で，上手くいかない時，迷う時，悩むのはどんな時かという設問で現実の保育者の保育場面での悩みや困っていることを尋ねた。研究1は実際の保育者の姿を全体的に捉えるものであった。そこで，ビデオ自己評価法を使った研修では，より客観的に現実・理想自己という視点からセルフイメージ変化を明らかにし，その効果についてより詳細に検討しようと考えた。
　そこで，井上・小林（1985）が分類・整理した56項目の形容詞対の内容的妥当性を確認するため，セルフイメージを測定するのに適切であるのかないのかを，心理学専攻の大学院生10人に○と×で分類する方法で尋ねた。その結果10人中9人から56項目全てについて適切であるという回答を得たので，56項目をそのまま採用した。
　「実際のあなたは，どのような人ですか？　あてはまる所に○をつけて下さい」という設問で，56項目の形容詞対を配列し現実自己を測定する尺度とした。なお，項目の配列，逆転項目は，サイコロの偶数，奇数の目によりランダムに

選出した。評定は6件法とし，ポジティブな評定には6点，ネガティブな評定には1点という配点とした。得点の範囲は56〜336である。

前述の現実自己評価尺度と項目数，項目の配列も同様で，設問を「あなたは，どのような人になりたいですか？　あてはまる所に○をつけて下さい」とし，理想自己イメージを測定する尺度とした。評定方法は6件法で，配点，評定基準も同様である。得点の範囲も同じである。

(4) 研究協力者による自由記述

各セッション終了時に，研究協力者各自にこの研修を受けて「良かった点」「改善，努力したい点」「感想」の3項目について自由記述を求めた。

7. 援助スキルチェック・リストの作成

援助の実態（研究1）で明らかにされた援助分類を使い，保育者研修用の自己評価用チェック・リストを作成した。

チェック・リストの項目については，項目内容の妥当性を得るために，研究1で明らかにされている援助スキル場面別援助分類および質的な援助分類を参考に選定した。選定にあたり，定期的・継続的な研修に利用可能で，保育者の負担にならないように項目数を40とし，さらに，研究1で設定した3場面（保育現場における通常の生活場面）に対応して自己評価できるように，各場面で最も頻度が高かった援助スキルから順に選択した。

援助スキルチェック・リストの項目構成は表4-2に示されている。「かかわりに関する援助」14項目，「遊びに関する援助」14項目，「トラブルの処理に関する援助」12項目，計40項目である。項目はサイコロを使いランダムに配列した。項目の配列の際，研究1で使われていた質的な援助分類のカテゴリーを利用し，「積極的態度　言語・非言語」を「積極的な援助スキル」に，「見守り　非言語」を「距離をおいた援助スキル」に，「その他」を「混合の援助スキル」というカテゴリー名に修正して再分類を行った。これは今後，援助スキルの変化をより詳細に検討するためである。

援助スキルチェック・リストの評定は，配列された40項目について，自分の援助スキルが録画された保育場面のVTRに「ある」「なし」で○をつけ

表4-2　援助スキル自己評価項目の構成

質別分類1	場面別分類		
	かかわりに関する援助	遊びに関する援助	トラブルの処理に関する援助
積極的な援助スキル	抱っこする 頼む（手伝い） 手をとる 頭や頬をさわる ふざける 意見を聞く 一緒に遊ぶ 考えを言う 見せる（提示） 話しかける	声をかける 教える（助言） 手を貸す ヒントを言う ほめる 一緒に考える 一緒に楽しむ，喜ぶ 見せる（提示） 橋渡しをする	仲裁に入る 気持ちを代弁する 励ます 考えさせる 行動を促す
距離をおいたスキル	気持ちを聞く 笑顔で接する 目を合わせる	要求を聞き入れる	うなずく そばにいる 見守る 様子を観察する
混合のスキル	会話をする	遊具の用意をする 友達の中に誘う 遊びを紹介する 材料を用意する	なだめる 場面を設定する みんなに伝える
	14項目	14項目	12項目

ものである。得点化は「ある」に1点，「なし」には0点とした。得点の範囲は0〜40である。

　作成した援助スキルチェック・リストは，研究1の援助スキル分類を用いて，保育者が実際の保育場面で使用している援助内容に即しており，内容妥当性があると考える。

　基準関連的妥当性については，近隣幼稚園10園の保育者30名を対象に，作成した援助スキルチェック・リストを用いて自己の援助について5回自己評価してもらった。保育者の内訳は表4-3に示されている。さらに，対象幼稚園の研修担当者（経験年数20〜30年）10名に，対象保育者について「常に良い援助をしていますか？　良い援助をしていると思われる保育者には○，援助が良くないと思われる保育者には×をつけてください」という設問で保育者の他者評価を求めた。園長がその援助を良好とした研究協力者を，良好援助群，援助が良好ではないと評定した研究協力者を非良好援助群として群分けして，その平均値をt検定により検討した。良好援助群と非良好援助群別の人数構成，

表4-3 保育者の構成

幼稚園	公立・私立	経験年数1～5	経験年数6～10	経験年数10～15
1. A	公立	1	2	1
2. B	公立	2	0	0
3. C	公立	1	2	0
4. D	公立	1	2	0
5. E	公立	2	0	1
6. F	私立	3	0	0
7. G	私立	2	1	0
8. H	私立	1	1	1
9. I	私立	2	1	0
10. J	私立	2	1	0
		17	10	3

(人)

表4-4 良好援助群と非良好援助群の平均値，標準偏差

	N（人数）	平均値	標準偏差
良好援助群	17	140.4	9.6
非良好援助群	13	103.2	15.0

※小数点2位切り捨て
　平均値は，5回分を合計した値の平均値

平均値および標準偏差が表4-4に示されている。その結果，両条件の平均の差は有意［両側検定：t(29) = －8.26, p<.01］であった。つまり，良好援助群の得点が非良好援助群の得点より有意に高いということが明らかとなった。

援助が上手い（良い）と他者から評価される保育者は援助スキルチェック・リストの得点も高いという結果が得られ，基準関連的妥当性が認められた。

8. 手続き（セッションの実施方法）

(1) ビデオ自己評価法

ビデオ自己評価法は教員研修という設定で研究協力者に実施した。具体的なビデオ自己評価法による研修および効果測定等のスケジュールは図4-1に示されている。実施にあたり，研修開始2週間前に研修実施者がオリエンテーションを行い，ビデオ自己評価法の目的（自己の援助について自分で評価すること

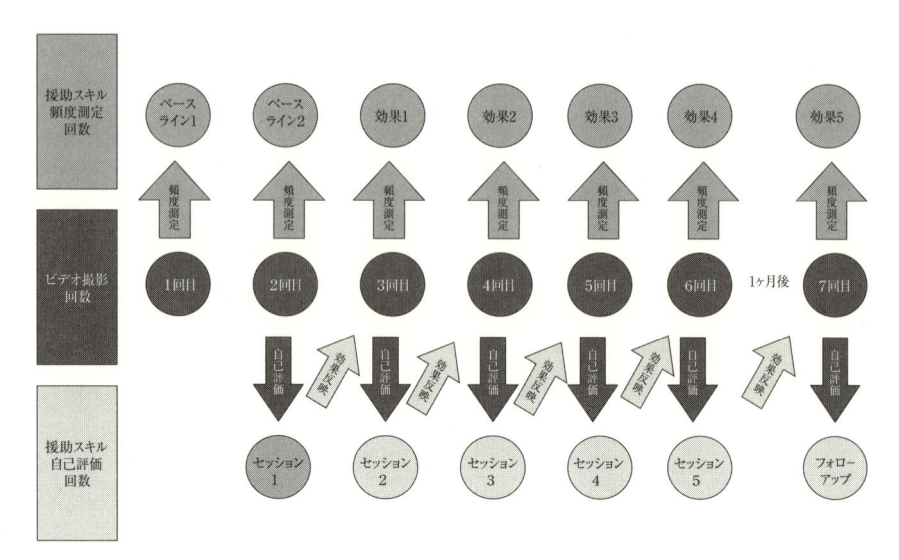

図 4-1　ビデオ撮影，頻度測定，自己評価の関係

で，自己の援助に対する気づきを深める）や援助スキルの意味（援助を具体的・基本的な行動で分け，その使い方を保育技術として捉えたものが援助スキルであること）などについて理解を得て，さらにどのようなスケジュールでビデオ自己評価法を使った研修を実施するかについて説明した。そして，対象保育者の6名から同意を得ることができた。

　その後図4-1の通りビデオ自己評価法によるセッション（1回のビデオを使用した自己評価研修をセッションと呼んだ）を開始した。

　年少・年中担任の研究協力者A，B，Cは5月から，年長担任のD，E，Fは9月からビデオ自己評価法のセッションを開始し，2週間に1回の間隔で5回（セッション1〜5）実施した。

　保育の流れも考慮して，撮影時間（何時ごろから）や撮影場所（保育室のどの位置から）などは，各保育者の同意を得ながら行った。撮影場面は序論でも紹介しているが，保育室内で保育者とクラスの幼児が遊具や教材を自由に使い，遊びを展開している場面に限定された。

　1セッションというのは，研修実施者が撮影した保育場面の録画VTRを，翌日，園内の研修室で研究協力者が視聴し，その後すぐに，そのVTRの中で

援助スキルチェック・リストの40項目の援助スキルがあったか無かったかについて○をつけるという方法で自己評価するものである。そして，そのVTRを見た感想を自由記述した後，チェックした援助スキルや記述した感想の内容について研修実施者との面接を実施した。

研究協力者A, B, Cは3か月後に，研究協力者D, E, Fは1か月後にフォローアップのセッションを行った。フォローアップのセッションは研修セッションと内容は同じである。研修時期を5月と9月の2回に分けたのは，一度に多人数の実施が困難なことと，研修時期を要因の一つと考えたので，実施時期をずらして実施しても同じ効果が得られれば幼児の成長発達に伴う活動の質的・量的変化による影響や，季節，行事，時間的経過などの影響から独立して，ビデオ自己評価法の効果を明らかにできると考えたからである。また，フォローアップが研究協力者A, B, Cは3か月後になったのは，研修が終了した時点で夏休みという長期休暇が入ってしまったためである。

(2) 社会的強化

感想等の記入が終わった時点で，本人が良かったと記述した内容について社会的強化子を与えた。これはビデオ自己評価法の他者評価にあたる。

この社会的強化は，個別面接方式でチェックした援助スキルチェック・リストの項目と，感想に記述された内容を参照しながら与えられた。具体的には，研究協力者が「今回はたくさんの子どもに声をかけていたと思う」と記入していた場合，研修実施者は「たくさんの子どもに声をかけていたことが自分の援助として良かったと思ったのね。チェック・リストでも『ある』に○をしていますね」といったように，内容を繰り返したり，明確化するという方法で社会的強化子を与えた。

面接は各研究協力者10分程度，研修室で行われた。

9. ビデオ自己評価法の効果測定

(1) 援助スキル出現頻度の評価

ビデオ自己評価の効果測定とビデオ自己評価法のセッションとの関連は図4 - 1に示されている。効果測定は，援助スキル頻度測定チェック・リストを用

いて，各研究協力者別・セッション別の10分間の保育場面VTRで援助スキルの出現頻度を測定する方法で行った。

　まず，ビデオ自己評価法による研修を全く実施していないオリエンテーション実施時に，研修と同じ自由保育場面のVTRを10分間撮影した。そして，このVTRをベースライン1の測定に用いた。このVTRは研修セッションには使用しなかった（研究協力者は視聴していない）。さらに，セッション1の自己評価に使用した各研究協力者別の保育場面のVTRはベースライン2の測定に用いた。セッション1のVTRは，研究協力者にとってビデオで撮影されるという刺激はあるが，自己評価するという研修は経験していない状態のVTRということで，本研究ではベースライン2として扱うこととした。セッション2，3，4，5とフォローアップセッション，計5セッションの自己評価に使用した研究協力者別保育場面VTRは効果測定に用いた。

　各研究協力者別の保育場面VTRは研修実施者がセッションごと，研究協力者ごとに撮影した。

　援助スキルの出現頻度の具体的な評価方法は，撮影された各10分間のVTRを2分ごとに5区間に区切った。1区間ごとに援助スキル頻度測定チェック・リスト（援助スキル自己評価表に示されているものと同じ項目，40項目を用いて作成した）を使用し，5区間の合計頻度を1セッションの得点とし，その変化から効果を測定した。1区間を2分としたのは，40項目の援助スキルについて出現の有無をチェックするのにどれくらいの時間を要するかを何度か試験的に評定し，研究協力者とも討議し，2分間を評定可能な時間と考えたからである。得点は，1セッションで40項目×5区間なので最大200となる。対象幼稚園の研修実施者と，同じ地域の他園の研修担当者（保育経験年数30年）の2名で行った。

　頻度評価は評定するVTRをダビングし，同時期に実施できるように他園の評定協力者に郵送するという方法で行った。評価内容や評価時間も全て同一の方法で援助スキル頻度評価を行った。評価回数はセッションの初回と終了時の計2回，前半3名，後半3名，あわせて計12回，6名全員について行った。各研究協力者，各回，各区間（40項目），各項目ごとに「一致数／（一致数＋不一致数）×100」を求めたところ，12回（12回×研究協力者6名，5区間

分の総頻度）の一致率の範囲は82〜88%で，平均一致率は85%であった。

(2) 援助スキル自己評価

研究協力者が使用した援助スキル自己評価表（援助スキルチェック・リスト）を回収し，「ある」とチェックされた項目数をそのまま自己評価得点とした。1セッションあたりの最高得点は40である。セッションごとの得点変化を用いて効果を測定した。

(3) セルフイメージ測定

セルフイメージ尺度で測定した現実自己・理想自己の得点変化を用いて，研究協力者のプロフィールの理解に使用した。

〈測定方法〉

ビデオ自己評価法を実施する年度当初4月に，研究協力者6名にセルフイメージ尺度（現実・理想自己）を1回実施し，ベースライン1とした。これは，セッション開始時期による要因の影響を確認するためである。その後，セッション開始2週間前に，同じく6名全員に1回実施（前期実施組は5月，後期実施組は9月）し，ベースライン2とした。

セルフイメージの変化を測定するためにセッション5（ビデオ自己評価法）終了時に1回（前期開始組は7月，後期実施組は12月）実施した。さらに，フォローアップセッション終了時に1回（前期実施組は夏季休業明けの9月，後期実施組は冬季休業明けの1月），計4回実施した。

ただし，後期実施組（D，E，F）は夏季休業明けであったため，セッション開始前にさらにもう1回ベースラインを測定し，ベースライン3として扱っている。そのため，実施回数は計5回となる。

効果検討に使用したベースラインは開始直前に実施したものを使った（前期開始組はベースライン2，後期開始組はベースライン3）。

(4) 研究協力者による自由記述

ビデオ自己評価法のセッションごとに，このセッションを受け，自己の援助スキルで「良かった点」「改善・努力したい点」「感想」の3点について求めた

記述を時系列で研究協力者別にまとめ，特徴的な記述にはアンダーラインを引き整理した。

第3節
結果

1. 援助スキル自己評価得点の変化

援助スキル自己評価得点の変化は表4-5と図4-2に示されている。

初回のセッションの得点はばらつきがあったが，セッション2では6名とも得点が下降または変化が小さかった。研究協力者6名のベースラインの得点とセッション終了時の得点の差は，Aが3点，Bが2点，Cが3点，Dが5点，Eが4点，Fが5点で，平均3.7点という結果であった。しかし，変化には同じような特徴が見られた。セッション3で得点が上昇し，セッション後半は緩やかに下降またはその得点が維持され，研究協力者Bを除いては，セッション2と同等の得点に戻るという山型の変化から再び得点が上昇するという特徴が見られた。セッション3で得点が最も上昇するという特徴は，頻度評価の変化とも対応している。フォローアップでは少し得点が上昇しており，これも頻度評価と対応している。

表4-5 援助スキル頻度，援助スキル自己評価得点の変化

ビデオ撮影回数	頻度測定	研究協力者 A	B	C	D	E	F	自己評価	研究協力者 A	B	C	D	E	F
前半1回目	ベースライン1	58	45	40	-	-	-	-	-	-	-	-	-	-
前半2回目	ベースライン2	50	43	33	-	-	-	セッション1	27	11	26	-	-	-
前半3回目	効果1	76	51	55	-	-	-	セッション2	23	4	26	-	-	-
前半4回目	効果2	106	82	95	-	-	-	セッション3	27	12	32	-	-	-
前半5回目	効果3	91	71	83	-	-	-	セッション4	24	8	32	-	-	-
前半6回目	効果4	105	77	62	-	-	-	セッション5	24	9	23	-	-	-
前半7回目	効果5	162	130	148	-	-	-	フォローアップ	28	7	31	-	-	-
後半1回目	ベースライン1	-	-	-	69	55	64	-	-	-	-	-	-	-
後半2回目	ベースライン2	-	-	-	69	58	77	セッション1	-	-	-	27	15	28
後半3回目	効果1	-	-	-	76	75	82	セッション2	-	-	-	17	17	23
後半4回目	効果2	-	-	-	113	114	117	セッション3	-	-	-	21	23	22
後半5回目	効果3	-	-	-	121	103	125	セッション4	-	-	-	23	23	19
後半6回目	効果4	-	-	-	127	126	127	セッション5	-	-	-	33	30	23
後半7回目	効果5	-	-	-	145	136	156	フォローアップ	-	-	-	32	24	33

注）前半（研究協力者ABC），後半（研究協力者DEF）の2期に分けて実施。数値は得点。

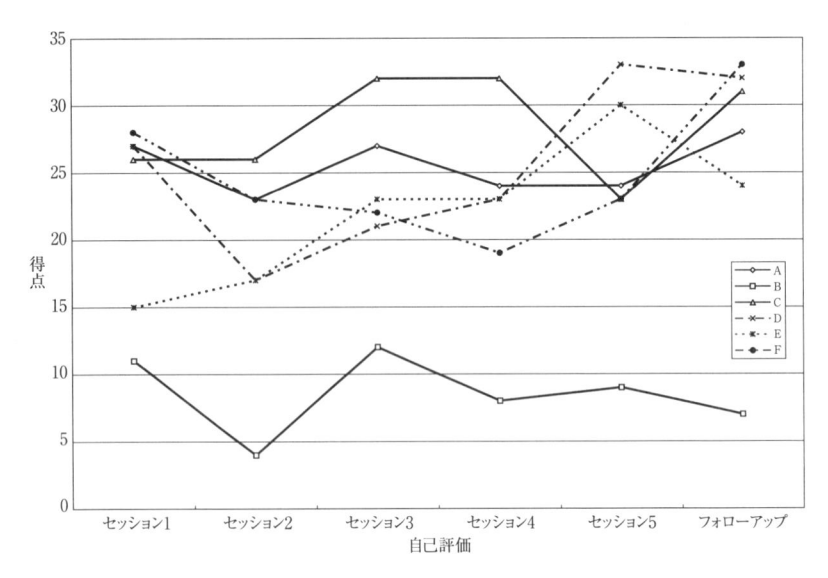

図 4-2　援助スキル自己評価得点の変化

2. 援助スキル出現頻度の変化

　援助スキルの出現頻度をそのまま頻度得点とし，セッション経過に伴う変化について研究協力者ごとにまとめたものが表 4-5 と図 4-3 に示されている。
　後期に研修を実施した 3 名については期間をあけて再度ベースラインを測定したが，4 か月の間に微増しただけで，研修を行わないとほとんど変化しないことがわかった。研修による 6 名の変化をみると，6 名ともベースライン頻度得点の分布は 38.5 〜 65 で，セッション終了時は 62 〜 127 と顕著に増加していた。増加率は 2.4 〜 3.8 倍で平均 3.1 倍であった。セッション 2 からセッション 3 にかけて，6 名全員の得点が急激に上昇する傾向が見られた。セッション終了時で得点の上昇が顕著だったのは研究協力者 D，E，F であった。6 名ともフォローアップ時の得点がセッション終了時よりも 10 〜 86 の範囲でさらに高くなっていた。研究協力者 A，B，C はフォローアップでの頻度得点の上昇が顕著で，フォローアップ終了時には 6 名の得点差がほとんど無くなっていた。この結果から，仮説は支持され，ビデオ自己評価法を実施すると援助スキルの使用頻度が上昇することがわかり，援助スキルの使用頻度からの効果が認めら

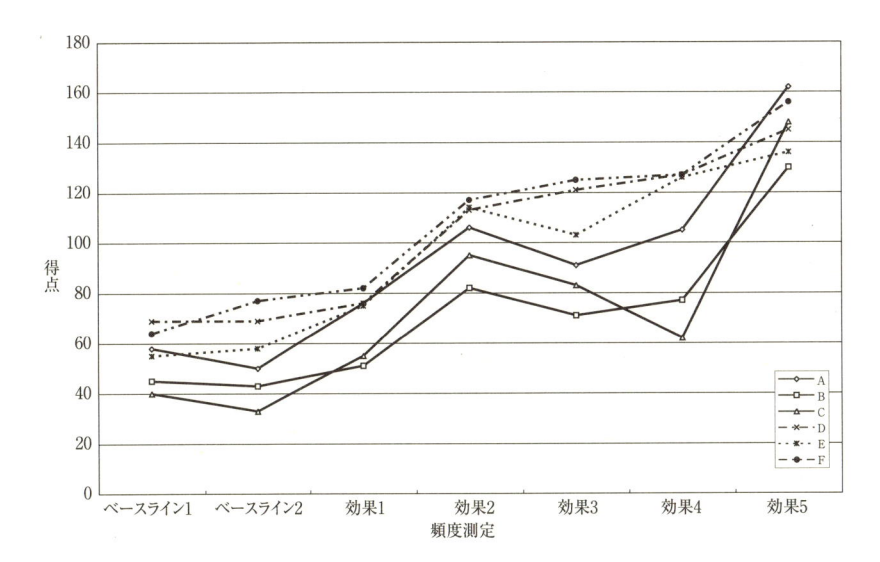

図4-3 援助スキル頻度得点変化

れた。援助スキルの使用頻度が上昇するということは，笑顔が研修前よりも増えたり，子どもへの言葉かけが増えたといった，スキルを多く使えるという結果を意味している。

3. 援助スキルの種類による頻度変化

援助スキルチェック・リスト作成の際，研究1で明らかにされている質別スキル分類から新たに設定し直した3カテゴリー（積極的な援助スキル，距離をおいた援助スキル，混合の援助スキル）からその頻度得点をまとめた。今回は研修回数が5回と少なく，撮影する場面も時には10分間の中でけんかの仲裁の場面がほとんどで，個々へのかかわりが中心で，あまり遊びを広げる援助ができない場面もあり，撮影場面が流動的で，一定ではないため場面別援助の分類からの検討は研究対象にしなかった。

(1) 援助スキル項目別の頻度変化

援助スキルの項目別総頻度数が図4-4に示されている。これは，研修実施者によって測定された援助スキル頻度を項目別に総計したものである。

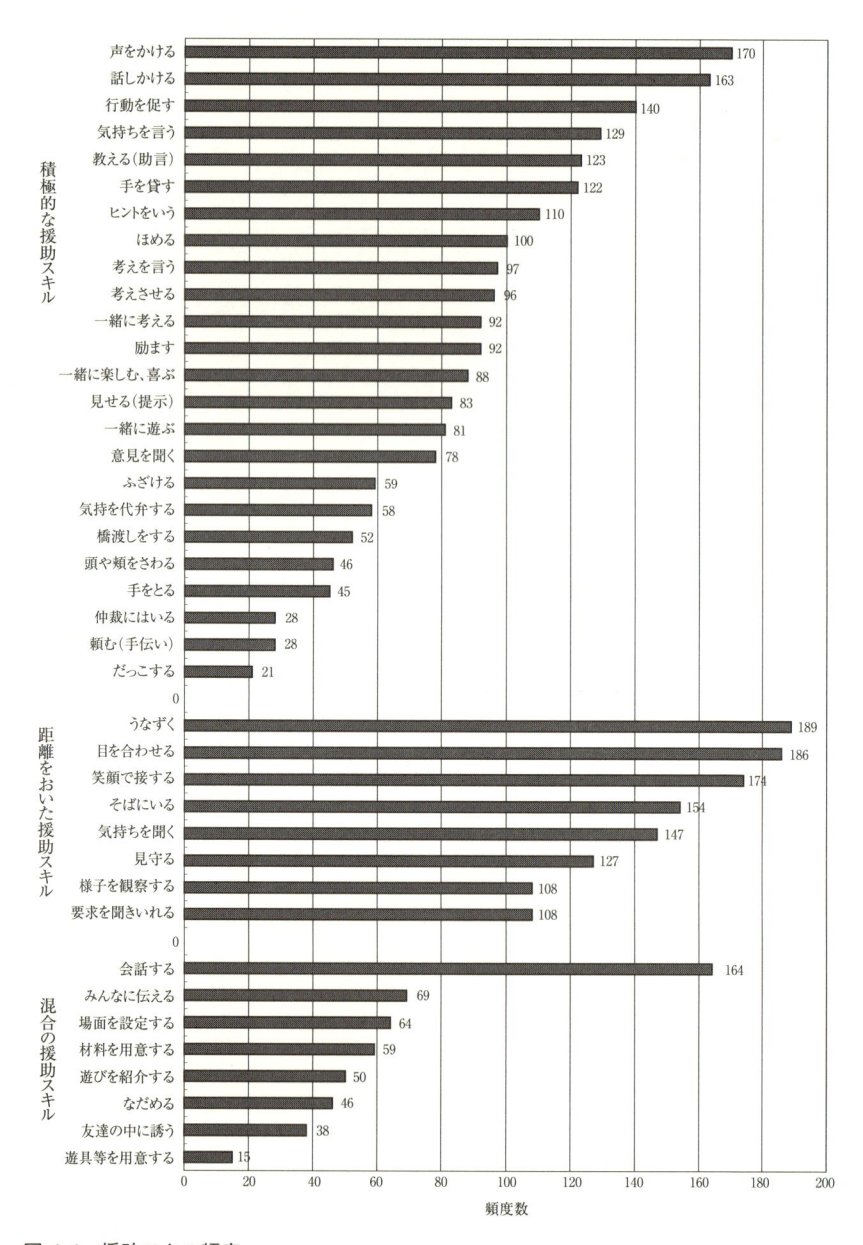

図 4-4 援助スキル頻度

積極的な援助スキル

スキル	頻度数
声をかける	170
話しかける	163
行動を促す	140
気持ちを言う	129
教える(助言)	123
手を貸す	122
ヒントをいう	110
ほめる	100
考えを言う	97
考えさせる	96
一緒に考える	92
励ます	92
一緒に楽しむ、喜ぶ	88
見せる(提示)	83
一緒に遊ぶ	81
意見を聞く	78
ふざける	59
気持を代弁する	58
橋渡しをする	52
頭や頬をさわる	46
手をとる	45
仲裁にはいる	28
頼む(手伝い)	28
だっこする	21

距離をおいた援助スキル

スキル	頻度数
うなずく	189
目を合わせる	186
笑顔で接する	174
そばにいる	154
気持ちを聞く	147
見守る	127
様子を観察する	108
要求を聞きいれる	108

混合の援助スキル

スキル	頻度数
会話する	164
みんなに伝える	69
場面を設定する	64
材料を用意する	59
遊びを紹介する	50
なだめる	46
友達の中に誘う	38
遊具等を用意する	15

項目別に援助スキル総頻度数を比較してみると「うなずく」「目を合わせる」「笑顔で接する」の3項目が上位で，いずれも距離をおいた援助スキルであった。次いで，積極的な援助スキルの「声をかける」，混合のスキルの「会話する」であった。最も頻度総数が少なかったのは「道具等を用意する」で，混合の援助スキルであった。

(2) 研究協力者別援助スキル項目別頻度変化
　研究協力者別の「積極的な援助スキル」「距離をおいた援助スキル」「混合の援助スキル」の3カテゴリー別援助スキル変化が表4-6〜表4-8および表4-9に示されている。

　援助スキルの比較基準は，1項目について10分間に5回の測定で最大合計頻度は5であり，その頻度をそのまま得点に換算し，その中間点2.5点を基準に2.5以上を高頻度，2.5未満を低頻度と分類した。

　初めから得点が高頻度（2.5以上）で，さらに高くなった援助スキルを「さらに伸びた」，初めは低頻度（2.5以下）であったが，セッション終了後，高くなった（2.5以上）援助スキルを「伸びた」，初めもセッション終了後も低頻度（2.5以下）だった援助スキルを「伸びない」として整理した。この比較方法では，2.5点以上を高頻度としているため，例えば，頻度得点が当初1.5であり研修後3になった援助スキルは基準とした2.5点を超えているので「伸びた」に分類される。しかし，頻度得点が当初0で研修後2に変化しても，変化量は同じ2点であるが，基準の2.5を超えていないので「伸びない」と整理した。

① 「さらに伸びた」援助スキル
　積極的な援助スキル項目内容においては，Aは「ほめる」2.5→4，「話しかける」2.5→3などの3項目が変化していた。
　Cは「声をかける」2.5→5，「話しかける」2.5→4の2項目が変化していた。Bは「さらに伸びた」積極的な援助スキルは無かった。A,Bの「さらに伸びた」援助スキルは，コミュニケーションの基礎に必要な項目であった。Dは「話しかける」3→5，「気持ちをいう」3→5，「ヒントをいう」2.5→5，「行動を促す」2.5→5などの7項目が変化していた。Eは「声をかける」3→5，「手を貸す」2.5→5，「行動を促す」2.5→5の3項目が変化していた。Fは「話

表 4-6 研究協力者別援助スキル項目変化のまとめ（積極的な援助スキル）

カテゴリー	積極的な援助スキル							
伸度	さらに伸びたスキル			伸びたスキル			伸びないスキル		
研究協力者	スキル	ベースライン	最終セッション	スキル	ベースライン	最終セッション	スキル	ベースライン	最終セッション
A	ほめる	2.5	4	手を貸す	2	5	手をとる	1.5	2
	話しかける	2.5	3	声をかける	2	4	教える（助言）	1.5	2
	励ます	2.5	3	ヒントをいう	1.5	4	仲裁にはいる	1	2
				行動を促す	1.5	4	一緒に遊ぶ	1	2
				気持をいう	1.5	4	気持ちを代弁する	0.5	2
				考えさせる	0	4	見せる（提示）	0.5	2
				頭や頬をさわる	1.5	3	ふざける	1.5	1
				意見をいう	0.5	3	意見を聞く	0	1
				一緒に考える	0.5	3	頼む（手伝い）	0.5	0
				橋渡しをする	0	3	だっこする	2.5	1
							一緒に楽しむ、喜ぶ	2.5	1
B				話しかける	2	5	一緒に考える	1.5	2
				手を貸す	1	5	頼む（手伝い）	0	2
				教える（助言）	1	3	気持ちを代弁する	1.5	1
				行動を促す	1	3	手をとる	1	1
				気持をいう	0.5	3	ヒントをいう	1	1
							頭や頬をさわる	1	1
							考えをいう	1	1
							励ます	1	1
							だっこする	0.5	1
							仲裁にはいる	0.5	1
							考えさせる	0.5	1
							一緒に遊ぶ	0.5	1
							意見を聞く	0.5	1
							一緒に楽しむ、喜ぶ	0.5	1
							橋渡しをする	1	0
							ほめる	1	0
							ふざける	0	0
							見せる（提示）	0	0
C	声をかける	2.5	5	教える	1	4	考えさせる	1.5	2
	話しかける	2.5	4				行動を促す	1.5	2
							ヒントをいう	1	2
							気持ちをいう	1	2
							見せる（提示）	1	2
							考えをいう	0.5	2
							意見を聞く	0	2
							ほめる	1.5	1
							一緒に考える	1	1
							手を貸す	1	1
							頭や頬をさわる	0.5	1
							一緒に遊ぶ	0.5	1
							一緒に楽しむ、喜ぶ	0	1
							気持ちを代弁する	0.5	0
							橋渡しをする	0.5	0
							励ます	0.5	0
							手をとる	0	0
							だっこする	0	0
							ふざける	0	0
D	話しかける	3	5	ほめる	1.5	5	ふざける	1	2
	気持ちをいう	3	5	考えをいう	1	5	頼む（手伝い）	0	2
	ヒントをいう	2.5	5	一緒に楽しむ、喜ぶ	2	4	頭や頬をさわる	0.5	1
	声をかける	2.5	5	見せる（提示）	1.5	4	仲裁にはいる	0	1
	行動を促す	2.5	5	考えさせる	1	4	手をとる	1	0
	意見を聞く	3	4	手を貸す	2	3	だっこする	0.5	0
	教える（助言）	3	4	励ます	2	3			
				一緒に考える	1.5	3			
				一緒に遊ぶ	1.5	3			
				気持ちを代弁する	0.5	3			
				橋渡しをする	0	3			
E	声をかける	3	5	話しかける	2	5	ふざける	0.5	2
	手を貸す	2.5	5	気持ちをいう	2	5	一緒に遊ぶ	1.5	1
	行動を促す	2.5	5	ヒントをいう	1.5	5	頭や頬をさわる	1.5	0
				教える（助言）	1.5	5	手をとる	1	0
				一緒に考える	0.5	4	仲裁にはいる	0.5	0
				考えをいう	1.5	4	だっこする	0	0
				励ます	1	4	頼む（手伝い）	0	0
				一緒に楽しむ、喜ぶ	1	4			
				考えさせる	0.5	4			
				ほめる	0	4			
				橋渡しをする	1.5	3			
				気持ちを聞く	0.5	3			
				意見を聞く	0.5	3			
				見せる（提示）	0	3			
F	話しかける	3.5	5	行動を促す	2	5	橋渡しをする	1	2
	声をかける	3	5	気持ちをいう	1.5	5	一緒に遊ぶ	1.5	1
	考えさせる	3	5	手を貸す	1.5	5	頼む（手伝い）	0.5	1
	ヒントをいう	2.5	5	励ます	2	4	気持ちを代弁する	0	1
	ほめる	3	4	教える（助言）	2	4	頭や頬をさわる	0	1
	見せる（提示）	3	4	一緒に考える	1	4	一緒に楽しむ、喜ぶ	0	1
				考えをいう	1.5	3	ふざける	1	0
				意見を聞く	1	3	手をとる	0.5	0
							仲裁にはいる	0.5	0
							だっこする	0	0

表 4-7 研究協力者別援助スキル項目変化のまとめ（距離をおいた援助スキル）

カテゴリー 伸度 研究協力者	距離をおいた援助スキル							
	さらに伸びたスキル			伸びたスキル			伸びないスキル		
	スキル	ベースライン	最終セッション	スキル	ベースライン	最終セッション	スキル	ベースライン	最終セッション
A	意見を聞く	3	5	要求を聞き入れる	1	4	様子を観察する	0.5	1
	目を合わせる	3	5	見守る	1.5	3			
	うなずく	2.5	5						
	笑顔で接する	2.5	5						
	そばにいる	3	4						
B	うなずく	3.5	5	要求を聞き入れる	1	5	様子を観察する	0.5	2
	目を合わせる	2.5	5	笑顔で接する	2	4	見守る	1.5	1
	気持ちを聞く	2.5	3	そばにいる	2	3			
C	目を合わせる	2.5	4	うなずく	2	5	見守る	1	2
	笑顔で接する	3	3	気持ちを聞く	1	3	要求を聞き入れる	0.5	0
							様子を観察する	2.5	1
							そばにいる	1	2
D	笑顔で接する	4.5	5	見守る	2	5			
	そばにいる	4	5	様子を観察する	1	4			
	うなずく	4	5	要求を聞き入れる	1.5	3			
	目を合わせる	4	5						
	気持ちを聞く	3	4						
E	うなずく	4	5	見守る	2	5			
	笑顔で接する	3.5	5	そばにいる	1	5			
	目を合わせる	3.5	5	要求を聞き入れる	1.5	3			
	気持ちを聞く	3	5						
	様子を観察する	2.5	5						
F	笑顔で接する	4.5	5	見守る	2	5	要求を聞き入れる	1	2
	目を合わせる	4.5	5	気持ちを聞く	2	5			
	そばにいる	4	5						
	うなずく	4	5						
	様子を観察する	2.5	5						

表 4-8　研究協力者別援助スキル項目変化のまとめ（混合の援助スキル）

カテゴリー 伸度 研究協力者	さらに伸びたスキル			伸びたスキル			伸びないスキル		
	スキル	ベースライン	最終セッション	スキル	ベースライン	最終セッション	スキル	ベースライン	最終セッション
A	会話する	2.5	4	-	-	-	みんなに伝える	0.5	2
							なだめる	1	1
							材料を用意する	0	1
							遊具等を用意する	0	1
							友達の中に誘う	0.5	0
							場面を設定する	1	0
B	会話する	2.5	4				場面を設定する	1.5	2
							みんなに伝える	0.5	2
							なだめる	1.5	1
							遊具等を用意する	0.5	1
							材料を用意する	0.5	0
							遊びを紹介する	0	0
							友達の中に誘う	0	0
C				場面を設定する	1	3	みんなに伝える	1	2
							会話する	1	2
							材料を用意する	0.5	1
							遊びを紹介する	0.5	0
							なだめる	0.5	0
							友達の中に誘う	0	0
							遊具等を用意する	0	0
D	会話する	4.5	5				材料を用意する	1	2
							場面を設定する	0.5	2
							みんなに伝える	1	1
							なだめる	0.5	1
							遊びを紹介する	0	1
							友達の中に誘う	0.5	0
							遊具等を用意する		
E	会話する	4	5	材料を用意する	0	3	友達の中に誘う	1	1
							場面を設定する	1	1
							遊びを紹介する	0	1
							なだめる	0	1
							遊具等を用意する	0	0
							みんなに伝える	0.5	1
F	みんなに伝える	3	4	場面を設定する	0.5	3	材料を用意する	2	2
	会話する	2.5	4	友達の中に誘う	0.5	3	なだめる	0.5	2
	遊びを紹介する	2.5	3				遊具等を用意する	0.5	1

表 4-9　研究協力者別援助スキル項目数のまとめ

研究協力者	積極的な援助スキル			距離をおいた援助スキル			混合の援助スキル		
	さらに伸びたスキル	伸びたスキル	伸びないスキル	さらに伸びたスキル	伸びたスキル	伸びないスキル	さらに伸びたスキル	伸びたスキル	伸びないスキル
A	3	10	11	5	2	1	1	0	6
B	0	5	18	3	3	2	1	0	7
C	2	1	19	2	2	4	0	1	7
D	7	11	6	5	3	0	1	0	7
E	3	14	7	5	3	0	1	1	6
F	6	8	10	5	2	1	3	2	3
合計	21	49	71	25	15	8	7	4	36

しかける」3.5→5,「声をかける」3→5,「考えさせる」3→5などの6項目が変化していた。D, Eは「行動を促す」2.5→5, D, Fは「ヒントを言う」2.5→5などの指導的な要素を含む援助スキル項目が変化していた。

距離をおいた援助スキルの項目内容においては, Aは「意見をいう」3→5,「目を合わせる」3→5などの5項目が変化していた。Bは「うなずく」3.5→5,「目を合わせる」2.5→5などの3項目が変化していた。Cは「目を合わせる」2.5→4など2項目が変化していた。Dは「笑顔で接する」4.5→5,「そばにいる」4→5,「うなずく」4→5などの5項目が変化していた。Eは「うなずく」4→5,「笑顔で接する」3.5→5などの5項目が変化していた。Fは「笑顔で接する」4.5→5,「目を合わせる」4.5→5などの5項目が変化していた。6名とも「目を合わせる」が変化し,「笑顔で接する」はBを除いて5名が,「うなずく」はCを除いて5名が変化していた。

混合の援助スキルでは, A, B, D, Eの4名が「会話する」1項目が変化していた。頻度はAとBが2.5→4, Eは4→5, Dは4.5→5に変化していた。Fは「みんなに伝える」3→4などの3項目が変化しており, 最も多く変化していた。研究協力者Cは変化した項目が無かった。混合のスキルに関しては研究協力者間の変化の差がやや見られた。

② 「伸びた」援助スキル

積極的な援助スキル項目内容においては, Aは「手を貸す」2→5,「声を

かける」2→4などの10項目が変化していた。Bは「話しかける」2→5,「手を貸す」1→5などの5項目が変化していた。Cは「教える（助言）」1→4のみ1項目が変化していた。Dは「ほめる」1.5→5,「考えをいう」1→5,「一緒に楽しむ,喜ぶ」などの11項目が変化していた。Eは「話しかける」2→5,「気持ちをいう」2→5,「ヒントをいう」1.5→5など14項目が変化し，6名の研究協力者中で最も変化項目数が多かった。Fは「行動を促す」2→5,「気持ちをいう」1.5→5などの8項目が変化していた。D, E, Fでは「励ます」「一緒に楽しむ,喜ぶ」「一緒に考える」「考えを言う」などの幼児との距離がより密接な援助スキル項目が変化していて，研究協力者間の差が見られた。

距離をおいた援助スキル項目内容においては，Aは「要求を聞き入れる」1→4など2項目が変化していた。Bは「要求を聞き入れる」1→5などの3項目が変化していた。Cは「うなずく」2→5など2項目が変化していた。Dは「見守る」2→5,「そばにいる」2→5など3項目が変化していた。Eは「見守る」2→5など3項目が，Fは「見守る」2→5など2項目が変化していた。Fを除いて4名が「要求を聞き入れる」が変化し，「見守る」も同じくB, Cを除いて4名が変化していた。

混合の援助スキルにおいては，Cは「場面を設定する」1→3のみ1項目，Fも「場面を設定する」0.5→3など2項目が変化し，Eは「材料を用意する」0→3の1項目が変化していた。6名とも全体的に変化した項目数が少なかった。

③「伸びない」援助スキル

積極的な援助スキル項目内容では，Aは「手をとる」1.5→2,「教える（助言）」1.5→2など11項目あった。Bは「一緒に考える」1.5→2,「頼む（手伝い）」0→2など18項目あった。Cは「考えさせる」1.5→2,「行動を促す」1.5→2など19項目あった。Dは「ふざける」1→2,「頼む（手伝い）」0→2など6項目あった。Eは「ふざける」0.5→2,「一緒に遊ぶ」1.5→1など7項目あった。Fは「橋渡しをする」1→2,「一緒に遊ぶ」1.5→1など10項目あった。6名とも「ふざける」「抱っこする」が，Aを除き5名が「頭や頬にさわる」が変化しなかった。

距離をおいた援助スキル項目内容においては，Aは「様子を観察する」0.5

→ 1の1項目，Bは「様子を観察する」0.5→1など2項目，Cは「見守る」1→2など4項目，Fは「要求を聞き入れる」1→2の1項目であった。「伸びなかった」距離をおいた援助スキルは6名とも全体的に少なかった。

混合の援助スキル項目内容においては，Aは「みんなに伝える」0.5→2，「なだめる」0→1など6項目あった。Bは「場面を設定する」1.5→2，「みんなに伝える」0.5→2など7項目あった。Cは「みんなに伝える」1→2，「会話する」1→2など7項目あった。Dは「材料を用意する」1→2，「場面を設定する」0.5→2など7項目あった。Eは「友達の中に誘う」1→1，「場面を設定する」1→1など6項目，Fは「材料を用意する」2→2など3項目あった。

混合のスキル項目では研究協力者のほとんどが環境を設定，または間接的に遊びを援助するスキルについて，Fを除いて5名が6項目以上あった。

4. ビデオ自己評価法によるセルフイメージの変化

(1) 研究協力者A

Aは1996年当時，年齢23歳，女子短期大学保育科卒業後，現在の幼稚園に勤務。3歳児の担任，経験年数は3年であった。

Aの現実・理想自己得点の推移は図4-5に示されている。Aはベースライン（B2）から理想自己得点，現実自己得点とも6名の中で最も高い傾向を示していた。セッション終了時，フォローアップ時においても理想自己得点は上昇し，現実自己得点もセッション終了時に上昇し，フォローアップ時はやや微減しただけであった。得点の開きは54～42の範囲であった。現実自己・理想自己の両側面においてセルフイメージがポジティブな傾向であった。

(2) 研究協力者B

Bは1996年当時，年齢23歳，女子短期大学保育科卒業後，現在の幼稚園に勤務。4歳児の担任，経験年数は3年であった。

Bの現実・理想自己得点の推移は図4-6に示されている。Bの現実自己はベースライン得点が137と研究協力者6名の中で最も低かった。現実の自己イメージが低いものと考えられる。それに反して，理想自己のベースライン平均得点は現実自己の得点の低さから比べると246とかなり高い値を示し，現実自己と

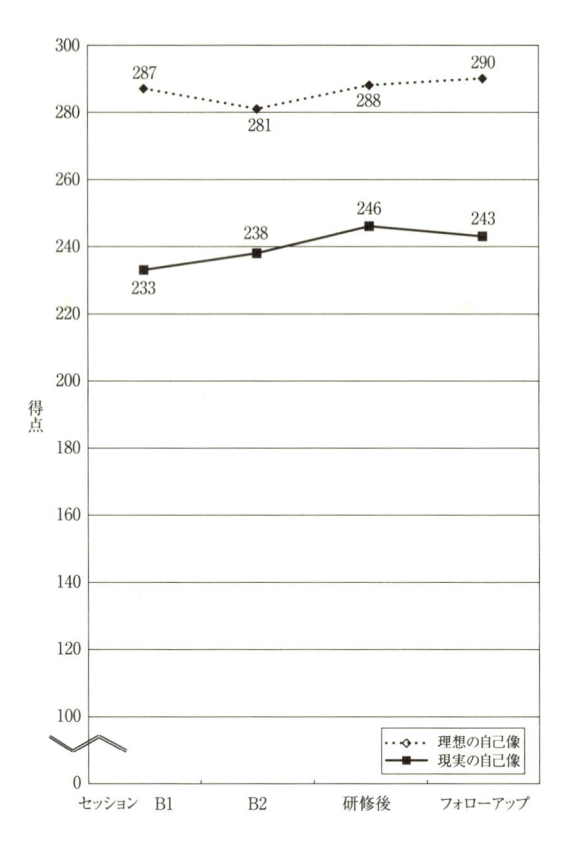

図4-5 現実の自己像と理想の自己像（研究協力者A）

理想自己の差が大きかった。セッション終了後，ややその得点の開きが小さくなったが，フォローアップではさらに現実自己得点が下がり，開きも大きくなっていた。理想ではポジティブなセルフイメージを求めているが，現実の自己に対してはポジティブなイメージが持てない傾向であった。

(3) 研究協力者C
　Cは1996年当時，年齢40歳，保育専門学校卒業後，現在の幼稚園に勤務。4歳児の担任，経験年数は20年で，園内一番のベテランである。
　Cの現実・理想自己得点の推移は図4-7に示されている。Cは現実自己得

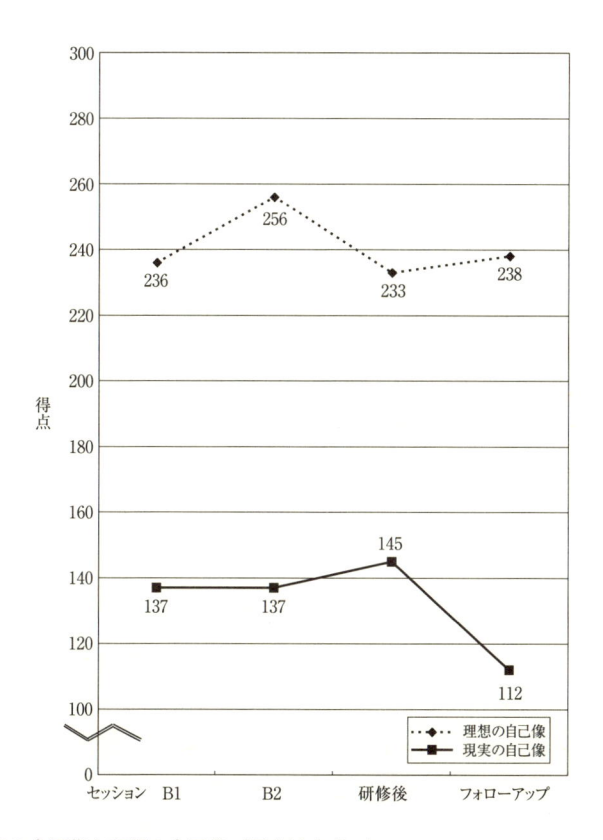

図4-6 現実の自己像と理想の自己像（研究協力者B）

点も理想自己得点も210以上であり，得点の開きも11〜43と研究協力者6名の中では比較的少なく安定していた。しかし，研修終了後は現実自己の得点と理想自己の得点の開きが9点とほとんど無くなったが，フォローアップで理想自己得点が上昇したため得点がまた開いた。しかし，現実自己得点は段階的に上昇し，セッションを受けるたびに現実の自分に対するセルフイメージ得点が上がり，ポジティブなイメージが増したと考えられる。

(4) 研究協力者D

Dは1996年当時，年齢23歳，保育専門学校卒業後，都内の幼稚園に助手と

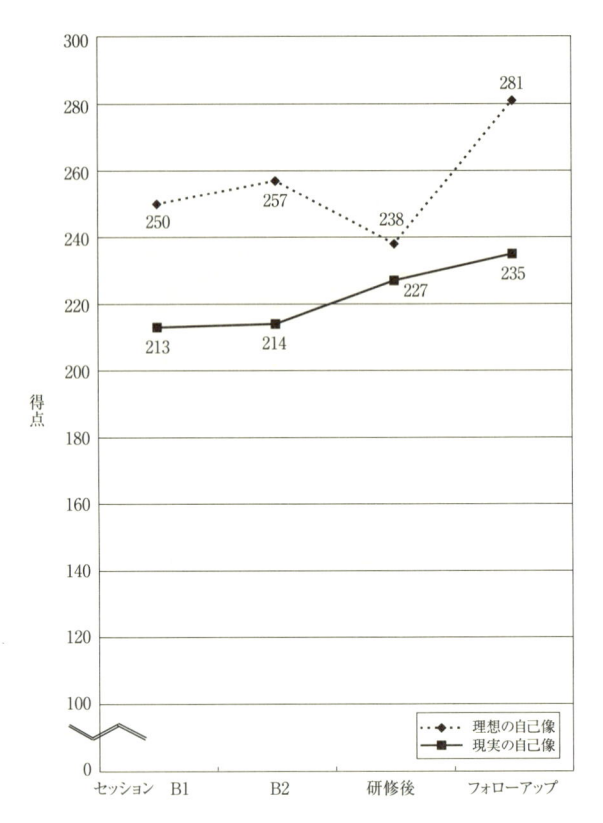

図4-7　現実の自己像と理想の自己像（研究協力者C）

して1年間勤務し，その後現在の幼稚園に勤務。5歳児の担任，経験年数は3年である。

　Dの現実・理想自己得点の推移は図4-8に示されている。Dは現実自己得点が178〜199の範囲にあり，他の研究協力者に比べ，やや自己を低く評価する傾向がみられた。それに反して，理想自己得点は253〜285の範囲にあり，他の研究協力者に比べかなり高い得点を示していた。そのため，得点の開きも大きかった。セッション終了後，フォローアップ時もその傾向は変化せず，得点の開きが少し大きくなっていた。ベースライン2で現実自己得点も理想自己得点も落ち込んでいる。Dは後期開始組ではないため，ビデオ自己評価法の研修による影響ではないが，新学期開始1か月でセルフイメージが下がるような

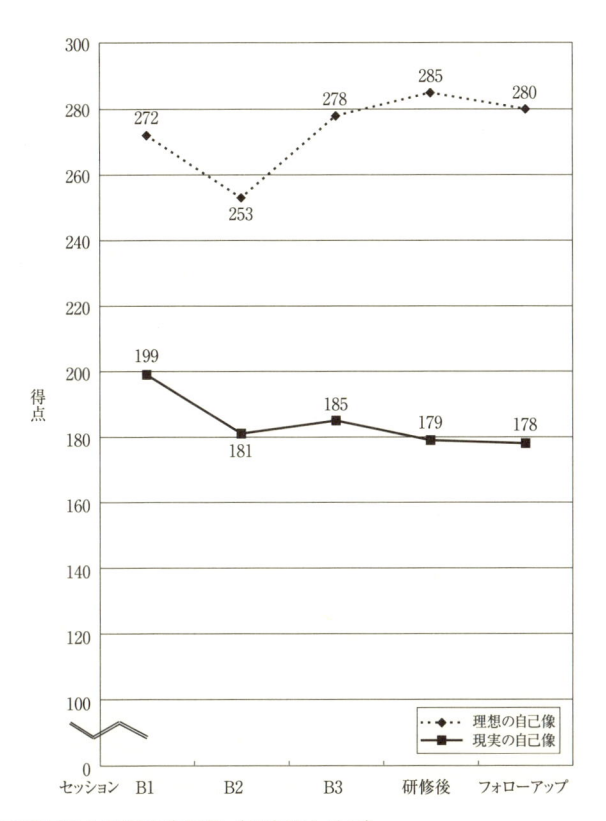

図4-8 現実の自己像と理想の自己像（研究協力者D）

体験があったのかもしれない。

(5) 研究協力者E

Eは1996年当時，年齢23歳，女子短期大学の保育科卒業後，現在の幼稚園に勤務。5歳児の担任，経験年数は3年。

Eの現実・理想自己得点の推移は図4-9に示されている。Eは現実自己得点が183～203の範囲にあり，Dと同じように自己をやや低く評価する傾向がみられた。しかし，理想自己得点も206～229の範囲にあるため，得点の開きが9～26の範囲にあり，現実の自己に対するセルフイメージと理想のセルフイメージにはズレが少ないと考えることができる。セッション開始前に測定し

第3節●結果

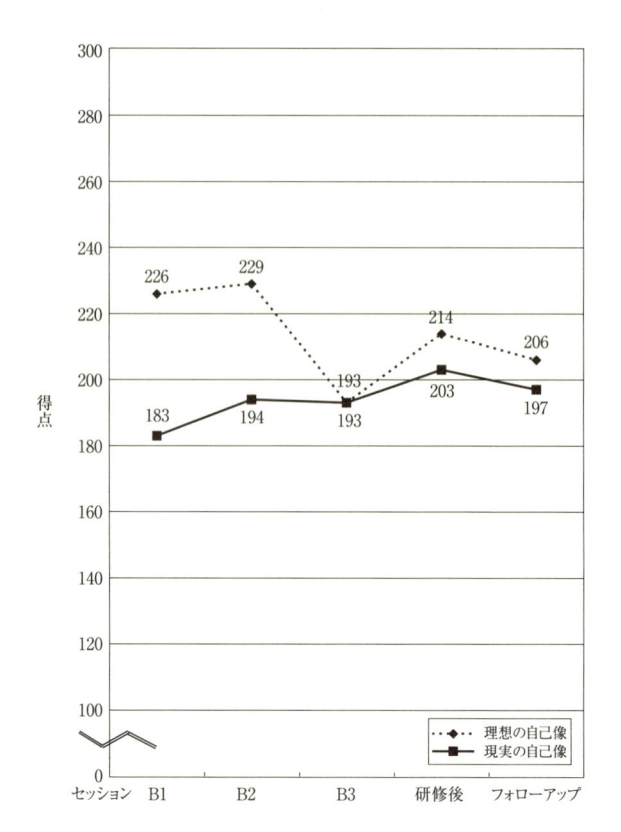

図 4-9　現実の自己像と理想の自己像（研究協力者 E）

たベースライン 3 で理想自己のセルフイメージ得点が 36 点も下降して，現実自己の得点と一致していた。セッション終了後，フォローアップ時は得点の開きが小さいまま維持されていた。

(6) 研究協力者 F

F は 1996 年当時，年齢 37 歳，女子短期大学の保育科卒業後，1 年間家事手伝いをし，その後現在の幼稚園に勤務。5 歳児の担任，経験年数は 16 年で C に次ぐベテランである。

F の現実・理想自己得点の推移は図 4-10 に示されている。F は現実自己得点が 262 〜 280，理想自己得点についても 224 〜 250 の範囲にあり，得点の開

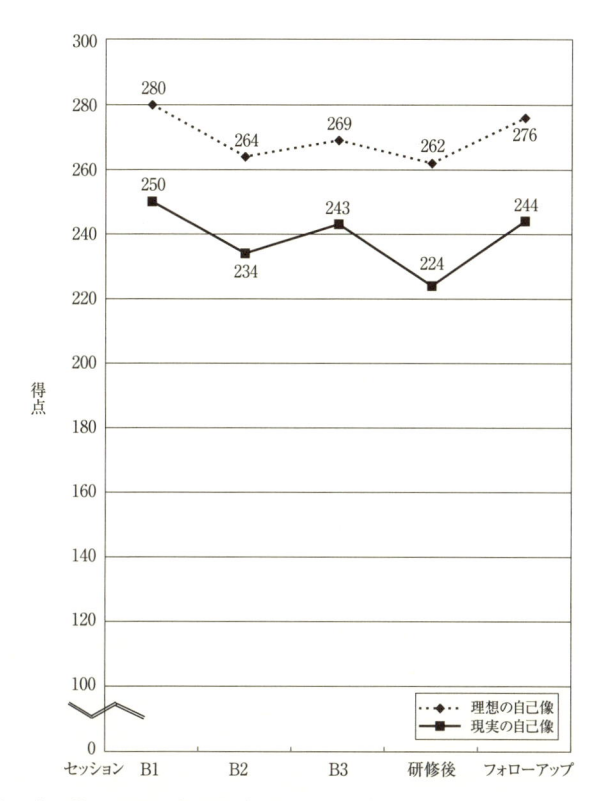

図4-10 現実の自己像と理想の自己像（研究協力者F）

きも小さく，自己を高く評価し，ポジティブなセルフイメージがあるものと考えられる。研修終了後，現実自己得点がやや下降したが，フォローアップ時はベースライン時に近似する得点に戻っていた。

5. ビデオ自己評価法による気づき

セッション終了時に「良かった点」「改善，努力したい点」「感想」の3項目について自由に記述してもらった内容が表4-10〜表4-15に示されている。これらの記述から，ビデオ自己評価法の研修を受け，自分の援助についての気づきがみられる記述についていくつか取り上げてみる。

第3節●結果 123

(1) 研究協力者 A

「良かった点」では「常に低い姿勢で話していた」「表情豊かに対応していた」が,「改善,努力したい点」では「動きが滑らかでなく,粗雑な所がある」「行動範囲が狭く……」などが,「感想」では「ビデオを見て,初めて窓側での遊びがどんな遊びなのか気づけた」などがあり,自分の表情や姿勢,動きの特徴に気づいていた。

(2) 研究協力者 B

「良かった点」についての記述が非常に少なかった。「改善,努力したい点」では「思ったよりスキンシップをとっていなかった」と記述されていた。また,感想では「カメラを意識している……」などビデオ撮影に対しての緊張感を記述していた。

(3) 研究協力者 C

「良かった点」では「接触の仕方を工夫している」「受けとめが笑顔でできていた」が,「改善,努力したい点」では「子どもと目の高さを同じにすることへの努力が足りないと感じた」「思った以上に中腰の姿勢が多い」などが,「感想」では「自分の身体の大きさを改めて認識した」「ウロウロと色々と動いて……」などが記述されていた。自分の動きや,姿勢についての気づきが多く記述されていた。

(4) 研究協力者 D

「良かった点」では「笑顔で接していた」「一度も頭や頬を触ることがなく,今回一度だけだったが頭を触り,ほめてあげることができた」などが記述されていた。援助スキルチェック・リストの項目を目安に感想を記述していることがわかる。「改善,努力したい点」では「他の子にも目を向けているようで,できていなかった」「座り込んでいることが多く……」「自分から一緒に遊んで,楽しみ,ふざけてみるなどが少ないので……」などが記述されていた。自分ではできていると思っていることができていないという認知のズレに気づいている。また,「感想」では「ビデオを見て,全く目が全体を見ていないことに気

づいた」「一つの場所に座りこまず，もっと身体を動かすように努力しようと思う」など，自分の立ち居振舞いの欠点に気づいていた。

(5) 研究協力者E
「良かった点」では「楽しそうにしていた」「少しずつでも会話をしている姿が見られた」など，ビデオに映し出された自分の良さに気づいている。「改善，努力したい点」では，「自分から子どもに関わる範囲が狭いように思った」「あまり手を貸していないつもりが，思ったよりも手を出しているように見えた」など，自分の援助に対する認知のズレに気づいている。「感想」では「カメラが自分に向いているという意識があったのか，なんとなくぎこちない動きをしていた」「子どもたちに付きっきりになり過ぎていたように思う」などに気づいていた。

(6) 研究協力者F
「良かった点」では「自分の目で見ていない部分もカメラに写っていて，その子どもの遊びがよくわかった」「自分の子どもへの関わり方がよくわかった」など，自分一人では気づけない点について気づいていた。「改善，努力したい点」では「一部の子どもにしか声をかけていないことに……」「もっとやさしく声をかけたり，手助けをしたい」と自分の改善点を援助スキル項目から的確に把握していた。「感想」では「自分の行動を客観的に見ることができて良かった」「自分で意識してゆっくり，じっくり，声をかけたりしていきたい」や，「……笑顔も少なかったし，会話も弾んでいなかった。ビデオは正直だと思う」など，ビデオに写った自分について真摯に受け止め評価しようとしている姿がうかがえた。

表 4-10　自由記述のまとめ（研究協力者 A）

	良かった点	改善，努力したい点	感想
1回目	・子どもの目の高さに合わせようと，常に低い姿勢で話していた。 ・子どもの話に耳を傾けてじっくり聞いていた。 ・よく笑っていた。	・個々に関わっている間，全体へ目を配る配慮が極端に少なくなっていた。 ・少しの子どもとしか関わっていない。 ・動きが滑らかでなく，粗雑な所がある。	・常に全体に目を配るという基本が見受けられなかった。今後一番気を付けなければと思った。友達同士の橋渡しや周りへの紹介という配慮もまだまだ自分には不足しているようである。
2回目	・子どもが持ってきた物，見せに来たことに対して驚いたり，うっとりしたり，表情豊かに対応していた。	・行動範囲が狭く，関わっている子が限られていた。 ・子どもの様子をじっくり見る姿勢が無く，要望に応え対応することに必死になり過ぎている。 ・せっかく紙遊びがはやってきたので，他の子，全体にも紹介すればよかった。	・泣いて来た子に何があったのか聞きたい気持ちが先行してしまい，その子の気持ちを目を見て受け止めていないのがショックだった。 ・ビデオを見て，初めての窓側での遊びがどんな遊びなのか気づけた。
3回目	・けんかやトラブルが多かったが，1件ずつ子どもの話を聞いていた。 ・泣いている子の気持ちを代弁したり，共感していたと思う。	・そばに寄ってきた子どもに1対1で対応していたが，友だちの中にも入りたかったようで，もっと声をかければよかった。全体の子どもにも橋渡しをすればよかった。	・けんかの仲裁にまわってばかりで，バタバタとしていた。 ・長々と叱ってしまい，あまり気持ちが子どもに通じていないと思った。 ・子どもの叱り方が，まだまだ自分の課題だと思う。
4回目	・子どもの「あのね」という問いかけには耳を傾けていた。 ・着替えている子にも励ましの声をかけたり，気にかけていた。	・能率よく声をかけることに先走り，一緒に遊ぶ，楽しいね，といった雰囲気，援助を忘れていたように思う。 ・声をかけて，その後，見守らず，そのままにしていたことがよくあった。	・着替えや所持品の始末を見ながらの援助（耳を傾けたり声をかけたり）は，なかなか思うようにできず，自分自身も焦ったりイライラしそうになってしまう。教師が余裕を持たなければと思うが，なかなか現実には難しい。
5回目	・着替えが終わっていない子を見落とさないで，よく声をかけて回っていた。	・教師の後ろにいて，声をかけてもらうのを待っていた子に，知っていながら，忙しいという思いから声をかけなかった。甘えてスキンシップを求めて来たのに，「ぶたないで」と言っただけであった。	・着替えや片づけの時は，とかく言葉がきつくなりやすいし視野が狭くなる。 ・机の下にいた子に対して，どうしてもいけないと言っていなかった。全体に目がいっていないので，一瞬でも全体を見る心がけが必要であった。

表 4-11　自由記述のまとめ（研究協力者 B）

	良かった点	改善，努力したい点	感想
1回目	・子どもの話は聞いていた方だったと思う。	・昼食後だったので，後かたずけをしたり，立っている姿が多かったと思う。 ・自分で思ったよりスキンシップをとっていなかった。 ・注意する時，「いけない」と言うばかりで，子どもに気持ちを伝えることができていなかった。	・画面の自分を見て，カメラの意識をしているなと思った（笑顔が少なかった）。
2回目	・子どもの話は聞いていた方だったが，真剣に聞いてあげることができなかった場面もあった。	・子どもを見下して話していたときがあり，改善したい。 ・あまり全体を見ていなかった。	・着替えをした子から自由あそびだったので，着替えのできない子，片づけができていない子ばかりかまって，他の子を援助できなかった。
3回目	・今までのビデオの中では一番，子どもとよく遊んでいたと思う。 ・子どもが自ら作って遊ぶことを始めたのは驚いた。	・子どもの目を見て話すことが少なかった。 ・雨の日だったのでクラスが落ち着きなく，「走ってはだめ」などと注意することが多かった。	・入園して2か月が経ち，子どもも私自身もやっとこのクラスになれてきたように思う。 ・忙しさにかまけて子どもと遊べない時もあるが，なるべくたくさん声をかけて遊んでいきたい。
4回目	・特にない。	・声をかけてきている子に気づいてあげればよかった。 ・個々にゆっくり相手をしてあげられなかった。 ・慌ただしさの中で「あとでね」と言った。子どもの要求に応えればよかった。	・自分の気づかない所で子どもはきちんとやっていることに気づいた。
5回目	・子どもの話しはよく聞いていたと思う。	・同じ子とばかり一緒にいることを実感した。 ・近くにいて何もしていなかった子に声をかければよかった。 ・いろんな子と関わっていきたい。	・今回が最後であったが，やはりカメラを向けられると緊張している自分がよくわかった。

表 4-12　自由記述のまとめ（研究協力者 C）

	良かった点	改善，努力したい点	感想
1回目	・子どもの遊びの広がりをだいたい把握して，各場面に声をかけようとしていた。 ・遊びの場を広げたり，素材の提供をその場に応じてやろうとしていた。	・教師対一人の子どもとしての接点が多いので，他の子への遊びの広がりを考え，言葉で誘いかけたり，橋渡しをする姿勢を多く持っていきたい。	・自分の身体の大きさ（子どもとの身長差）を改めて認識した。 ・思ったより声を上げていない自分を知った。 ・個々との接触を多く持とうとしていたように思う。
2回目	・笑顔で子どもを迎え，一人一人と接する時を大事にしていた。 ・挨拶しながら握手をするにしても接触の仕方を工夫しているのがわかった。	・室内の子どもの動きが活発になってきているので，安全面に気をつけさせたい。 ・子どもと目の高さを同じにすることへの努力が足りないと感じた。	・朝の活動で遊びを広げている子と，着替えなどをしている子と，慌ただしく，遊びの子への言葉かけが少なかったように思う。
3回目	・自由制作を少し変化させようと，自由画用紙を用意したことで，遊びを広げることができた。	・自分で遊びを作り出している子に対しての言葉，援助が少ないように思う。 ・ブロックの遊び場が部屋の出入口付近であり，少々狭かった。	・食事の片づけをしている子，遊び始めている子と様々な状況の中で，できるだけ声をかけたいと思っているが，手がかかる方にばかり目線がいってしまう。 ・ウロウロと色々と動いているが，必要以上に同じ子に手や声をかけているように思う。
4回目	・子どもの絵の受けとめが笑顔でできていた。	・思った以上に中腰の姿勢が多い。 ・絵の具自由遊びを中心として活動していたが，次々と来る子の要求に忙しく反応していて慌ただしかった。	・部屋で遊んでいる子に声をかけながら，前日に参加しなかった子へ絵の具遊びの誘いかけをしていた。ビデオの10分間，自分自身，よく動き，声をかけ，子どもと共感していたと思う。
5回目	・特にない。	・プールカードの印押し，おたより帳の配布など学級事務処理の場面が多く，子どもへの遊びの参加や言葉かけが少なかった。 ・指示や行動の促しが声かけの中心であった。	・遊びの関わりが少ない場面が多かった。 ・子ども自身が広げているブロック，折り紙などの遊びにも積極的に関わっていきたい。 ・学級事務も日々の動きの中で必要なことなので，声かけの工夫も今後必要であると思う。

表4-13 自由記述のまとめ（研究協力者D）

	良かった点	改善，努力したい点	感想
1回目	・ブラブラ人形が出来上がり一緒に喜び，一緒に遊び，一緒に考えたりすることができていた。	・ブラブラ人形作りを理解できない子が一人いて，その子どもの近くにいる時間が長く，他の子にも目を向けているようで，できていなかった。	・子ども達が作り方を理解し思い思いに作っているので，見守ることが多かったが，もっと自分から話しかけたりした方が良かったようにも思う。
2回目	・特にないが，笑顔で接していた。	・一つの場所にいることが多く，他の遊びをしている子ども達にも話しかけてはいるが，近くに来ているにもかかわらず気づかなかった子がいた。	・全体に目を向け，誰がなにをして遊んでいるか見てわかっていたが，ビデオを見て，全く目が全体を見ていないことに気づいた。腰が重いので，もっと動くようにしたいと思う。
3回目	・何時も「やって」と折り紙をもってくる子達が，毎日の積み重ねで（できる所まで自分でやってみよう）だいぶ折れるようになり，できない所は一緒に本を見ながら考え，折ることができた。	・何時ものことであるが，座りこんでいることが多く，もっと子ども達に触れるようにしようと思う。	・ビデオカメラの前を横切ったり，わざと写ろうとしていた子は一人遊びが多い子なので，今度はよく目を向けて接していこうと思う。
4回目	・毎回，ほめたりすることはあったが，一度も頭や頬を触ることがなく，今回一度だけだったが頭を触り，ほめてあげることができた。	・食後ということで折り紙遊びをする子どもが多く，どうしても折り紙遊びをする子どものそばにいることが多いので，今後は他の子どもの遊びにも関わっていこうと思う。	・一つの場所に座り込まず，もっと身体を動かすように努力しようと思う。
5回目	・色々な場所に移動し，多くの子どもと関わっていた。	・子どもと関わり，会話したり遊びを持ってきた子どもに対して一応は遊んでいるが，自分から一緒に遊んで，楽しみ，ふざけてみるなどが少ないので，今後気を付けたいと思う。	・一生懸命話しかけ，説明してくれる子どもに対してその物を使って一緒に遊ぶ等の関わりを持てば良かった。

表4-14 自由記述のまとめ（研究協力者E）

	良かった点	改善，努力したい点	感想
1回目	・子どもと関わっているとき楽しそうにしていた。	・自分から子どもに関わる範囲が狭いように思った。	・カメラが自分に向いているという意識があったのか，なんとなくぎこちない動きをしていた。
2回目	・色塗りをしている子どもにこまめに声をかけていた。	・ブラブラ人形の色塗りをやっていたため，自由遊びの子どもとほとんど関わることができなかった。	・時間に押されている中でのブラブラ人形作り（色塗り）だったので，クラス全体にあまり目を向けられていられず，個々への関わりが少なかった。
3回目	・一緒に楽しんで遊んでいたと思う。	・一つの場所に留まり過ぎている気がした。	・ブロック遊びをしている男児との関わりが，毎日の生活を振り返ってみても少ないように思う。
4回目	・自分のそばにいる子ども達とは少しづつでも会話をしている姿が見られた。	・製作の中で，あまり手を貸していないつもりが，思ったよりも手を出しているように見えた。	・老人ホームのプレゼント作りの，作っていない子どもをフォローした場面だったが，子どもたちにつきっきりになり過ぎていたように思う。
5回目	・一緒に楽しんで遊びに参加できたと思う。	・いつも変化のない遊びだったように思うので，その点をもう少し考えたい。	・周りにも目を向けているつもりだったが，この場面ではあまり見られなかったので，今後，全体への配慮，見守り方など改めて必要だと思った。

表4-15　自由記述のまとめ（研究協力者F）

	良かった点	改善，努力したい点	感想
1回目	・自分の目で見ていない部分もカメラに写っていて，その子どもの遊びがよくわかった。	・たくさん会話はしているが，心から共感している部分が無かったと思う。子どもが見せに来た時も「本当だ」と簡単に受け止めてしまっていた。	・自分の行動を客観的に見ることができて良かった。なんで，何時もちょこちょこと落ち着き無く動き回っているのか。もっとどっしりとして，子ども達を受け止めていきたい。
2回目	・自分の子どもへの関わり方がよくわかった。じっくり話を聞いてあげることが必要かと思った。	・一部の子どもにしか声をかけていないことに気づくことができた。	・とにかく自分自身に落ち着きが無いので，クラスもちょこちょこしているのかと思う。自分で意識してゆっくり，じっくり，声をかけたりしていきたい。
3回目	・はじめは興味が無く2，3名の子どもしか取り組んで居なかった活動も，実際に鈴の中に入れて割って見たところ，大喜びで興味を持って取り組んでくれた。また，自分の遊びを楽しみながらも，目と耳をこちらに向けている子どもも多く，クラスみんなで取り組めた活動であったと思う。	・もっと一人一人の子ども達の声に耳を傾けてあげれば良かったと思う。また，割ってみる時に，もっと期待が持てる言葉をかけて，割れた時の喜びを共感しあうことができれば良かったと思う。	・この活動は運動会に向けて取り組んでいる時だったので，ちょうど良かったと思う。自分達が作った物が当日割れて鈴の中から出て来ることが大きな喜びとなり，また意欲にもなると思う。
4回目	・今回はたくさんの子どもに声をかけていきたいと思う。	・もう少し子どもの気持ちをじっくり聞き，考えをくみ取ってあげる必要があると思う。	・子ども達もできないものは素直に聞きに来てくれるので，指導する方も目からこぼれることなく行えるようになってきたと思う。担任との信頼関係が安定してきたように思う。
5回目	・できない子どもにじっくり手をかけてあげることができて良かった。	・もっとやさしく声をかけたり，手助けをしたい。	・今回は自分の気持ちが少々イライラしていたので，笑顔も少なかったし，会話も弾んでいなかった。ビデオは正直だと思う。

第4節
考察

1. 援助スキル自己評価得点の変化

　幼稚園教員対象でこのようにビデオを使い定期的，継続的に，保育者の自己評価という視点で，さらに援助に焦点を当てて行った研修は今までに例が無く，新しい研修方法として価値あるものと考えられる。また，評定者による頻度評価では段階的に援助スキルの使用頻度が増えるといった顕著な効果が見られた。

　自己評価得点の変化では山型という傾向が見られた。山型の変化とはセッション2からセッション3に自己評価得点は上昇するが，セッション終了では自己評価得点が元の得点域に戻るという傾向である。しかし，これは援助スキルの使用頻度得点の変化で見られたセッション2から3にかけて得点が上昇するという点が同じであり，この時期がビデオ自己評価法の効果が現れ始める時期と推定することもできる。

　しかし，自己評価はあくまでも主観的なもので，非常に個人差が大きい。Bがその例である。自由記述の内容は質的にも変化しているが，自己評価得点ではその変化が反映されない。この原因は，援助スキルチェック・リストが「ある」「なし」で回答を得るという方法なので，その変化を捉えることができなかったためと考えられる。「ある」「なし」で回答を得る方法は，その援助スキルがどれくらい多く使えるようになったかという量的変化について測定することができない。援助スキルの量的な変化を保育者自身で確認できるような援助スキルチェック・リストの作成が必要であろう。

　また，セッション2ではセッション1で視聴した自分の姿が記憶されていて，その経験から評価するわけで，評価基準が厳しくなったり甘くなったりといった，個人内における自己評価基準の揺れや変化も考えられる。このような点も考慮したチェック・リストの改善と，個人内で起こる自己評価基準の変化を確認できるアセスメントや方法を取り入れると，さらに詳細に変化を捉えられると考える。

今回は研究協力者1人当たり5セッション実施したが，実施回数が増えればその効果はもっと顕著になるかもしれない。また，研修実施者の与えた社会的強化子のような，他者評価があったことで研修の効果が上がった可能性も否めない。他者評価なし（社会的強化子を与えない）でも両者に差がみられないか，研修実施者は園外の人に担当してもらうといった方法で同じ結果が得られるか，さらに研修方法の検討が必要であると考えられる。

2. ビデオ自己評価法の効果と援助スキル出現頻度の変化の特徴

　研究協力者6名の援助スキル頻度得点の変化は，6名ともセッション2からセッション3にかけて頻度得点が顕著に上昇していた。しかし，セッション3からセッション4にかけては，研究協力者A, B, Cは一時的に得点が下降し，D, Fはやや上昇または維持され，Eは下降していた。そしてセッション5では，6名中5名が緩やかではあるが再び得点が上昇していた。セッション2から3にかけて頻度得点が6名とも急増したのは，ビデオ自己評価法の内容やチェック・リストの援助スキル項目の意味がわかり始め，自己の援助を技能・技術として意識し始めたものと推測される。

　また，フォローアップ時にかなり頻度得点が上昇していた。これは，セッション時に意識されはじめたスキルが1か月以上という時間の経過の中で繰り返し意識され，保育者自身の実際の行動として身につき，その身についた援助スキルを客観的に自分の援助スキルとして自己評価できるようになったためと考えられる。そして，この経験がさらに自分の援助への意識を高めていくという相乗効果を生んだのかもしれない。フォローアップ時に頻度得点が上昇した原因としては，援助スキルは研修によって意識されるが，実際の自分に身に付いた援助スキルとしてVTR視聴で確認し，チェックできるようになるまでには時間を要するのではないかということが推測できる。しかし，フォローアップの効果については保育経験量の増加による影響を取り除けないので，この点はさらに検討する必要があると考えられる。

　また，研修実施者が各研究協力者に，各セッションが終了するたびに研究協力者の自由記述とチェックされた援助スキルチェック・リストを用いて，研究協力者が良かったと記入した内容について社会的強化子を与えたが，それが研

修実施者と研究協力者とのリレーションを深め，それが研修効果として得点に影響した可能性も考えられる。

　実験者期待（研修実施者）効果が現れることは予測可能なことであった。ビデオ撮影や行動評定を，この実験内容について知らない第三者（アルバイト等）で行う必要があったかもしれない。しかし，私立幼稚園という現場で，研修という形で今回の実験を進めた経緯から，第三者を幼稚園という現場に入れることに，保育者や園の抵抗が予測されたのも事実である。また，第三者が保育室でビデオを撮影することで，日常の保育に影響を与えるかもしれないといった危惧もあった。そのため，結果として研修実施者期待効果は予測できても，この効果を取り除けなかった。

　職場という人間関係の中での実験では，人間関係の質がその効果に影響するという要因を取り除くには困難がある。しかし，研修実施者はそのような要因への影響も考慮したうえで，その効果について慎重に検討する必要があったと考える。

3．援助スキルの種類による頻度変化の特徴

　変化したカテゴリー別の項目数や項目内容については，積極的な援助スキルの変化が顕著で，混合の援助スキルの変化が少なかった。混合のスキル項目は「場面を設定する」「遊具を用意する」といった環境設定に関するものが多く含まれていたためかもしれない。しかし，例えば，幼児の遊びが盛り上がっている時などは，数週間，同じ環境設定を維持しておくことも保育現場ではしばしばあり，日常の保育中では環境設定に関する援助スキルの頻度が少なくなってしまうのもやむをえないことであろう。この点を十分考慮した上でビデオ自己評価法の効果をみていき，指導に活用していくことが大切であると考えられる。

　また，研究協力者別に援助スキルの総頻度数を分類・整理したものと合わせて考察すると，種類別で上位を占めていた5項目が「さらに伸びた」援助スキルであり，もともとよく使う援助スキルは変化しやすく，反対にあまり使われていなかった援助スキルは変化しにくいことが考えられる。保育者の研修という点では，まんべんなく全ての援助スキルについて研修する必要があるのか，それとも，もっと伸ばしたい援助スキルを選定して伸ばしていくのか，反対

自分が苦手としている援助スキルを集中的に習得させるのか，研修への活用に当たってはさらに工夫が必要となるかもしれない。

4. ビデオ自己評価法によるセルフイメージの変化

　ビデオ自己評価法における現実自己，理想自己の得点変化からその効果を検討することが目的であったが，研究協力者も6名と少なく，セッション数も5セッションと，効果測定をするにはデータ数が少なく，一般化はできないものと考えられる。また，研究協力者の個別性が高く，自己一致傾向が高まるという仮説は十分には支持できなかった。ビデオ自己評価法実施後，得点の開きが小さくなった研究協力者もいたが，初めから現実自己得点が低い研究協力者は得点が上昇するどころか下降してしまい，得点の開きも大きくなってしまった。これは，研究協力者の成長，変化速度に差があるために，セッション数が5回ではその効果がみられなかったのかもしれない。セッション数の検討も必要である。

　また，今回は現実自己得点と理想自己得点の上昇，下降，さらにその得点の全体的な推移だけで検討したが，この情報だけで結論を出すには無理があると考えられる。セッション数をさらに増やし，現実・理想自己得点についてもその因子構造から得点の変化を検討することで，その効果がより詳細にわかるのではないだろうか。今回の結果は事例研究のひとつとして捉え，研究協力者の自由記述内容などと関連づけながら，今後のビデオ自己評価研修の実施に活用したいと考える。

5. ビデオ自己評価法による気づき

　研究協力者6名の自由記述には，自分の動きの特徴，姿勢，視線の方向，表情，立っている位置，保育全体の動きや雰囲気，子どもとの距離，見落としがちな子どもの遊びの様子など，自分で気づけない，ビデオだからこそ気づけた内容がいくつか記述されていた。また，研究協力者Dの「感想」の中に「一度も頭や頬を触ることがなく，今回一度だけだったが頭を触り，ほめてあげることができた」という記述があったが，この記述には援助スキルチェック・リストの項目内容が引用されている。ビデオ自己評価法はビデオ視聴と援助スキ

ルチェック・リストで自己評価する研修であるが，援助スキルチェック・リストは，自己チェックする際の行動目標となって，学習目標として繰り返し活用されていたものと思われる。この行動目標が提示されたことにより，具体的，客観的な自己評価を促せたのではないだろうか。

6．社会的強化とビデオ自己評価法の効果

本研究では，研修実施者から研究協力者6名に，個別，セッションごとに社会的強化子を与えた。

ビデオ自己評価法の効果として，援助スキルの使用頻度が量的，質的に変化することが確認されたが，ビデオを視聴するから効果があったのか，援助スキルチェック・リストの項目の提示がその効果に影響を及ぼしていたのか，さらに，研修実施者からの社会的強化があったから援助スキルが変容したのか，といった効果に及ぼす要因となる「方法」について，より詳細に検討する必要があると考えられる。

樽木（1992）は，中学生の自己評価に及ぼす担任教師によるフィードバック効果を検討しているが，肯定的評価をフィードバックすると自信得点および自己評価得点も上昇するという結果を得ている。実験者からの社会的強化が肯定的フィードバックの役割を果たしていたのであろうか。このことについてはさらに検討が必要である。

第5章 ビデオ自己評価法の方法に関する検討（1）実施回数と援助スキルの変化【研究3】

第1節 目的

1. 目的

　研究2で，6名の幼稚園教員を対象にビデオ自己評価法を実施した結果，幼稚園教員の使う援助スキルの使用頻度が増え，種類も増加することが確認され，ビデオ自己評価法の効果が明らかとなった。

　しかし，笑ったり，声をかけたり，目を合わせたりといった援助行動が頻繁に使えるようにはなったが，個々の保育者の内面的な変化については十分に検討されていない。また，5セッションという実施回数が研修として適切であったかという方法についても課題を残している。

　坂倉ら（1993）は，カウンセリング研修の経験を積んだ教師は経験のない教師に比べ非指示的応答を好むという，研修経験による態度変容への効果の差を明らかにしている。また，東條・前田（1993）は，カウンセリング研修の中級受講群（研修を重ねた群）で教育相談的態度が維持されるという結果を得ている。これらの研究結果から，研修の回数を重ねることにより研修効果の上昇が期待できるのではないだろうか。そこで本研究は，具体的に以下の3点について明らかにすることを目的とする。

　第1に，ビデオ自己評価法の実施回数を増やし，1年間継続することによって，保育者の援助スキルの使用頻度が増加するかを検討し，継続研修によるビデオ自己評価法の効果について明らかにする。

第2に，個々の保育者のセルフイメージ変化を明らかにする。研究2ではセルフイメージを理想自己と現実自己の合計得点の推移から検討したが，その変化を詳細に明らかにすることはできなかった。そこで本研究では，セルフイメージを詳細に捉える方法として，セルフイメージ尺度の因子構造を明らかにし，その因子別にセルフイメージの得点変化を検討し，ビデオ自己評価法がセルフイメージに与える影響について明らかする。

　第3に，認知面の変化を捉え，援助スキル変容との関連を明らかにする。自己調整学習のように個人差を考慮した学習方法が注目されているが，保育者研修でも個人差にどのような配慮をしながら研修の効果をあげるかが大きな課題である。そのためには，ビデオ自己評価法による保育者の援助スキル変容の背景に，どのような個々の保育者の認知や，セルフイメージといった心理面での変化が関連しているかを明らかにすることが必要であると考えられる。

　山本ら（1982）は，自己認知の諸側面を外面的側面（外見，社会的背景），能力的側面（知性，運動，社交など），内面的側面（生き方，人格）の3カテゴリーに分類し，これらの自己認知の側面と自己評価が密接に関連していることを明らかにしている。保育者の自己の援助スキルに対する認知的側面は，山本ら（1982）の言う能力的側面にあたるものと考えることもできる。保育者が自己の援助のどのような側面について認知しているかといった自己認知の諸側面を検討すれば，個人の自己認知傾向に配慮した自己評価研修を進めることができるのではないだろうか。また遠藤（1992a）も，理想自己・現実自己の2側面から自己認知の重み付けと自尊感情との関連を検討し，自己がどのような側面に重み付けをもって自己評価しているかが重要であることを指摘している。これらの研究からも，保育者が自己の援助に対する認知の諸側面を知ることは重要であると考えた。

　さらに，自己認知の諸側面の研究協力者による特徴とビデオ自己評価法の効果との関連を明らかにするために，研究2の研究協力者6名の中から，同年齢，同経験年数で最も援助スキルの変化が顕著だった研究協力者と，最も援助スキルが変化しなかった研究協力者を選び（計2名），変化しやすい人と変化しにくい人の2つの視点から検討する。

2. 仮説

①ビデオ自己評価法で保育者研修のセッション数を増やし，年間を通して実施すると，さらに援助スキルを客観的に自己評価でき，保育者の援助スキルの使用頻度が増える。

②ビデオ自己評価法で保育者研修を実施すると，保育者の援助スキルへの気づきが増え，援助スキルの基礎であるセルフイメージにも変化が現れる。セルフイメージはその特徴（因子）によって変化に差がみられる。

③ビデオ自己評価法で保育者研修を実施すると，自己の援助への気づきが増え，援助スキルについての認知に変化が現れる。具体的には，援助スキルの頻度が上昇する研究協力者は自己の援助スキルについての認知変化が大きい。援助スキルの頻度が上昇しない研究協力者は自己の援助スキルについての認知変化が小さい。

第2節 方法

1. 対象幼稚園

研究2に同じ。

2. 研究協力者

(1) 実施回数とセルフイメージについて

対象幼稚園の保育者4名。この4名は研究2の研究協力者6名の中から選出された4名である（研究2に重複，研究協力者A, B, D, E）。研究協力者4名の選出理由は，年齢や経験年数の違いといった効果に及ぼす要因を取り除き，より客観的にその変化を捉えようと考えたからである。選出された4名は，同年齢（24歳），同経験年数（4年）である。

(2) 認知傾向について

対象幼稚園の保育者2名。この2名は研究2の研究協力者6名の中で，最も援助スキルの使用頻度が増加した研究協力者Aと，最も援助スキルの使用頻度が増加しなかった研究協力者Bの2名である。この2名は，実施回数とセルフイメージの検討の対象4名に重複している。

3. 研修実施者

研究2に同じ。

4. 研修実施期間

1996年4月～1997年1月（オリエンテーションなどの実施準備期間を含む）。

5. 研修内容

研究2と同じビデオ自己評価法を使い，保育者が自己の保育場面における幼

児に対する援助スキルを援助スキルチェック・リストで自己評価するというセッションを各自に実施する。

6. アセスメント

(1) 援助スキルチェック・リスト（研究2に同じ）

(2) 援助スキル頻度測定チェック・リスト（研究2に同じ）

(3) 研究協力者による自由記述

各セッションが終了した後，研修で自己の援助スキルの変化について気づいたこと，この研修を受けて自己の保育について感じたことについて記述を求めた。

(4) セルフイメージ尺度（研究2に同じ）

7. セルフイメージ尺度の因子構造の検討

　研究2では研究協力者のセルフイメージ尺度の現実自己・理想自己の2つの得点の推移から，ビデオ自己評価法による研修の効果を明らかにしようとした。その結果，得点の推移から研究協力者のセルフイメージ全体にポジティブかネガティブな傾向があるかどうか，という点は明らかにすることができた。セルフイメージ尺度は56組の形容詞対からなる尺度であるが，「暗い―明るい」という形容詞対と「広い―狭い」といった形容詞対とでは，それぞれの形容詞対から想起されるセルフイメージの傾向も意味も違っていると考えられる。セルフイメージ尺度の総得点の推移を全体的に捉えるよりも，いくつかの傾向をもった形容詞対からその得点の変化を明らかにできれば，より詳細に研究協力者のセルフイメージ変化の様相を明らかにできるのではないだろうか。

　井上・小林（1985）が紹介している56項目（現実自己・理想自己）はセルフイメージを測定するのに適していると言われており，冨田・田上（1997）はその因子構造を小学校の低学年担当者を対象に明らかにしている。しかし，保育者対象にその因子構造は明らかにされていない。そこで，自己概念測定に有

効な項目として示されている 56 項目からなるセルフイメージ尺度の保育者を対象とした因子構造を明らかにする。

首都圏の保育者 200 名にアンケートを実施した。対象者の構成は幼稚園教諭 85 名（10 園），保育士 115 名（15 園）である（有効回答 198 名）。

ランダムに抽出された幼稚園，保育園を対象にアンケート実施依頼を電話で行った。その後，受諾を得た幼稚園，保育園に各園の全保育者分のアンケートを郵送し，回収は園の研修担当者または園長に依頼し，各園ごとにまとめたアンケートを返送してもらった。返送のない園は筆者が引き取りに行く形で回収した。アンケートは無記名式で，配布・回収は 2003 年 1 ～ 2 月であった。調査用紙は研究 2 と同じく現実自己評価尺度と理想自己評価尺度の 2 つから構成されている。

〈各尺度の因子構造〉

有効回答 198 名のデータを主因子法，VARIMAX 回転により因子分析を行った結果，理想自己・現実自己ともに解釈可能な 4 因子が抽出された。累積寄与率は 45.4% であった。

質問項目と因子分析の結果は表 5 - 1 に示されている。第 1 因子は「力強さ因子」と命名した。「強気な―弱気な」「勇敢な―臆病な」などを含む 17 項目で，保育者の強靭性や積極性を表す因子である。第 2 因子は「たおやかさ因子」と命名した。「丸い―四角い」「やさしい―こわい」「広い―狭い」を含む 21 項目で，保育者の情緒安定性や柔軟性を表している。第 3 因子は「陽気さ因子」と命名した。「陽気な―陰気な」「おしゃべりな―無口な」「明るい―暗い」などを含む 11 項目で，保育者の向性（活発性，明朗性）を表している。第 4 因子は「真面目さ因子」と命名した。「責任感のある―無責任な」「真面目な―不真面目な」などを含む 7 項目で，保育者の誠実性や安定性を表している。各因子の得点の範囲は，第 1 因子は 17 ～ 102，第 2 因子は 21 ～ 126，第 3 因子は 11 ～ 66，第 4 因子は 7 ～ 42 である。

冨田・田上（1997）の小学校教員対象で明らかにされた因子構造と酷似していたので，その因子名を本研究でも使用できると考えた。

内的整合性による信頼性を検討するために，クロンバックの α 係数を求めた。その結果，全体では .93 と高い信頼性を得ることができた。

表 5-1 教師の自己イメージ尺度の因子分析結果

項目番号	左語彙	右語彙	F1 力強さ	F2 たおやかさ	F3 陽気さ	F4 真面目さ	共通性
31	強気な	弱気な	0.77	0.04	0.06	0.11	0.67
28	勇敢な	臆病な	0.67	0.19	0.05	0.10	0.67
33	外交的な	内向的な	0.63	0.14	0.34	0.06	0.65
4	消極的な	積極的な	0.59	0.08	0.28	0.19	0.64
8	不活発な	活発な	0.57	0.25	0.49	0.12	0.74
5	強い	弱い	0.53	0.01	-0.08	-0.01	0.50
12	鈍い	鋭い	0.52	0.11	0.10	0.28	0.64
14	頼りない	頼もしい	0.51	0.17	-0.09	0.32	0.59
55	のろい	すばやい	0.51	0.01	0.16	0.24	0.64
45	小さい	大きい	0.51	0.19	-0.02	-0.03	0.44
51	速い	遅い	0.50	0.11	0.12	0.23	0.63
39	地味な	派手な	0.49	-0.01	0.47	-0.10	0.62
35	元気な	疲れた	0.45	0.40	0.33	0.01	0.60
37	鈍感な	敏感な	0.45	0.16	0.03	0.39	0.62
15	たくましい	弱々しい	0.44	0.11	0.21	0.29	0.48
48	深い	浅い	0.40	0.15	-0.20	0.32	0.40
46	男性的な	女性的な	0.35	0.00	0.06	0.02	0.40
30	丸い	四角い	0.10	0.70	-0.01	-0.14	0.62
53	やさしい	こわい	-0.12	0.70	-0.05	0.12	0.69
29	優しい	厳しい	-0.08	0.66	0.05	0.03	0.65
54	広い	狭い	0.41	0.66	-0.10	-0.03	0.68
32	思いやりのある	わがままな	0.27	0.56	-0.07	0.36	0.67
10	良い	悪い	0.18	0.54	-0.02	0.28	0.61
38	美しい	醜い	0.16	0.52	0.05	0.18	0.55
52	きれいな	きたない	0.21	0.52	-0.04	0.39	0.63
13	気持ちの良い	気持ちの悪い	0.11	0.51	0.14	0.27	0.47
56	豊かな	貧しい	0.47	0.51	-0.03	0.28	0.63
21	強情な	素直な	-0.14	0.51	-0.01	0.14	0.52
50	楽しい	苦しい	0.28	0.50	0.48	0.11	0.65
26	にくらしい	かわいらしい	-0.10	0.50	0.00	0.08	0.46
3	冷たい	暖かい	0.18	0.49	0.14	0.04	0.55
47	悲しい	嬉しい	0.24	0.47	0.23	0.25	0.62
27	こせこせした	のんびりとした	-0.09	0.46	-0.18	-0.22	0.49
2	やわらかい	硬い	0.26	0.43	-0.03	-0.37	0.48
17	愉快な	不愉快な	0.18	0.43	0.40	0.12	0.54
9	好きな	嫌いな	0.34	0.40	0.10	0.11	0.55
36	幸福な	不幸な	0.16	0.37	0.25	0.10	0.44
18	不安定な	安定した	0.25	0.36	-0.22	0.29	0.54
6	静かな	うるさい	-0.23	0.17	-0.67	0.09	0.66
19	おしゃべりな	無口な	0.24	0.05	0.67	0.08	0.65
23	落ち着いた	落ち着きの無い	0.07	0.23	-0.63	0.39	0.71
7	陰気な	陽気な	0.42	0.24	0.60	-0.01	0.70
24	理性的な	感情的な	0.14	0.14	-0.53	0.23	0.61
40	つまらない	面白い	0.38	0.41	0.48	0.11	0.67
43	社交的な	非社交的な	0.36	0.24	0.47	0.15	0.60
1	明るい	暗い	0.44	0.34	0.45	0.13	0.64
41	複雑な	単純な	0.18	-0.20	-0.37	0.05	0.46
49	はげしい	おだやかな	0.31	-0.19	0.34	-0.07	0.53
44	重い	軽い	0.14	0.01	-0.26	0.20	0.39
16	真面目な	不真面目な	-0.03	0.15	0.00	0.75	0.61
20	きちんとした	だらしない	0.08	0.04	-0.18	0.63	0.58
22	責任感のある	無責任な	0.23	0.08	0.06	0.59	0.58
42	慎重な	軽率な	0.07	0.05	-0.27	0.49	0.46
25	意欲的な	無気力な	0.42	0.31	0.25	0.48	0.72
11	親切な	不親切な	0.20	0.44	0.06	0.45	0.63
34	清潔な	不清潔な	0.23	0.19	-0.01	0.41	0.49
	因子寄与		24.31	9.80	7.07	4.22	

また，因子別では第1因子「力強さ因子」が.87, 第2因子「たおやかさ因子」が.94, 第3因子「陽気さ因子」が.68, 第4因子「真面目さ因子」が.83であった。第3因子の信頼性がやや低いが，各因子の尺度として内的整合性がある程度支持され，概ね信頼性の保たれた尺度構成と考えることができる。

8. 手続き

前述した通り，まず，研修実施者が研究2の研究協力者6名から研修継続者を4名に絞った。その理由は，4名は同じ年齢，経験年数も同じという条件を有しており，ビデオ自己評価法の効果比較が期待できると考えたからである。そして研修開始前に，研究協力者4名に再度オリエンテーションを行った。今回は継続研修なので，「1年間を通して実施すること，向上した援助スキルをさらに伸ばすことが目的である」ということを前もって研究協力者全員に説明し，選定した理由も伝え，研修参加の希望を聞き，承諾を受けてから4名全員にオリエンテーションを実施した。

オリエンテーションでは研究2で説明したビデオ自己評価法の目的や援助スキルの意味などについて再度説明し，さらに質疑応答を行い，4名全員の理解を得てからセッションを開始した。

研究協力者A, B, D, Eの4名は6月中旬（幼稚園の行事が落ち着いた頃）からビデオ自己評価法のセッションを開始し，2週間に1回の間隔で10回（セッション1〜10）実施し，1月下旬にフォローアップ1回を実施し，全セッション11回で終了した。ベースラインはセッション開始の2週間前に1回，4名全員を対象に研修実施者が自由保育場面を10分間撮影したVTRによって測定した。

セッションは，研修実施者が撮影したVTRを翌日，園内にある研修室で各自が視聴し，援助スキルチェック・リストを使い自己の援助スキルについて自己評価した。

さらに，研究2と同様，感想等の記入が終わった時点で，本人が良かったと記述した内容について個別面接方式で研修実施者から社会的強化を与えた。

9. 分析方法

(1) 援助スキル使用頻度の変化

　研究2と同様に援助スキル頻度測定チェック・リストを用いて，研修実施者が研究協力者の視聴したのと同じVTRで，援助スキルの出現頻度を研究協力者別，セッション別40項目について測定した。それぞれのセッションごと，研究協力者ごとの40項目の評定値（2分×5区間）を加算し，得点とした。評定については研究2と同じ評定者に協力を得た。評定方法も研究2と同じである。一致率の範囲は81～87％で平均一致率は84％であった。

(2) セルフイメージの変化

　現実自己・理想自己の両側面から，幼稚園教員の心理的な変化を測定した。測定に使用した尺度は，研究2で使用したセルフイメージ尺度である。測定方法は，ベースラインとして研修実施2週間前に1回，セッション4が終了した夏季休業前に1回，セッション5が開始される2学期開始時に1回，研修終了時（セッション終了時）に1回，1か月後のフォローアップ時1月に1回，計5回実施した。評定方法は6件法，合計得点の範囲は56～336である。
　因子別の得点範囲は，力強さ因子は17項目で17～102，たおやかさ因子は21項目で21～126，陽気さ因子は11項目で11～66，真面目さ因子は7項目で7～42である。セルフイメージの得点は因子別，研究協力者別にまとめた。

(3) 認知および動機づけの変化

　自己評価に使用した援助スキルチェック・リストの項目と記述内容から「表情」「言語」「動き」の3カテゴリーを設定した。「表情」カテゴリーでは「笑顔が少なく……」「表情が硬く……」といった表情に関する記述について，「言語」カテゴリーでは「もっと言葉がけを……」「会話も弾んで……」など言語的な関わりに関する記述について，「動き」カテゴリーでは「低い姿勢で……」「スキンシップを……」などの行動面に関する記述についてチェックしてもらった。それとは区別して「将来への言及」というカテゴリーを設定した。このカテゴリーでは「今後は……」「……していきたい」などの将来，これからこう

したいといった記述，今後の展望や期待についての内容をチェックしてもらった。さらに「動機づけ」カテゴリーを設定し，「……について改善したい」「……について気をつけたい」などの動機づけを示唆する記述について，心理学専攻の大学院生10人にチェックしてもらった。計5カテゴリーで研究協力者の1年間の記述分類を行った。分類に使用した記述は，セッション，研究協力者ごとに収集した感想（自由記述）である。

　チェック・分類方法は色分けでマークをしてもらうという方法で行った。大学院生10名中8名が「そのカテゴリーである」と一致評定した記述度数を得点とし，比較検討した。5カテゴリーの設定にあたっては，分類協力者でもある大学院生10人と討議して，カテゴリー分類基準，カテゴリー名などを決定した。

第3節
結果

1. 援助スキルの使用頻度の変化

　援助スキルの頻度変化は図5-1に示されている。セッション1（ベースライン）では4名の頻度得点が92〜108の範囲であったが、セッション終了時では137〜170の範囲に上昇し、援助スキルを研修1年目よりもさらに多く使えるようになり、継続研修の効果が認められ、仮説は支持された。

2. ビデオ自己評価法におけるセルフイメージの各因子構造からみた変化の特徴

　心理特性の変化はベースライン（セッション開始前）からフォローアップ時までの得点を、研究3で明らかにされた4因子ごとに各人の得点をまとめ、その得点の推移から検討した。

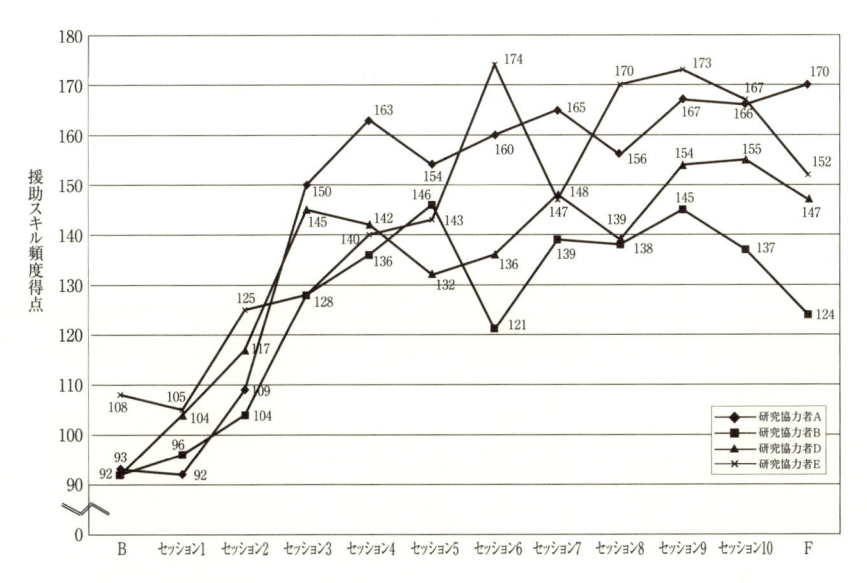

図5-1　研究協力者別援助スキル頻度得点変化

第3節●結果　147

この４因子を基準に現実自己・理想自己の研究協力者別得点変化について整理した。その結果が図5-2～図5-5（現実自己）および図5-6～図5-9（理想自己）に示されている。

〈現実自己の得点変化〉

現実自己の第１因子（力強さ因子）の研究協力者４名のベースライン（セッション開始前）における得点の範囲は42～73と開きがあった。しかし，フォローアップ時（セッション５終了時）には得点の範囲が49～65との開きが小さくなっている。

特に研究協力者Ｂはベースラインの得点が42であったのが，フォローアップ時では55に上昇していた。反対に研究協力者Ａは，ベースラインの得点が73であったが，65と下がっていた。そのために，全体として得点の開きが小さくなった。

研究協力者Ｄのベースライン得点は４名の中で中央に位置し，セッション４終了時には少し下降し，夏季休業明けもその得点が維持されていた。セッション４終了時には戻る傾向を示したが，フォローアップには再び下がるという傾向がみられた。

研究協力者Ｅは，セッション４終了時には一時得点が上昇するが，夏季休業明けの測定では下がり，セッション４終了時に近い得点に戻り，１か月後のフォローアップでは少し下降するといった変化であった。

第２因子（たおやかさ因子）では，ベースラインの４名の得点範囲は58～96で各人に得点の開きがあったが，フォローアップ時に得点範囲が60～70と開きが小さくなっていた。これも，研究協力者Ｂの得点が下降したが元に戻り，研究協力者Ａの得点は下降していたためである。研究協力者ＤとＥは得点の変化はほとんど見られず，フォローアップ時にベースラインよりもやや下降するという結果であった。

第３因子（陽気さ因子）ではベースラインの研究協力者４名の得点範囲は30～56と，第１因子や第２因子ほどではないが各人の得点にやはり開きがあった。しかし，第３因子も第１，第２因子と同様に，全体的にはフォローアップ時に得点の開きが小さくなる傾向を示し，研究協力者Ｂの得点の上昇と研究協力者Ａの得点の下降も同じような傾向であった。研究協力者ＤとＥはほと

んど得点の変化は見られず，フォローアップ時にベースラインよりもやや下降するという結果であった．

　第4因子（真面目さ因子）でも他の因子ほど開きは大きくないが，結果的に得点の開きが小さくなり，研究協力者AとBの変化の特徴も多少の得点の上下はあるがほとんど同じ傾向を示していた．研究協力者DとEも他の因子と同じように，ベースラインの得点がフォローアップでやや下降する傾向がみられた．

〈理想自己の得点変化〉

　理想自己の第1因子（力強さ因子），研究協力者4名のベースラインにおける得点の範囲は62〜82で，フォローアップ時の得点範囲は63〜81と開きにはあまり変化が見られなかった．各人の得点のポジションも途中，得点のゆれはあったものの，結果的には少し上昇または維持されていた．

　第2因子（たおやかさ因子）では，研究協力者4名のベースラインの得点範囲は96〜112で，フォローアップ時の得点範囲は84〜103と開きはほとんど変化が見られなかったが，全体的に各人の得点のポジションが下降していた．研究協力者4名ともセッション4終了時の下降が顕著であった．

　第3因子（陽気さ因子），第4因子（真面目さ因子）については第1因子や第2因子よりは得点の開きが少し狭まる傾向が見られた．研究協力者Aの得点が顕著に下降するという傾向が見られた．他の3名は得点の揺れはあったものの，ベースラインの得点がフォローアップ時にも維持されていた．

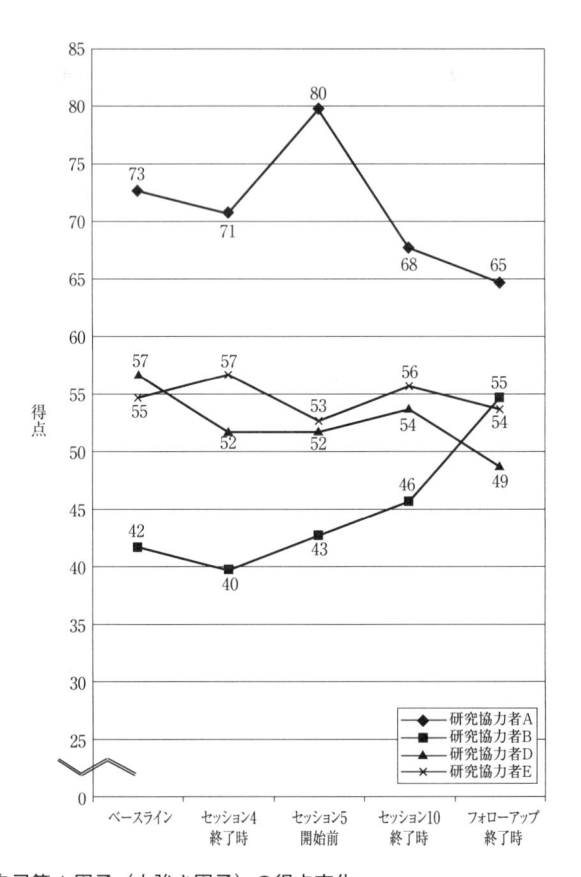

図 5-2　現実自己第1因子（力強さ因子）の得点変化

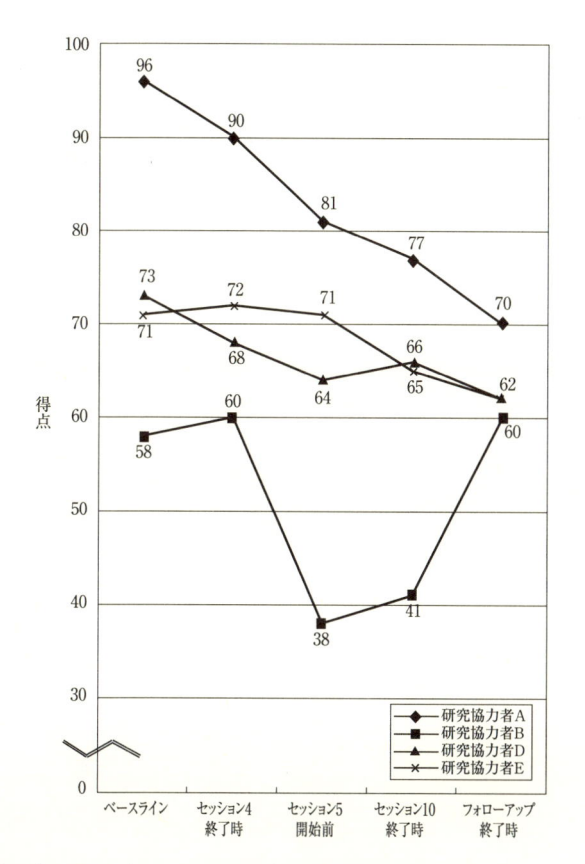

図5-3 現実自己第2因子（たおやかさ因子）の得点変化

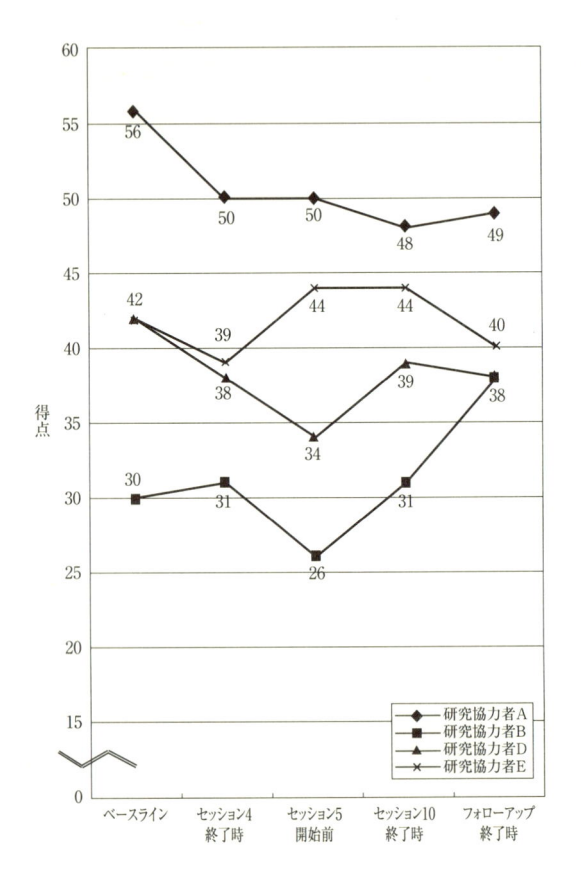

図 5-4　現実自己第 3 因子（陽気さ因子）の得点変化

152　第 5 章●ビデオ自己評価法の方法に関する検討（1）　実施回数と援助スキルの変化【研究 3】

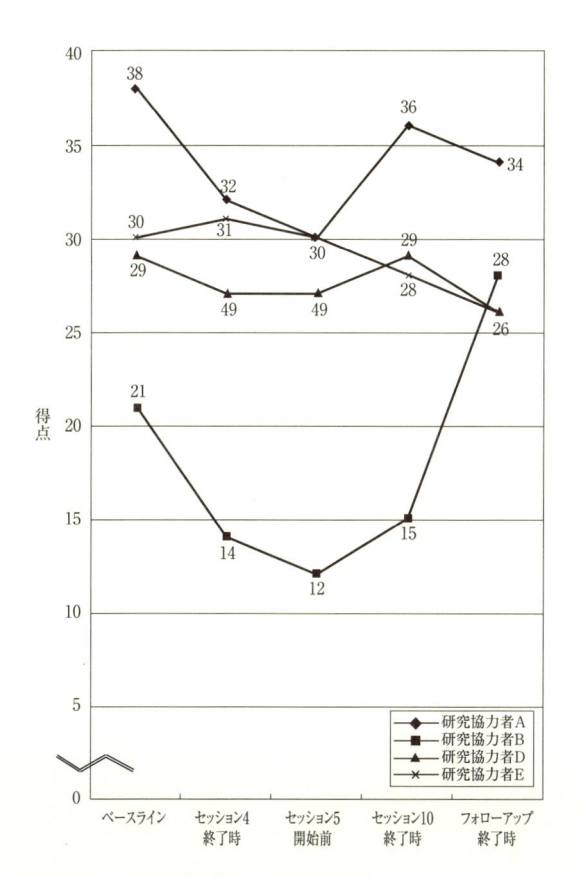

図 5-5　現実自己第 4 因子（真面目さ因子）の得点変化

第 3 節●結果

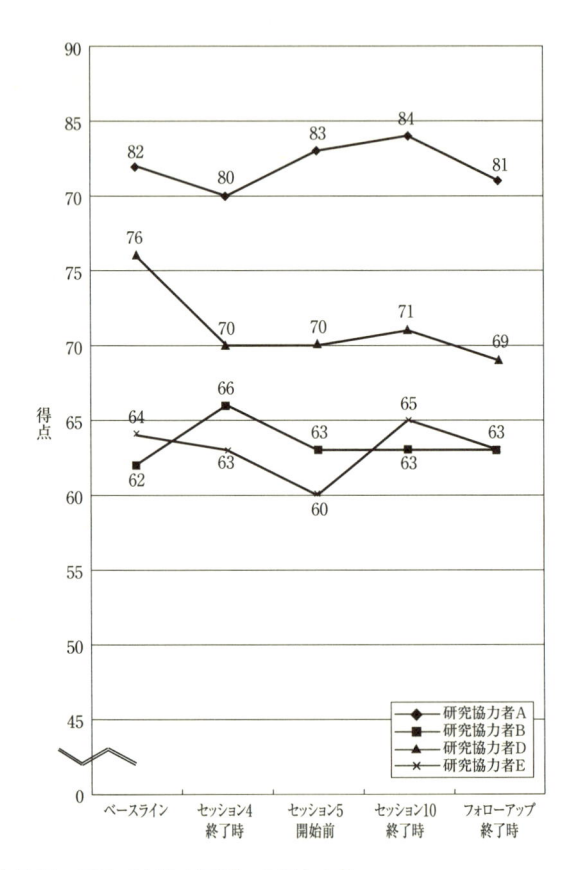

図 5-6　理想自己第 1 因子（力強さ因子）の得点変化

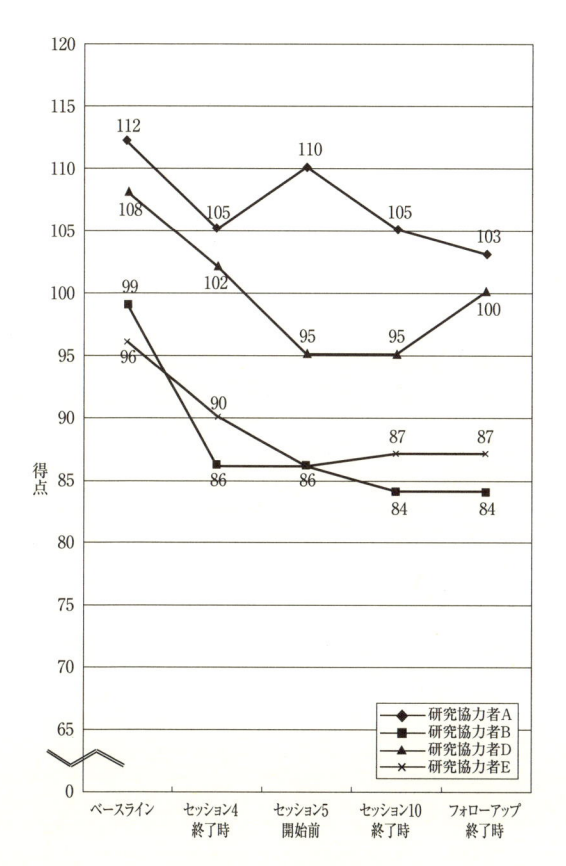

図5-7 理想自己第2因子（たおやかさ因子）の得点変化

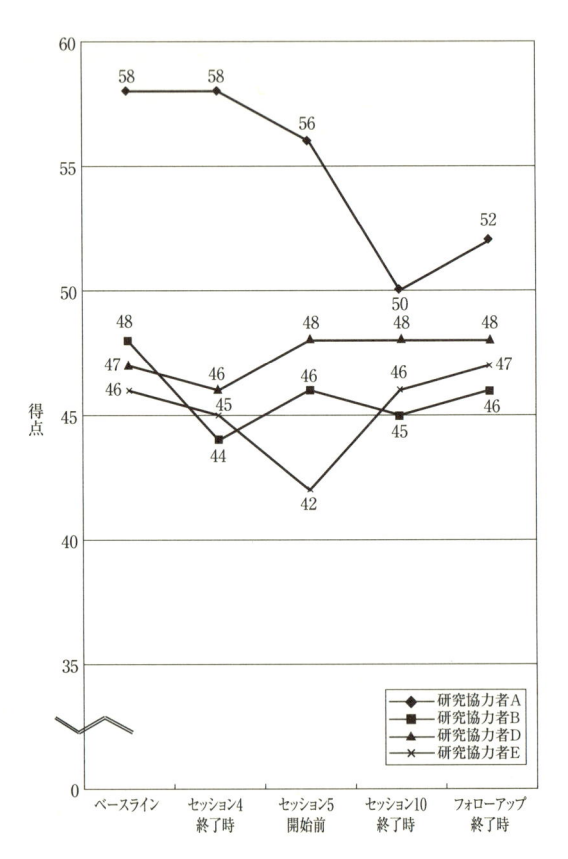

図 5-8　理想自己第 3 因子（陽気さ因子）の得点変化

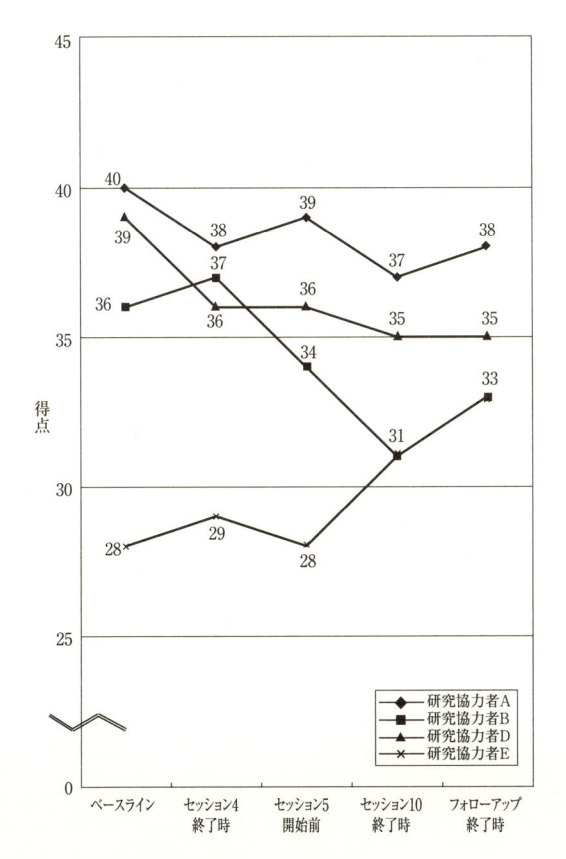

図5-9 理想自己第4因子（真面目さ因子）の得点変化

3. 認知傾向の比較

　研究協力者 A，B の自己認知傾向を検討した自由記述が表 5‐2 および表 5‐3 に，自己認知傾向のまとめが表 5‐4 に示されている。

(1) 認知数
　記述量は，研究協力者 A が研究協力者 B よりも多く，認知度数も記述量に比例して研究協力者 A はトータルで 36，研究協力者 B は 15 で研究協力者 B を上回っていた。
　「表情」カテゴリーでは，研究協力者 A はセッション 1 と 3 に記述が出現しているが，その後は消失する。研究協力者 B は全く出現していない。
　「言語」カテゴリーでは，研究協力者 A はセッション 1 に出現し，その後セッション 4，5，8，9 と後半になってその記述が再び出現しており，研究協力者 B はセッション 4 のみ，その記述が出現していて研究協力者 A より少ない。
　「動き」カテゴリーでは，研究協力者 A は全てのセッションで，研究協力者 B はセッション 8 を除いた全てのセッションで記述が出現しているが，全体的に見れば研究協力者 B は 11 で研究協力者 A は 23 と研究協力者 B の出現数が少ない傾向であった。しかし，研究協力者 B もセッション 7，9，10 と後半になって出現数がやや上昇していた。

(2) 動機づけ
　研究協力者 A は認知度数がトータルで 4，研究協力者 B は 2 で研究協力者 A の方が多かった。とくに研究協力者 A はセッションの 1，5，6，9 と後半に出現する傾向があった。研究協力者 B もセッション 5 と 7 とセッション後半にその記述が出現していた。

(3) 将来への言及
　研究協力者 A はセッション 3 に，研究協力者 B はセッション 6 に記述が出現しており，その出現の時期が研究協力者 B は A よりも遅く，出現数は研究協力者 A も B も同じであった。以上の結果から，ビデオ自己評価法による認

知の影響が認められ仮説（3）は支持されたが，研究協力者が2名と少なく，その傾向は示唆できるが一般化はできない。

表5-2　セッションごとの自由記述まとめ（研究協力者A）

セッション	研究協力者の自由記述
1	・全体的に動きがなく，関わり方が薄かった。 ◎チェックしていてスキルの回数が少なかった。 ◎表情が硬く，言葉かけもぎこちないような気がした。 ・様子を見ようと心がけていたのが，唯一良かった点かもしれない。 （躁鬱の波があると言っていた。イライラもある。初心に帰ってやりたい。） （また小手先だけの関わりをしていて，自分だけが高いところにいる気がすると言っていた。）
2	・子どもたちと一緒にくじ引きで遊んでいて，画面を通して楽しそうな姿がうかがえた。 ◎目標としていた援助も多く見られた。 ◎自分の高さを子どもと同じにしたことで，目を配りやすかったし，より密に接することができたと思う。 ・気の焦りがなくわりと自然でいられて，前回よりもビデオカメラの存在が気にならなかった。
3	・表情に余裕があり，笑顔で接していることが多かったと思う。 ・午後の自由遊び開始後，間もなかったので，用意をしたり落ち着かない動きが少し目についていた。 ・難しいが，もう少しゆっくりとした接し方をしたいと思った。 ・子どもの欲求を次々聞き入れようとして，子どもに考える時間を与えず教師の側から一方的に教えてしまったのは残念に思った。 ・全体的にふざけたり笑ったりして，自分でとても楽しそうに見えた。
4	・子どもを叱る場面が多かったので，援助という面からしたら少なかった。 ・子どもの欲求ばかりに対応するのではなく，自分から声をかけようと思っていたのに，それはほとんど無かった。
5	◎子どもの欲求を聞き入れるより，教師から声をかけたり，働きかけることが多かったと思う。 ・動き回っていたが，いつもの慌ただしさが感じられなかった。 ◎一瞬でも子ども達の様子を見ようとした心がけが見られなかったのは，反省点だと思った。 ・よく一緒に遊んでいたので，遊びの中の一員という感じがした。
6	◎忙しない援助や動きではないが，その分，こまやかな目配りや気配りが少ないような気がした。 ・空き箱コーナーでの交渉は，本人同士に話し合わせるべきであった。 ・ちょっと強引なところがあった。 ・担任の考えを納得させているように見えた。 ◎自分の援助は週ごとに波があると思う。
7	・登園順の製作ということで，かなりごった返していた。 ・そんな状態の中でも落ち着いて援助できればいいのだろうが，案の定パニックしていた。 ◎援助らしい援助はほとんど無く，ただひたすら作らせているように見えた。
8	・ずっと窓際にいて，主に女の子4から5人と話している場面だったが，このような援助もあるのだと改めて思った。 ・ちょっとの間でも親密にじっくりと関わると，その子の性格や気持ちが見えてくるので，このような関わり方は忙しいと少なくなってしまうが，必要だと思った。
9	・なんとなく遊び始めて，遊びが広がらないまま，ぎこちない援助に見えた。 ・K子のぐずりに対して，落ち着いた気持ちで関われていたことは良かったと思う。 ・発表会ごっこがクラス中に広がったが，それは教師の何気ない一言からで，重要なことだと思った。
10	・全体的に教師の動きが少なく，座ったままの援助が多かったように思う。 ・全体を見る配慮も少なかったようだ。

注）自由記述中，顕著に変化したと考えられる個所をアンダーラインで示した。

表 5-3 セッションごとの自由記述まとめ（研究協力者 B）

セッション	研究協力者の自由記述
1	◎やはり，<u>声をかけてくる子どもとしか遊ぶことができなかった</u>。 ◎<u>教室にいると目の届く範囲が決まってしまう</u>が，ビデオを見るとどの子がどんな遊びをしているか，誰と遊んでいるかがよくわかる。 ・Y子が何故泣いているのかがわかった。
2	◎ビデオカメラをやはり意識している自分がいた。 ・<u>自分の目的としていた援助ができない</u>。
3	・久しぶりのビデオ研修で緊張した。 ◎ずっと同じ場所に<u>座っていた</u>ことを反省する。
4	・声をかけてくる子どもとしか遊んでいなかった。 ◎色々な子どもにもっと声をかけてあげればよかったと思った。 ◎<u>子どもたちの様子を画面を通して見ていると</u>，自分たちの遊びを勧めることが少しずつできるようになっていたので，嬉しく思う。
5	・一定の場所（同じ場所）にいることが多かった。 ◎普段の保育でも援助スキルの項目が頭に浮かぶことが多くなった。
6	・この日はY子が登園しぶりをして，途中で帰ってしまった。 ・ビデオを意識する子どもが多くなってきた。 ・男児はそれぞれ自分たちで好きな遊びを見つけて進めていた。 ・全体的にトラブルが多くなってきているのがわかった。 ◎製作活動をする子どもが多くなってきたが，はさみを持ったまま<u>歩いている</u>子も，ビデオを見て気づけたので，今後気をつけたい。 ・4便のバスに乗っている子どもたちが登園してくると，人数も多くなり，遊びも賑やかになるが，目が届きにくくなっていた。
7	・作品展の作品作り（休んでいて作れなかった子どものみ）の援助で忙しい一日だった。そのために，<u>他の子どもに目をむけていなかった</u>ことを反省する。 ・机を勝手に動かしている子どもに気づいていなかった。
8	・年中の後期になり，みんなそれぞれに自分の気の合った友達とグループになって遊んでいるのがわかった。教師がいなくてもそれぞれ意見を言い合って遊びを進めている姿を<u>画面を通して見ると</u>，子どもたちの成長を感じる。
9	・作品展も終わり，折り紙やお絵描き，製作をする子どもが多くなったのがわかった。 ・サンタの袋作りに担任が夢中になってしまい，あまり子どもをかまってあげることができなかった。
10	・午前中に年長さんへのプレゼント作りをした影響で同じものを欲しがる子どもが出てしまい，その対応に追われていた。 ・材料を用意している場面に限定されてしまった。 ・その後，みんな楽しそうに遊んでいたのがビデオを見てわかり，嬉しかった。

注）自由記述中，顕著に変化したと考えられる個所をアンダーラインで示した。

表 5-4 自由記述の認知度数分類

研究協力者	表情 A	表情 B	言語 A	言語 B	動き A	動き B	動機づけ A	動機づけ B	将来への言及 A	将来への言及 B	合計 A	合計 B
セッション1	1	0	1	0	3	1	1	0	0	0	6	1
セッション2	0	0	0	0	3	1	0	0	0	0	3	1
セッション3	2	0	0	0	3	1	0	0	1	0	6	1
セッション4	0	0	1	1	1	1	0	0	0	0	2	2
セッション5	0	0	1	0	3	1	1	1	0	0	5	2
セッション6	0	0	0	0	3	1	1	0	0	1	4	2
セッション7	0	0	0	0	2	2	0	1	0	0	2	3
セッション8	0	0	1	0	1	0	0	0	0	0	2	0
セッション9	0	0	1	0	1	1	1	0	0	0	3	1
セッション10	0	0	0	0	3	2	0	0	0	0	3	2
合計	3	0	5	1	23	11	4	2	1	1	36	15

注)「表情」「言語」「動き」「動機づけ」「将来への言及」の5カテゴリーを設定し,自由記述を分類,一致率80％以上の記述内容を記述認知度数として整理した。

第4節 考察

1. 援助スキルの使用頻度変化と研修の効果

　セッション開始から研究協力者4名の使用頻度得点が高かったのは，研修1年目で獲得された援助スキルが研修の効果として維持されていたと考えることができる。また，ビデオ自己評価法に対する抵抗は1年目とは違い少なかった。これは，ビデオ自己評価法による研修経験が2年目研修へのレディネスになっていたと考えられる。研修は，研究協力者4名全員に同じ時期，同じ回数を実施したが，セッションを重ねるごとに得点が上昇していく傾向は研究2よりも顕著であり，このような研修は継続して行うことが大切であると考えられる。実際，回数を比較すると1年目に5回，2年目に11回，計16回ビデオ自己評価法を実施したことになる。そして，特にセッション5までの変化が著しく，その後は維持されるまたはやや頻度がダウンする研究協力者もみられた。しかし，研修開始当初の援助スキルの頻度とフォローアップの頻度を比較すると，結果として研究協力者4名の援助スキルの頻度は上昇するという結果を得て，仮説は支持されたと考えることができよう。

　筆者が勤務する幼稚園では，研究として長期にわたりビデオ自己評価法を使った研修を実施し，使用する援助スキルが増えるという結果を得ることができた。

　しかし，今後，他の保育現場でこのような研修を取り入れるとしても，年11回の実施は不可能であろう。このような定期的な研修は回を重ねることの意義はあるが，年間で何回くらい，どれぐらいの期間で定期的に継続して実施していくかなど，保育者の負担を考慮しつつ，保育者の要望も取り入れながら，実施する幼稚園や保育所の実情に合わせて研修を計画することが必要であろう。

　また，本研究は研修実施者が教頭であるという点，さらにその教頭からの社会的な強化を得ながら研修を実施したという点において，2年間にわたる研修期間の中でリレーションも深まり，援助スキルの頻度がより顕著に増えた可能

性もある。同じ職場内での研修の効果測定には研究協力者と他の研究協力者間や研究協力者と研修実施者との関係性が要因として働く可能性があり，本研究ではその要因までは除去できなかった。研修実施者が他の幼稚園ないしは保育所でビデオ自己評価法を実施すれば，これらの要因の影響を取り除いた効果の検証ができるのではないかと考えられる。

2. セルフイメージの変化の特徴

　現実自己の各因子の得点変化には同じような傾向が見られた。セッション開始当初は4名の得点の範囲が開いていた。つまり，得点のバラツキが大きかった。研究協力者Aはどの因子においても得点が最も高く，研究協力者Bはどの因子においても得点が低かった。しかし，ビデオ自己評価法で研修を重ねることにより，研究協力者Aの現実自己の得点は，揺れはあるものの概ね段階的に下降し，研究協力者Bの得点も，力強さ因子と陽気さ因子ではほぼ段階的に，他の2因子も揺れはあったものの得点が上昇するという傾向がみられた。研究協力者4名の中で得点の変化が顕著だったのが，研究協力者AとBであった。

　研究協力者Aは他の研究協力者に比べ現実自己の得点が研修当初からかなり高めであった。しかし，ビデオを視聴する中で自己の援助スキルへのイメージが修正されるにともなって自己イメージも修正されていったと考えられる。ビデオに映し出された自分の姿はイメージとは違う。実際以上のポジティブなセルフイメージをもっていたが，セルフイメージ尺度でチェックするにつれ，ビデオに写った自分の等身大の姿を想起することができるようになった結果とも考えられる。自己の援助スキルへの認知が修正されると自己イメージも修正され，自己全体への認知も修正される可能性が示唆できたものと考えられる。

　研究協力者Aと反対に，研究協力者Bは今まで自己を低く見積もっていたが，継続的にビデオに映っている実際の自分の姿を見ることにより，次第に客観的に自己の良いところが発見でき，ポジティブに自己の姿を見ることができるようになり，その結果，自己イメージも上昇したのかもしれない。それに比べ，研究協力者DとEは現実自己で4因子とも1点から9点の範囲でベースライン得点がフォローアップ時に下降する傾向がみられた。しかし，研究協力

者ＤやＥの現実自己に対するセルフイメージは，研究協力者ＡやＢの変化に比べればビデオ自己評価法による影響が少なかったと考えることができる。これは，初めから研究協力者ＤとＥは自己の援助やセルフイメージの自己一致傾向が高かったとも考えられる。

　理想自己の得点変化では，特にたおやかさ因子の得点の下降が顕著であった。たおやかさ因子の項目は「丸い─四角い」「やさしい─こわい」といった，保育者の柔軟性や情緒安定性を示唆する項目であるが，この因子の得点が顕著に下降した原因には，幼稚園教員というと，とかく第三者や保護者からやさしい，穏やかといったイメージで判断されることが多く，保育者自身もそのイメージをいつのまにか自分のイメージにしてしまうといった認知のずれがあった。この研修によって現実の自分を知り，やさしい，穏やかばかりではない保育者としての厳しさも必要であることを知り，理想自己として高く掲げていた「たおやかさ」を少し低く見積もるようになったためではないかと考えられる。

　今回の研究では，保育者の心理面を現実自己・理想自己という両軸から捉え，さらに，それぞれを4因子，つまり4側面から検討したが，理想自己・現実自己全体としての姿ではなく，力強さ，たおやかさ，陽気さ，真面目さといった諸側面から保育者の変化を捉えることができ，より具体的に鮮明に保育者の姿を明らかにできたと考える。

　また，研究協力者ＡとＢの変化が顕著であった。自己イメージが高かった研究協力者Ａはビデオに写し出された自分の姿を現実のセルフイメージとして想起できるようになり，高すぎた現実の自己イメージが実際の自分の姿に近い自己イメージに修正されていた。

　研究協力者Ｂは研修開始当時，セルフイメージ尺度の現実自己評価得点が最も低く，研究協力者Ａとは反対にネガティブな自己イメージを持っていたと考えられる。現実の自分を低く見積もっていたＢはビデオに映し出されている自分を見ることによって自己イメージがポジティブな方に修正され，セルフイメージ尺度の現実自己評価得点が上昇したという結果に結びついたと考えることもできる。

　研究協力者ＤやＦは，現実自己・理想自己とも，理想自己のたおやかさ因子を除いてはセルフイメージの変化が少なかった。これは前述したように，自

己一致傾向が高かったためかもしれないし，その他の心理特性に支えられ，援助スキルは変容するが，セルフイメージは安定した状態が維持されたのかもしれない。

　ビデオ自己評価法は，援助の質的向上ばかりでなく，保育者の内面にまで入り込み，自分自身と対話し，自分自身を再発見する機会を提供していた。自己の心の動き，変化を客観的に見つめることができる保育者は，子どもの心の変化も客観的に洞察し，理解できるようになり，子どもの心に寄り添った保育が実現できるのではないだろうか。

　そして，ビデオ自己評価法を実施するとセルフイメージに変化を及ぼす可能性があることを見出すことができ，研究協力者別，因子別のセルフイメージ変化の特徴も知ることができ，仮説は支持された。

　今回の研究では，4名の研究協力者の変化からビデオ自己評価法の効果について検討し，同年齢の保育者の主な変化の特徴は明らかにできたと考えられる。しかし，研究協力者が4名ということで，一般化した結論を述べることはできない。あくまでも事例としての位置づけからの検討であり，予備的な検討の域を越えてはいないと考える必要があろう。

3. 援助スキルに対する認知変化

(1) 認知傾向に見られた研究協力者の特徴とその意味

　研究協力者Aは「表情」「言語」「動き」「動機づけ」の4カテゴリーにおいて研究協力者Bよりも認知度数の出現が多かった。これは「表情」カテゴリーの「表情が固く……」「笑顔で接して……」などの表情に関する記述が多かったことを意味する。また，「言語」カテゴリーの「言葉かけもぎこちなく……」といった言語による子どもへのかかわりに関する記述も，「動き」カテゴリーの「動きが無く……」「一緒に遊んで……」といった行動面に関する記述も多かったことを意味する。認知度数は自由記述を5カテゴリーからマークし，その記述の数を整理しているため，自由記述の量が多ければ認知度数も多くなる可能性が高い。このように研究協力者Aは頻度得点の高さはもちろん，自由記述の量が多いという点からも，研修への意欲の高さが研究2から維持されていたと推測できる。研究協力者Aの研修への意欲が継続研修においても維持され

た背景には，研究協力者Aの達成動機の高さ，有能感（無能感），自己効力感などの，本研究では測定されていない心理要因が関係している可能性が考えられる。また，「将来への言及」については，研究協力者AはBよりも早く出現していた。「……のようになりたい」「……のようにしていきたい」といった記述が早く出現したのは，研究協力者Aの自己意識の高さが関連していたのかもしれない。

　研究協力者Bはそれに比べ，「将来の言及」カテゴリー以外，全てのカテゴリーで認知が少なかった。研究協力者Bは研究2の時点でも援助スキルの頻度上昇が最も低く，セルフイメージの得点（現実自己）も低く，ビデオ撮影に対する抵抗感も強かった。本研究時の自由記述にもみられるように，ビデオカメラに関する記述が研究協力者Aより多い。ビデオへの抵抗感が達成動機を引き下げたり，ビデオ映像という情報が現実自己イメージを引き下げ，有能感を高めるよりも無能感を生み出してしまったのかもしれない。しかし，研修の後半になり，自己をかなり客観的に見られるような記述が増えた。そして，ビデオへの抵抗感の記述が見られなくなった時点で「動機づけ」カテゴリーの記述が出現している点から見ても，自己認知の歪みやビデオへの抵抗感は研修への意欲や達成動機に影響を与えていると考えることができる。研修をより効果的なものにするためには，研修開始前に個々のパーソナリティの特徴を測定するなどして，認知面の歪みや偏りについて十分に把握し，その特性に配慮しながら研修を実施することが必要であろう。

(2) 認知における情報の種類による影響

　研究協力者A，Bとも，「表情」カテゴリーがセッション開始当初は見られたのに，後半のセッションになると消失してしまう傾向がみられた。反対に「言語」カテゴリーは研修の後半に出現しやすい傾向がみられたが，「表情」に関する認知の方が「言語」に関する認知より容易であるのかもしれない。ビデオ自己評価法は映像を通して自己評価をするため，「表情」「動き」など映像から読み取りやすい情報の方が認知しやすいという可能性も考えられる。この結果から「言語」のような認知しにくい可能性のある情報は，その特徴を考慮し，時間をかけて研修していく必要があるのかもしれない。この結果はあくまでも

２人の研究協力者から得たもので一般化はできないが，ビデオ自己評価法の認知的な面への効果には個人差があるが，ビデオという情報の手がかりの特性がその効果に影響を及ぼす可能性が示唆された。もし，多くの研究協力者を対象にビデオ自己評価法を実施すれば，ビデオ自己評価法が自己認知に影響を及ぼしやすい情報の種類，質，量について明らかにできるかもしれない。

(3) 自己評価と自己認知との関連から

中村（1983）は「評価とは，望ましい状態を示す基準があり，その基準の比較によって成り立つ」と評価における基準の必要性について述べている。ビデオ自己評価法は自己の姿を映像により，さらにチェック・リストによって自己の援助行動の評価ポイント（基準）をより具体的に明確に提示することができるために，自己評価を容易にしていたと思われる。また，研究協力者ＡやＢにみられた自由記述には，ビデオ自己評価法による映像や援助スキルチェック・リストの項目が自己認知の修正を促したことを示唆する記述がいくつかあった。

遠藤（1992a）は一般に自分をポジティブな存在であると思うことにはコンセンサスが成立しているが，自己に対する全体としてのポジティブな評価感情は当然ポジティブな自己認知と結びついていると，ポジティブな評価感情（自尊感情）と自己認知の密接な関係について言及している。研究協力者Ａのように，認知傾向でポジティブな傾向がみられたのは，遠藤（1992a）の言う自尊感情の高さに起因するのかもしれない。今回のビデオ自己評価法では，先に言及した達成動機や有能感（無能感），自己効力感，自尊感情などの変化については検討していない。

今後，ビデオ自己評価法を実施するに当たっては，これらの心理特性との関係についても明らかにすることが重要であり，この研修方法の課題であると考えられる。

片野・國分（1999）は構成的グループエンカウンターにおける抵抗の要素について検討している。それによると，抵抗の予測された要素として「変化への抵抗」「構成への抵抗」「取り組みへの抵抗」の３要素が存在すると述べている。そして，このグループエンカウンターのリーダーは，これらの抵抗の要素の存在をあらかじめ知っておき，プログラムの構成や介入行動からその抵抗を予防

する，つまり参加者の前向きなレディネスをつくることが必要であると述べている。構成的グループエンカウンターは集中グループ体験であり，他者との相互関係から自己を啓発していく人間関係開発技法であるのに対し，ビデオ自己評価法は，個人を中心として行われる点が違うが，自己発見，自己洞察を促し，自己の気づきにより行動変容を試みるという点で，その過程で起こってくる抵抗感にはかなり類似点があると考えられる。

研究協力者Bのように，頻度得点の低さと対応するように，研究協力者Aに比べ認知に関する記述の出現も少ない傾向が見られたのは，ビデオ撮影やビデオ視聴に対する抵抗感がその得点の低さに大きく関与していた可能性が高い。そして，抵抗感や緊張についての記述が見られなくなった研修2年目は自己をポジティブに評定するようになったという経緯からみても，研究協力者Bにとっては，ビデオに映っている自分の姿は自分が予測した以上に刺激の強い，違和感を持った存在だった可能性もある。ビデオ自己評価法のような映像を使った自己への直接的な刺激を研修の材料とする方法は，その抵抗感や緊張の大きさも測定し，その抵抗感や緊張を確かめながら，少しずつ除去する方法を模索する必要があると考えられる。

また，桜井（1987）が提唱したSEMモデルから研究協力者Bの結果を検討してみても，ビデオ撮影そのものに抵抗感を感じてしまったら，ビデオの視聴やフィードバックが良い意味で機能しなくなるばかりか，認知（有能さの評価）にも歪みを生じ，自尊感情や動機づけも引き下げられ，結果として学習活動が阻害されるという悪循環を生み出すことになってしまう。そのためにも，研修実施者のきめ細かい配慮や好意的なフィードバックが研修という学習活動においても重要なポイントとなるであろう。

Shavit & Shouval（1980）は，他者評価について「好意的な他者評価が，自己についての評定をよりポジティブに高め，非好意的な他者評価は自己の評定をよりネガティブに低める」ことを示唆しているが，ビデオに映った自分が好意的な他者（自己），良き学習援助者となり，より有効で有機的な学習活動が展開されるためには，研修実施者のフィードバックの有無，可否，その内容や方法，タイミングなども今後さらに検討する必要があると考えられる。

本研究で明らかにされた結果をもとに，さらにより多くの研究協力者を対象

にその変化について検討することで，ビデオ自己評価法によるセルフイメージへの影響や，ビデオ自己評価法の効果に与える心理的な要因について，より客観的かつ詳細に明らかにできると考えられる。

第6章 援助スキルチェック・リストの改定【研究4】

第1節 目的

　これまで研究2，3において，ビデオ自己評価法の効果を，援助スキルの頻度，つまり研修実施者による他者評定と，研究協力者自身がチェックする援助スキルチェック・リストによる自己評価得点の両側面から検討してきた。しかし，援助スキル頻度測定は評定の信頼性を確保するために第三者の評定者の設定が必要であり，さらに10分間のビデオを2分ごとにチェックする方法で，その得点を算出するといった効果の検証方法に時間と手間が非常にかかる。そのため，日常的に現場で利用できる研修方法としては適当ではないと思われる。これまで行ってきた効果の検証方法の検討が必要であると考えられる。

　また，研究協力者自身が自己評価する援助スキルチェック・リストは，その援助項目について「ある」「なし」で答える方式であったために，量的にどれくらいそのスキルを使用したかについては自己評価できなかった。そこで，研究協力者が自己の援助スキルについてどれくらい使用することができたかという，援助スキルの頻度を自己評価できるような援助スキルチェック・リストの改定が必要であると考えた。

　本研究の目的は，援助スキルチェック・リストを改定し，スキルの使用頻度を自己評定できるようにすることである。

第2節 方法

1. 研究協力者

保育士20名（5園），幼稚園教諭20名（5園）の計40名。

研究3においてビデオ自己評価法による研修効果に保育経験量が影響を及ぼしている可能性が示唆されている。そこで，研究協力者の選定にあたり，研究協力者間の保育経験量の差を取り除くために保育者の選定基準を経験3〜5年とした。さらに，保育者といっても幼稚園教員と保育士では保育対象年齢が違うため，保育内容や援助内容も違いがある。その影響による群間の差を取り除くために幼稚園，保育所両群から同数の保育者を選定した。実施にあたり，首都圏の幼稚園，保育所にビデオ自己評価法による研修の協力を文書で依頼し，承諾を得た幼稚園や保育所の保育者を対象にビデオ自己評価法を実施した。

2. 研修実施者

筆者。

3. 研修実施期間

1998年9〜12月。

4. 研修内容

ビデオ自己評価法を使い，保育者が自己の保育場面における幼児に対する援助スキルを自己評価するというセッションを各自に実施する。

5. アセスメント

(1) 新援助スキルチェック・リスト（資料7）

(2) 援助スキル頻度測定チェック・リスト（研究2に同じ）

6. 手続き

研究2と同様に保育者研修という設定で，研修開始前に研修実施者から研究協力者にオリエンテーションを行い，ビデオ自己評価法の目的（自己の援助について自分で評価することで，自己の援助に対する気づきを深める）や援助スキルの意味（援助といったまとまった行動ではなく，もっと基本的な行動一つひとつの使い方を自分の保育技術として判断するための物差し）などについて理解を得て，さらにどのようなスケジュールでビデオ自己評価法を使った研修を実施するかについて説明し，同意を得た。その後ビデオ自己評価法（1回のビデオを使用した自己評価研修をセッションと呼んだ）を開始した。

保育場面のVTRを研修実施者(筆者)が撮影し，そのVTRを保育者が視聴し，新援助スキルチェック・リストを使い自己の援助について自己評価するという研修セッションを3回，フォローアップセッション（研修セッションと同じ内容）を1回，計4回実施した。研修セッションを3回にしたのは，研究1のセッション3において保育者の援助スキルが顕著に変化したことをふまえて，保育者の負担の軽減と簡便な研修方法の開発を試みたからである。ベースラインはセッション実施の2週間前に研究協力者全員を対象に研修実施者が自由保育場面を10分間撮影したVTRによって測定した。VTRはセッションごと，研究協力者ごとに撮影された。撮影にあたっては保育の流れを考慮して，各保育者の同意を得て行った。ビデオ自己評価の効果はそれぞれのセッションごとに，自己評価に使用されたVTRによって研究協力者が視聴数日後に測定した。

7. 分析方法

ビデオ自己評価法を実施した研究協力者40名について，従来の研修実施者が行っていた頻度測定（第三者評定を含む）を各セッション（3セッション）とフォローアップごと，計4回実施し，頻度得点を算出，その得点と研究協力者がチェックした各セッション（3セッション）とフォローアップの援助スキルチェック・リストの得点（自己評価得点）との相関を検討する。頻度評定は援助スキル頻度評定チェック・リストを用いて，研究2，3と同じ評定方法（2分×5区間）で行い，評定者も研究2，3と同じく筆者と評定協力者2名で行っ

た。今回の一致率の範囲は86〜90％であり，平均一致率は88％であった。

第3節
結果および考察

　新援助スキルチェック・リストの各項目別得点の平均値および標準偏差（セッション1で測定したデータ）が表6-1に示されている。また，40項目の合計得点の平均値は109.95で標準偏差は15.65であった。合計得点の度数分布は図6-1に示されているが，尖度は－.48で，歪度は.13であった。α係数は.91で，この尺度の信頼性が確認された。新援助スキルチェック・リストを使用した，ビデオ自己評価得点と援助スキル頻度測定における得点の相関が表6-2に示されている。この結果から，従来のビデオ自己評価法の効果測定として実施していた，研修実施者による援助スキル頻度測定チェック・リストによる得点と，研究協力者による新援助スキルチェック・リストを使った自己評価得点との間には1％水準で有意な高い正の相関がみらた。つまり，新援助スキルチェック・リストによる自己評価得点と頻度評定得点と間には強い関連があり，新援助スキルチェック・リストで援助スキルの変化を得点から評価できることが確認できた。

表6-1 新援助スキルチェック・リスト項目別平均値，標準偏差

新援助スキル項目	平均値	標準偏差
1 手をとる	3.00	0.85
2 そばにいる	3.55	0.60
3 遊びを紹介する	2.65	0.62
4 抱っこする	3.00	0.93
5 ヒントを言う	2.18	0.84
6 気持ちを代弁する	2.95	0.81
7 ふざける	2.33	0.97
8 声をかける	3.40	0.71
9 見守る	3.35	0.53
10 頭や頬をさわる	3.03	0.73
11 友達の中に誘う	2.43	0.78
12 うなずく	2.78	0.89
13 笑顔で接する	3.35	0.66
14 橋渡しをする	2.23	0.66
15 様子を観察する	3.18	0.71
16 話しかける	3.23	0.70
17 材料を用意する	2.35	0.86
18 みんなに伝える	2.23	0.80
19 気持ちを言う	2.70	0.82
20 考えを言う	2.50	0.85
21 場面を設定する	2.08	0.80
22 気持ちを聞く	2.73	0.82
23 一緒に考える	2.35	0.92
24 仲裁に入る	2.43	0.90
25 目を合わせる	3.30	0.69
26 考えさせる	2.30	0.91
27 遊具等を用意する	2.68	0.73
28 手を貸す	2.80	0.72
29 一緒に遊ぶ	3.10	0.81
30 励ます	2.60	0.78
31 意見を聞く	2.63	0.98
32 教える（助言）	2.50	0.93
33 ほめる	2.93	0.69
34 会話する	3.08	0.83
35 頼む（手伝う）	2.28	0.96
36 見せる（提示）	2.68	0.62
37 要求を聞き入れる	2.70	0.76
38 行動を促す	2.78	0.77
39 一緒に楽しむ，遊ぶ	3.00	0.91
40 なだめる	2.63	0.84

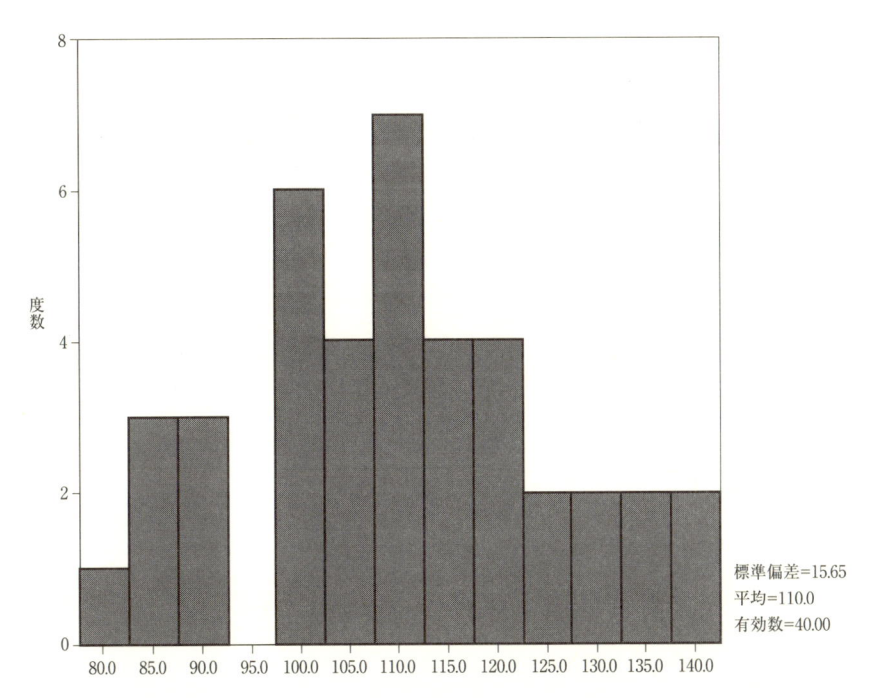

標準偏差=15.65
平均=110.0
有効数=40.00

図 6-1　新援助スキルチェック・リスト合計得点の分布（第1回目）

表 6-2　自己評価得点と他者評価得点の相関

第1回目	第2回目	第3回目	第4回目
.66**	.82**	.77**	.68**

注1）　自己評価：新援助スキルチェック・リストで測定した得点の平均値を指す。
　　　他者評価：旧援助スキルチェック・リストで研修実施者と評定協力者が測定した頻度得点の平均値を指す。
注2）　**p<.01

第7章 ビデオ自己評価法の方法に関する検討 (2) ビデオ群とチェック・リスト群の比較【研究5】

第1節 目的

1. 目的

　研究3では，ビデオ自己評価法の実施回数が増えると援助スキルの使用頻度がさらに増えることが明らかになった。また，ビデオ自己評価法で研修するとセルフイメージにも変化が現れることも明らかにされた。

　しかし，ビデオ自己評価法の効果は，自己評価にVTRを用いることで得られたのか，それとも援助スキルチェック・リストによる自己評価のみでも得られたのかについては，これまで検討されていない。

　そこで，ビデオ自己評価法の手段としてのVTR視聴がその効果に影響を及ぼしているのかを明らかにする必要があると考えた。

　Peeck（1974）やLevin & Lesgold（1978）は，学習場面で映像を併用すると学習成績が向上するという学習促進効果の存在を確かめている。代表的な例として，散文の理解や記憶において，映像（主に静止画）が同時に提示されると，テクストだけを提示した場合よりも学習者の事後テストの結果が向上するというものである。さらに，Cowen（1984）は動画でも同じ効果が得られることを確認している。また，Grime（1990）は映像と言語情報という枠組みからその影響の違いを検討し，映像の方が注意が向けられやすいことを明らかにしている。これらの研究結果から，ビデオ自己評価法は映像とチェック・リスト（言語情報）を同時に提示するものであり，チェック・リストのみの提示よ

りも効果が高い可能性が考えられる。

　また,研究2,3では研修実施者が各セッション終了後に研究協力者が良かったと評価したチェック・リストの項目(援助スキル)について社会的な強化子を与えてきた。しかし,このフィードバックが無かったら,その効果はどうであっただろうか。研修実施者のフィードバックについても検討する必要があると考えた。

　本研究の目的は,ビデオ自己評価法においてビデオを使用することの意味について明らかにすることを第1の目的とする。

　また,研修実施者からの社会的強化(他者評価)効果について明らかにすることを第2の目的としている。

　Rosenberg (1965) は,「自己意識は,自己全体に向けられる評価,自己評価とさまざまな側面から構成される自己への認知から構成される」とし,「自己評価は態度の感情成分に,自己認知は態度の認知成分に対応している」と述べ,自己意識(自己概念)と自己評価の関連を明らかにしている。また,遠藤(1992a)も自己認知と自己評価の関連を理想自己・現実自己といったセルフイメージから検討し,個人にとって重要な項目に関する自己認知は全体的な自己評価に影響を及ぼし,その項目のスコアと自尊感情得点は強い相関があることを明らかにしている。また,桜井(1987)は自己評価的動機づけ(SEM)モデルを用いて,有能感(無能感)や原因帰属,内発的・外発的動機づけとの関連からそのモデルの有効性について検討し,やる気のない生徒の動機づけ得点が上昇するという結果を得ている。この研究からも,より良い自己評価が自尊感情や自己概念(セルフイメージ),原因帰属,達成動機などの心理特性と関与しながら行われることが明らかにされている。

　以上の研究成果をふまえて,ビデオ自己評価法でビデオを使う意味と外的強化の意味について検討する。

2. 仮説

　本研究では以下の仮説を立てた。
① ビデオ自己評価法で研修すると,他者からのフィードバック(他者評価)が無くても,援助スキルチェック・リストの項目内容(言語情報)がビデオ(視

覚情報）によって同時に呈示されるため，援助スキルチェック・リストのみ（ビデオ無し＝言語情報のみ）で自己評価するよりも，ビデオ自己評価法（言語情報＋視覚情報）の方が，具体的に客観的に自己の援助スキルを認知し自己評価できるので，援助スキル自己評価得点がより上昇する。

②ビデオ自己評価法で研修すると，自己評価の関連要因である自己意識や原因帰属，達成動機といった心理特性やセルフイメージに，チェック・リストのみよりも大きな変化が生じる。

第2節 研究方法

1. 研究協力者

首都圏の保育所，幼稚園に勤務する保育者156名（有効回答156名）。
①ビデオ自己評価法実施群：
　　　86名（幼稚園（5園）教諭32名，保育園（5園）保育士54名）
②チェック・リストのみ実施群：
　　　68名（幼稚園（5園）教諭40名，保育園（3園）保育士28名）
新援助スキルチェック・リストは3歳児以上の幼児を対象としたスキル項目が中心であるため，対象保育者は3歳児以上の保育担当者に絞った。

2. 研修実施者

筆者。

3. 研修実施期間

1999年4月から2001年3月。

4. アセスメント

(1) 新援助スキルチェック・リスト（研究4で検討されたチェック・リスト）

(2) 自尊感情尺度

本研究では自尊感情の変化について，Rosenberg（1965）が作成し，山本ら（1982）が邦訳した自尊感情尺度で測定する。これは，自己への感情的評価の測定尺度である。10項目から成る尺度で，5件法である。得点の範囲は10～50である（資料8）。

(3) 達成動機尺度

本研究では達成動機の変化について，堀野（1987），堀野・森（1991）によって開発された達成動機尺度で測定する。これは，価値ある仕事に挑戦し，それを成し遂げようとする傾向の強さを測定するための尺度である。23項目から成る尺度で，7件法である。得点の範囲は7～161である（資料9）。

(4) Locus of Control 尺度

本研究では原因帰属の変化について，鎌原ら（1982）によって新たに開発された「ローカス・オブ・コントロール」尺度で測定する。

自分の行動と強化が随伴すると認知し，自分の能力や技能によって強化がコントロールされているという信念を内的統制，反対に行動と強化が随伴しないと認知し，強化が運や他者などの外的要因によってコントロールされているという信念を外的統制と呼び，この内的─外的統制を Locus of Control と呼ぶ。この尺度は，抑うつ傾向や，行動方略における帰属意識について測定が可能であることが示唆されている。得点の範囲は18～72で，得点が高いほど内的（Internal）傾向が強くなることを意味している。18項目から成る尺度で，4件法である。得点の範囲は18～72である（資料10）。

(5) セルフイメージ尺度（研究2，3に同じ）

本研究では，心理特性の測定に既存の自尊感情尺度，達成動機尺度，Locus of control 尺度を使用している。その理由は，これらの尺度はすで標準化されており，尺度としての信頼性が高いと判断したことと，他の研究との比較検討が可能であると考えたからである。

5. 研修内容および手続き

本研究のビデオあり群・なし群別の研修手続きおよびその主な内容が表7-1に示されている。

(1) ビデオ自己評価法実施群（ビデオあり群）

ビデオ自己評価法を使い，保育者が保育場面のVTR10分間（撮影者は研究2，

表7-1 ビデオあり，なし群に実施したアセスメントの内容

実施事項，時期	ビデオあり群，ビデオなし群別アセスメント内容	
	ビデオあり群	ビデオなし群
援助スキルベースラインの測定 研修実施2か月前	援助スキルベースライン測定 ・新援助スキルチェックリスト	－
オリエンテーション 研修実施1か月前	研究協力者に筆者により直接実施	筆者より各園の研修担当者に要領を説明，研究協力者には各園研修担当者により実施
心理特性測定 研修実施2週間前 （ベースライン）	心理特性測定 ・自尊感情尺度 ・達成動機尺度 ・Locus of Control 尺度 ・セルフイメージ尺度	心理特性測定 ・自尊感情尺度 ・達成動機尺度 ・Locus of Control 尺度 ・セルフイメージ尺度
研修実施 （2週間ごと，3セッション）	セッション1，2，3（2週間ごと） ・新援助スキルチェックリスト	セッション1，2，3（2週間ごと） ・新援助スキルチェックリスト
心理特性測定 研修終了後 （セッション3終了時）	心理特性測定 ・自尊感情尺度 ・達成動機尺度 ・Locus of Control 尺度 ・セルフイメージ尺度	心理特性測定 ・自尊感情尺度 ・達成動機尺度 ・Locus of Control 尺度 ・セルフイメージ尺度
事後テストセッション実施 研修終了1か月後	事後テストセッション1 ・新援助スキルチェックリスト	事後テストセッション1 ・新援助スキルチェックリスト
心理特性測定 事後テストセッション終了後	心理特性測定 ・自尊感情尺度 ・達成動機尺度 ・Locus of Control 尺度 ・セルフイメージ尺度	心理特性測定 ・自尊感情尺度 ・達成動機尺度 ・Locus of Control 尺度 ・セルフイメージ尺度

3同様に筆者）を見て，自己の援助スキルについて援助スキルチェック・リストを使い自己評価するというセッションを，2週間に1回，計3回，事後テストセッション（これまではフォローアップセッションとしていた）を1か月後に1回実施した。研修実施に当たり，研修実施前の援助スキルの実態を把握するために，各研修開始2か月前にビデオ自己評価法による研修については伝えずに，新援助スキルチェック・リストを用いて，自由保育場面を想起して自己の援助スキルについて自己評価してもらった。事前自己評価の実施は，その実施方法を口頭で園長または研修担当者に説明し，筆者に代行して実施してもらった。配付，回収は郵送で行った。さらに，研修実施1か月前に研修実施予定園にてオリエンテーションを対象者に約1時間実施した。オリエンテーショ

ンでは，研修内容や研修期間についてのプリントと使用する心理アセスメントを配布し，説明を行った。まず，心理アセスメントのベースライン測定用を配付し，その場で口頭で内容の説明を行った。

その説明に加え，心理特性（自尊感情尺度，達成動機尺度，Locus of Control 尺度，セルフイメージ尺度）は初回セッション開始の2週間前に実施し，園長または研修担当者に提出してもらい，その後はセッション3終了後，事後テストセッション終了後に実施し，園長等に提出し，後日筆者が回収するといった，心理特性の測定時期や提出方法について予告した。また，心理特性については，心理テストというイメージを除去するために，「保育の考え方を振り返るものです」という表現でアンケートとして配付し，各心理特性尺度の具体的な内容については実際に使用する尺度（資料8，9，10）を配付して口頭で説明を行った。ビデオ自己評価法については，配布プリントに加え，「具体的に自己の保育場面を使って自己の保育を視聴し，援助スキルチェック・リストで援助スキルを自己チェックし，自己の援助スキルの良い点やこれから改善する点などを発見するための研修方法である」といった研修の目的や方法について，援助スキルチェック・リストをその場で配布し，口頭で説明を行った。また，援助スキルの意味（援助スキルは援助を具体的な行動で分類した保育技術であること）についても説明を加えた。質疑応答の時間も入れ，十分理解を得てから各園にてセッションを実施した。セッション開始はオリエンテーション実施1か月後である。

心理特性およびセルフイメージ尺度については，セッション開始の2週間前にベースラインとして1回，セッション3終了時に1回，事後テストセッション終了時1回，計3回測定した。

(2) チェック・リスト自己評価群（ビデオなし群）

ビデオ自己評価法と同様の新援助スキルチェック・リストを使用するが，保育場面のVTRは使わず，チェック・リストのみで自己の援助スキルについて自己評価する，というセッションを2週間に1回，計3回，事後テストセッションを1か月後に1回実施した。

研修の実施方法は，初回を除いて郵送でチェック・リスト用紙をセッション

実施数日前に各人に送付し，各セッション終了後，返信用封筒で郵送してもらう形で回収した。そのため，ビデオあり群のようなオリエンテーションは実施できなかった。オリエンテーションの代わりに，初回のアセスメント送付の際，ビデオあり群に用いたオリエンテーション内容を一部修正したプリントを同封し，保育者および園長の同意を得た後，各園で初回の研修を実施した。

　送付したプリントは，各園に研修実施約1か月前に到着するように送付し，到着のタイミングを見計らい，筆者が園長または研修担当者に電話（口頭）でオリエンテーションに代わるプリントの内容を説明した。研究協力者への説明は各園の園長または研修担当者が代行した。保育者に配布したプリントの主な内容は，援助チェック・リストで「自己の保育をチェックする研修」であるという説明と，その自己評価を何回か（計4回）行う，その研修のインターバル（セッション1〜3は2週間に1回，事後テストセッションは1か月後），アンケート（心理特性および援助スキルチェック・リスト）の目的等である。援助スキルの自己評価に当たっては，VTRと同様に「自由保育場面」の保育を想起して，自己の援助スキルについて自己評価してもらうといった条件を口頭で園長および研修実施者に伝え，ビデオ群との条件の差が起こらないように配慮した。

　心理特性およびセルフイメージ尺度については，セッション開始の2週間前に1回，セッション終了時（セッション3）に1回，事後テストセッション終了時（セッション4）1回，計3回測定した。初回のセッション開始前に実施する心理アセスメント（自尊感情尺度，達成動機尺度，Locus of Control 尺度，セルフイメージ尺度）は，初回セッションで使用した新援助スキルチェック・リストとともに郵送で回収した。その後は，セッション3終了時に事後テストセッション終了時と同じく郵送回収した。

(3) 実施方法（セッション数）について

　本研究では，より多くの研究協力者を対象にし，その効果の客観化を図りたいと考えた。そこで，研究2においてセッション3までにどの研究協力者も変化する傾向があることが明らかにされていることから考えて，簡便法としてセッション数を3回，さらに事後テストセッションを1回，計4セッションで

構成された研修パッケージとして実施した。

　また，ビデオあり群とビデオなし群で，もともとの援助スキルに差が無いことを検討するために，ビデオあり群にはオリエンテーション実施2か月前に研修実施予定は知らせずに，新援助スキルチェック・リストだけで研究協力者の援助スキルの実態について測定した。その結果，ビデオあり群の援助スキルチェック・リストだけで自己評価した得点の平均値は64.44で，ビデオなし群の研修実施前に実施した新援助スキルチェック・リストによる自己評価得点と，ビデオなし群が初回セッションに実施した新援助スキルチェック・リストで測定した自己評価得点との間に差がないことが推測できた。

(4) 社会的強化について

　研究2および3では，研修実施者が研究協力者の記入した感想等について，研究協力者が良かったと記述した援助の内容について社会的強化子を与えていたが，今回は社会的強化の影響を取り除いた研修内容とし，社会的強化子が無くても効果が認められるかどうかを確認することとした。

6. 分析方法

(1) 平均値からの比較

　ビデオあり群・なし群の2群を独立変数として，自己評価得点（セッション1，セッション3，事後テストセッション），自尊感情尺度による得点，達成動機尺度による得点，Locus of Control 尺度による得点（ベースライン，セッション3終了時，事後テストセッション終了時），それぞれの平均値を従属変数として2（グループ）×3（時期）の2要因の分散分析を行った。セッションは事後セッションも入れると全部で4セッション実施しているので，自己評価得点は4回測定している。しかし，心理特性との関連を検討するために，心理特性測定に対応したセッション1の研修開始当初をベースラインとして位置づけ，セッション3終了時を研修効果の検討，事後テストセッション終了時をフォローアップ効果の検討用データとして使用し，セッション2は心理特性と対応していないため分析の対象としなかった。

　セルフイメージについては，セルフイメージ尺度を構成する現実自己および

理想自己各56項目の得点を因子別に算出した。その後，因子別の理想自己得点から現実自己の得点を減算し，差得点を算出し分析に用いた。分析方法は，他の心理特性と同様にビデオあり群とビデオなし群に分け，グループ（ビデオあり・なし）と時期（ベースライン，セッション終了時，事後テストセッション終了時）の2×3の2要因の分散分析で検討した。分析に使用したソフトはSPSSである。

分析はセッションを研究協力者内要因，ビデオあり・なしを研究協力者間要因とする混合計画で各尺度別に分析を行った。

(2) 変化量からの比較

ビデオあり・なしを研究協力者間要因としての2群を独立変数として，自己評価得点，自尊感情尺度得点，達成動機尺度得点，Locus of Control 尺度得点，セルフイメージ（各因子の理想自己・現実自己差異得点）の，それぞれの測度のセッション別変化量を従属変数として1要因の分散分析で検討した。

新援助スキル自己評価得点の変化量は，セッション3の得点からセッション1の得点を減算して得た差得点および事後テストセッションの得点からセッション1の得点を減算して求めた。この2つの差得点を変化量として分析の対象とした。

心理特性の変化量は，ビデオあり・なし別にセッション3終了時に測定した得点からベースライン時の得点を減算して得た差得点，事後テストセッション終了時に測定した得点からベースライン時の得点を減算して得た差得点の2つの差得点を変化量として分析の対象とした。

セルフイメージ各因子の理想自己・現実自己の変化量もビデオあり・なし別に，セッション3終了時に測定した現実自己・理想自己・因子別それぞれの差得点から，セッション開始2週間前に測定したセルフイメージ得点の現実自己・理想自己因子別にそれぞれの差得点を減算した得点と，事後テストセッション終了時に測定した現実自己・理想自己差得点からベースライン時の現実自己・理想自己の差得点を減算した得点の，2つの差得点を分析の対象とした。分析方法は他の心理特性と同じ1要因の分散分析である。

第3節
結果および考察

1. 結果

(1) 自己評価得点の平均値の比較

　援助スキルチェック・リストで測定した自己評価得点のビデオあり群とビデオなし群のセッション別平均値および標準偏差値が表7-2および図7-1に示されている。

　分散分析の結果，グループとセッションの交互作用が有意であった［$F(2,310)=6.211, p<.01$］。そこで，単純主効果検定をグループごと（ビデオあり・なし）で行った結果，ビデオあり群では1％水準で有意［$F(1,84)=32.374, p<.01$］であり，ビデオなし群でも1％水準で有意であった［$F(1,64)=13.977, p<.01$］。次に，単純主効果検定をセッションごとに（セッション1，セッション3，事後テストセッション）で行った。その結果，セッション1では1％水準で有意［$F(1,152)=472.357, p<.01$］であり，セッション3でも1％水準で有意［$F(1,152)=389.875, p<.01$］で，事後テストセッションにおいても1％水準で有意［$F(1,152)=532.049, p<.01$］であった。

　さらにLSD法による多重比較によれば，ビデオあり群ではセッション1とセッション終了時（セッション3），セッション終了時（セッション3）と事後テストセッション時（セッション4），セッション1と事後テストセッション時（セッション4）の得点間の平均値に1％水準で有意な差がみられた。ビ

表7-2　ビデオあり群・ビデオなし群のセッション別自己評価得点の平均値・標準偏差

	ベースライン	セッション1	セッション3	事後テストセッション
ビデオあり群 （N=86）	64.44(1.87)	117.18(1.67)	121.89(1.74)	126.88(1.78)
ビデオなし群 （N=68）	-	61.84(1.84)	69.32(1.92)	66.70(1.96)

注）（　）内は標準偏差

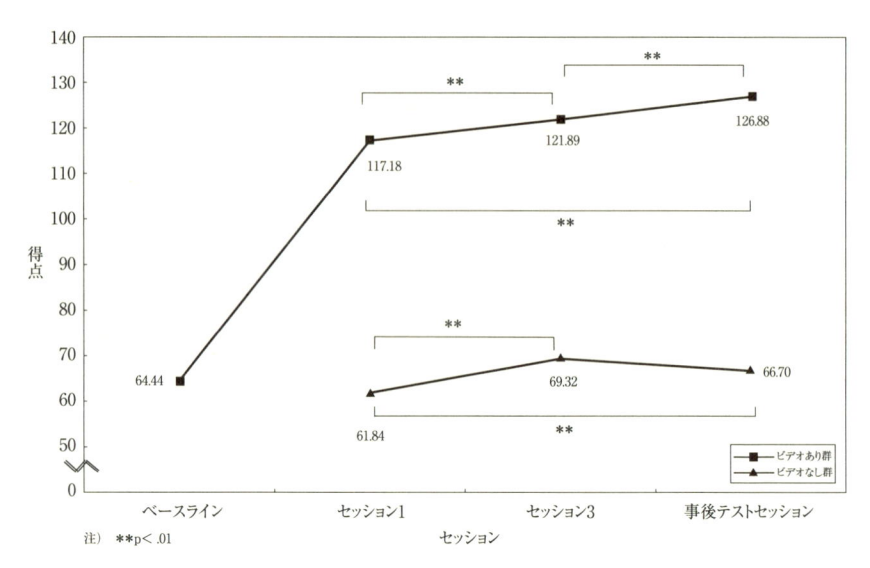

図7-1 ビデオあり群・ビデオなし群のセッション別自己評価得点の平均値

デオなし群ではセッション1とセッション終了時（セッション3），セッション1と事後テストセッション時（セッション4）における得点間の平均値にも1％水準で有意な差がみられた。しかし，ビデオなし群では，セッション終了時（セッション3）から事後テストセッション時（セッション4）にかけての得点の差は有意ではなかった（Mse=0.42, n.s.）。

　以上の結果から，ビデオによる研修でもチェック・リストのみの研修でも援助スキルが変化することがわかった。しかし，ビデオあり群の方が援助スキルの自己評価得点が研修を開始した時点ですでにチェック・リスト群よりも高く，ビデオを使う研修ということ自体で援助スキルの自己評価得点が高くなる可能性が考えられた。また，セッション終了時（セッション3）から事後テストセッション（セッション4）ではビデオあり群の自己評価得点がビデオなし群よりも上昇することが確認され，援助スキルの使用頻度が上昇するという仮説は一部支持されたといえる。

(2) 心理特性の平均値についての比較
①自尊感情・達成動機・Locus of Control

　自尊感情尺度，達成動機尺度，Locus of Control 尺度で測定したビデオあり群，ビデオなし群別，セッション開始時（ベースライン），セッション3終了時，事後テストセッション終了時のセッション別得点の平均値が表7-3に示されている。ビデオあり群では，自尊感情と達成動機で得点が増加している。しかし，それぞれの心理特性のセッション別平均値をビデオあり群とビデオなし群に分けて，セッション別に2要因の分散分析（研究協力者間，研究協力者内混合）で検討した結果，自尊感情得点の変化，達成動機得点の変化，Locus of Control 得点変化全体において，ビデオあり群とビデオなし群の平均値に有意な差は見出せなかった。

②セルフイメージ

　表7-4と図7-2～図7-5に各条件の平均値と標準偏差が因子別に示されている。

　因子ごとに2（グループ）×3（時期）の2要因分散分析を行った結果，全ての因子において交互作用は有意ではなかった。ビデオあり・なし両群の研究協力者内における時期の主効果が有意で，第1因子・力強さ因子［$F(1,155)=18.672, p<.01$］，第2因子・たおやかさ因子［$F(1,155)=13.232, p<.01$］，第3因子・陽気さ因子［$F(1,155)=5.572, p<.01$］，第4因子・真面目さ因子［$F(1,155)=14.034, p<.01$］であった。

　LSD法を用いた多重比較によれば，各条件の平均の大小関係は第1因子・力強さ因子ではベースライン＞セッション3終了時・事後テストセッション終了時（$Mse=27.362, p<.05$），第2因子・たおやかさ因子ではベースライン＞セッション3終了時・事後テストセッション終了時（$Mse=50.573, p<.05$），第3因子・陽気さ因子ではベースライン＞事後テストセッション終了時（$Mse=9.198, p<.05$），第4因子・真面目さ因子ではベースライン＞セッション3終了時・事後テストセッション終了時（$Mse=5.611, p<.05$）であった。また4因子ともにグループの主効果は無かった。

表 7-3　ビデオあり群・なし群のセッション別心理特性の平均値，標準偏差

調査時点	方法	自尊感情 平均値	自尊感情 標準偏差	達成動機 平均値	達成動機 標準偏差	Locus of Control 平均値	Locus of Control 標準偏差
ベースライン	ビデオあり群	36.04	5.51	109.70	14.47	38.04	5.75
	ビデオなし群	35.04	6.39	107.30	12.56	39.29	6.00
セッション3終了時	ビデオあり群	36.48	5.31	110.58	15.99	37.62	5.98
	ビデオなし群	35.04	5.94	108.60	15.03	39.64	6.33
事後テストセッション終了時	ビデオあり群	37.33	5.38	111.41	15.47	37.82	6.14
	ビデオなし群	35.45	6.96	109.65	14.56	39.82	6.69

表 7-4　因子別セルフイメージ差得点の平均値・標準偏差

	ビデオあり・なし群	ベースライン	セッション3終了時	事後テストセッション終了時
力強さ因子（第1因子）	ビデオあり群	14.77（9.89）	11.82（10.60）	11.17（9.60）
	ビデオなし群	14.04（10.65）	12.08（10.32）	12.52（10.45）
たおやかさ因子（第2因子）	ビデオあり群	20.31（11.77）	18.43（12.71）	17.34（11.54）
	ビデオなし群	21.53（12.22）	18.12（13.98）	18.63（13.36）
陽気さ因子（第3因子）	ビデオあり群	4.13（4.17）	3.67（4.21）	3.29（3.82）
	ビデオなし群	5.01（4.77）	4.71（4.27）	4.23（4.04）
真面目さ因子（第4因子）	ビデオあり群	4.83（4.22）	4.31（4.03）	3.89（4.10）
	ビデオなし群	5.67（4.47）	4.76（4.49）	4.60（4.14）

注）（　）内は標準偏差

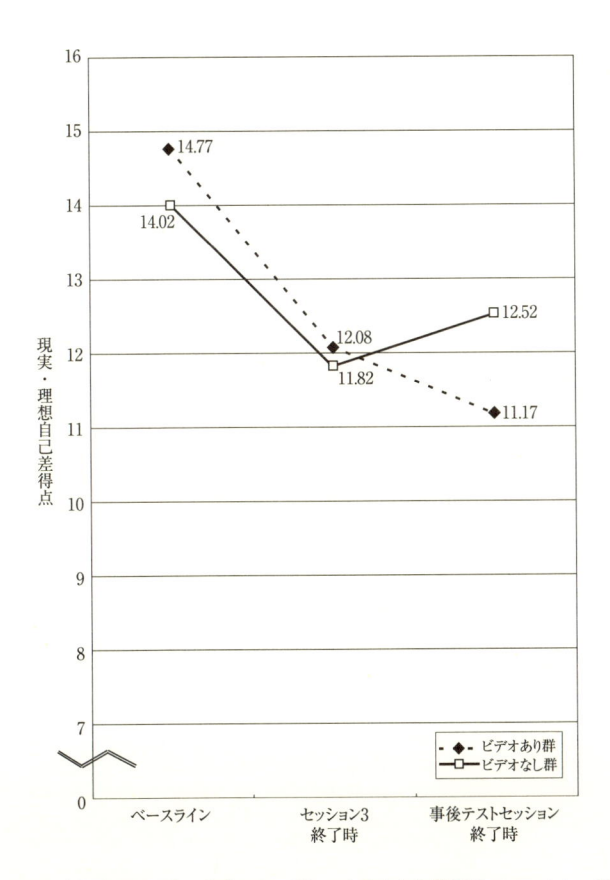

図7-2 第1因子（力強さ因子）ビデオあり群・ビデオなし群別セルフイメージ差得点変化

第3節●結果および考察

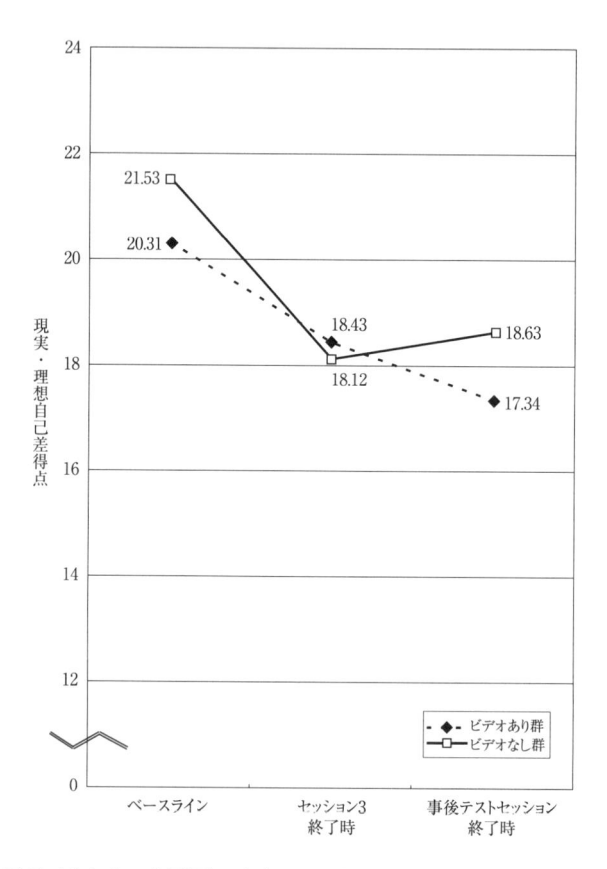

図 7-3　第 2 因子（たおやかさ因子）ビデオあり群・ビデオなし群別セルフイメージ差得点変化

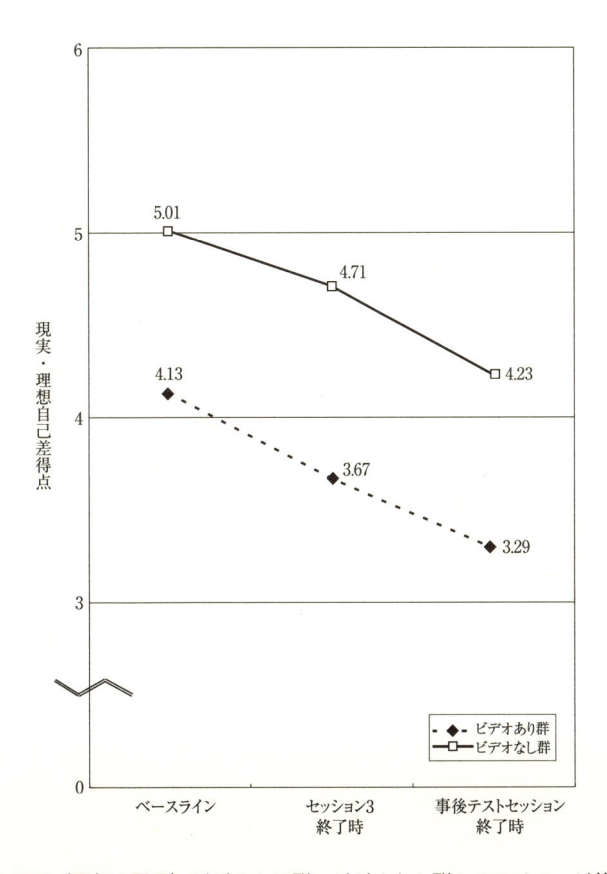

図7-4 第3因子（陽気さ因子）ビデオあり群・ビデオなし群セルフイメージ差得点変化

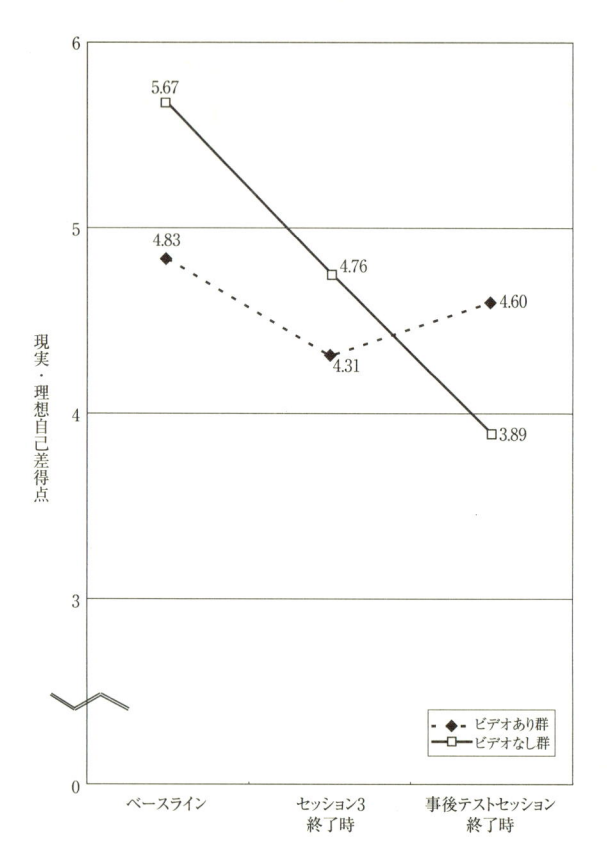

図7-5　第4因子（真面目さ因子）ビデオあり群・ビデオなし群セルフイメージ差得点変化

(3) 変化量についての比較

　援助スキルチェック・リストによる自己評価得点，自尊感情尺度得点，達成動機尺度得点，Locus of Control 尺度得点の，セッション1と3およびセッション1と事後テストセッションの差得点の平均値および標準偏差が表7-5と表7-6に示してある。

　セルフイメージ尺度による因子別のベースラインとセッション3終了時，ベースラインと事後テストセッション終了時の差得点の平均値および標準偏差が表7-7と表7-8に示してある。

　自己評価得点の変化量を従属変数としてグループの1要因分散分析を行ったところ，自己評価得点のセッション1とセッション3の差得点においてはビデオあり群とビデオなし群の差は有意ではなかったが，差得点の平均値を比較すると，得点差がビデオあり群の方が大きかった。

　また，同じく自己評価得点のセッション1と事後テストセッション時の差得点においてはビデオあり群とビデオなし群との間に有意傾向で差がみられた[$F_{(1,149)}$=3.325, $p<.10$]。その結果が図7-6に示してある。

　自尊感情尺度得点，達成動機尺度得点，Locus of Control 尺度による得点のベースラインとセッション3終了時および事後テストセション終了時における変化量にはビデオあり群とビデオなし群で有意な差が認められなかった。

　セルフイメージ尺度の因子別差得点の変化量による分析では，第1因子（力強さ因子）のベースラインと事後テストセッション終了時の差得点において，ビデオあり群とビデオなし群の差得点間に10%水準で有意な傾向がみられた[$F_{(1,155)}$=3.085, $p<.10$]。その結果が図7-7に示してある。

表 7-5 ビデオあり群・ビデオなし群自己評価差得点の平均値，標準偏差

差得点		平均値	標準偏差
セッション1・セッション3の差得点	ビデオあり群	4.70	14.60
	ビデオなし群	7.82	12.45
セッション1・事後テストセッションの差得点	ビデオあり群	9.76	15.82
	ビデオなし群	5.53	11.64

表 7-6 ビデオあり群・ビデオなし群心理特性差得点の平均値，標準偏差

差得点		自尊感情		達成動機		Locus of Control	
		平均値	標準偏差	平均値	標準偏差	平均値	標準偏差
ベースライン・セッション3終了時	ビデオあり群	0.44	3.72	0.87	9.08	-0.41	4.31
	ビデオなし群	-2.86	3.79	1.21	9.03	0.39	4.41
ベースライン・事後テストセッション終了時	ビデオあり群	1.29	3.83	1.70	11.28	-0.22	4.15
	ビデオなし群	0.40	4.72	2.35	10.20	0.52	4.35

表7-7　セルフイメージ因子別差得点のセッション間における差の平均値，標準偏差1

因子別差得点の差セッション間の差	因子		平均値	標準偏差
ベースライン・セッション3終了時	第1因子	ビデオあり群	-2.95	8.27
		ビデオなし群	-1.95	8.82
	第2因子	ビデオあり群	-1.88	12.54
		ビデオなし群	-3.40	11.54
	第3因子	ビデオあり群	-0.46	4.19
		ビデオなし群	-0.29	5.09
	第4因子	ビデオあり群	-0.52	3.85
		ビデオなし群	-0.91	4.40

表7-8　セルフイメージ因子別差得点のセッション間における差の平均値，標準偏差2

因子別差得点の差セッション間の差	因子		平均値	標準偏差
ベースライン・事後テストセッション終了時	第1因子	ビデオあり群	-3.60	6.72
		ビデオなし群	-1.52	8.13
	第2因子	ビデオあり群	-2.96	9.28
		ビデオなし群	-2.90	10.92
	第3因子	ビデオあり群	-0.84	4.19
		ビデオなし群	-0.77	4.40
	第4因子	ビデオあり群	-0.94	3.00
		ビデオなし群	-1.07	3.72

注) †p＜.10

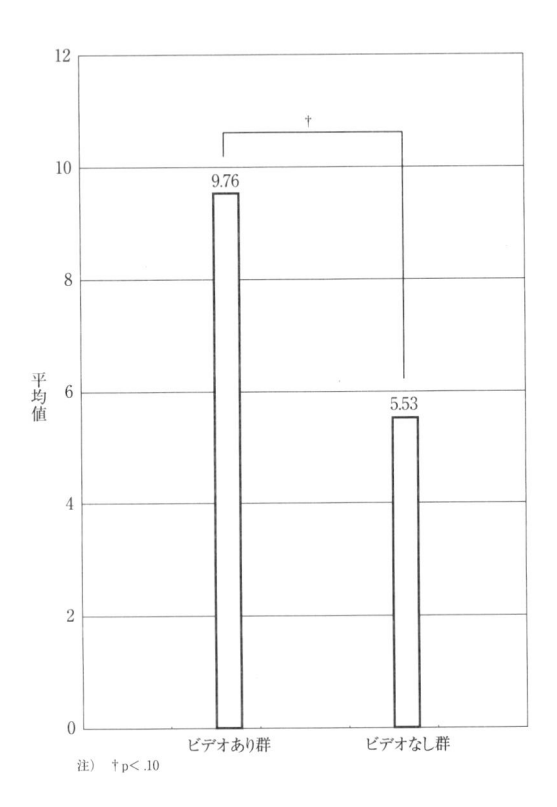

図7-6 ビデオあり群・ビデオなし群自己評価差得点の平均値の比較
　　　（セッション1と事後テストセッション）

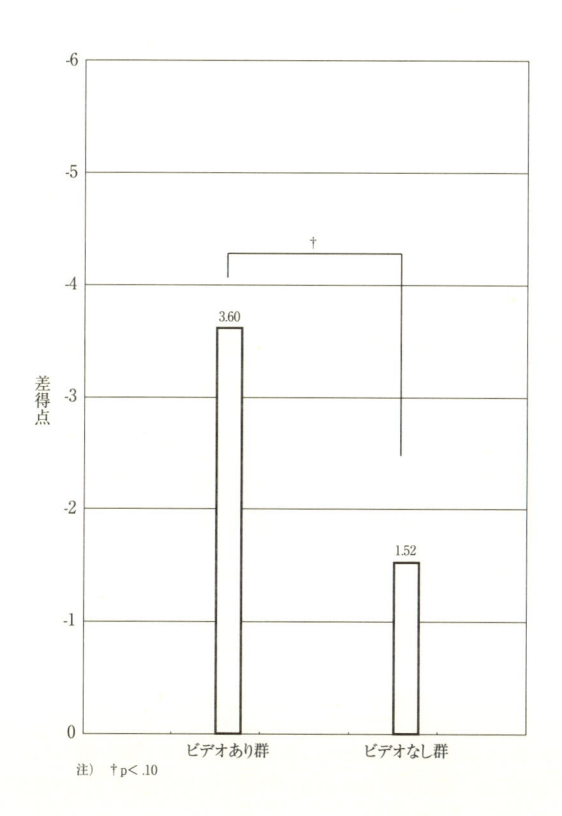

図 7-7　ビデオあり群・ビデオなし群セルフイメージ（力強さ因子）差得点の平均値の比較

注）†p＜.10

第3節●結果および考察

2. 考察

　ビデオ自己評価法とチェック・リストのみの方法の効果を検討したが，自己評価得点の平均値からの比較では，ビデオあり，ビデオなしの両群でそれぞれの単純主効果が有意であった。しかし，セッション3終了時と事後テストセッション時の自己評価得点には，2群間において有意な差が認められた。これらの結果から，ビデオを使用した群の方がセッション終了時から事後テストセッションにおいては援助スキルの使用頻度が上昇する傾向があることが確認され，仮説は一部支持された。また，この結果は，研究2においてもセッション終了時よりフォローアップ時にさらに援助スキルの頻度が上昇している結果とも対応している。

　自己評価得点の変化量（セッション終了時との得点差）からの検討では，ビデオあり群とビデオなし群のグループで有意傾向が認められた。

　ビデオあり群の方が自己評価得点の変化量が多い傾向が見られたということは，チェック・リストのみで評価するよりもビデオを使った自己評価の方が援助スキルの変化に影響を与える可能性が高いと推測することができよう。

　自尊感情，達成動機，Locus of Control の平均値の比較では，ビデオあり群となし群のグループで有意な差は見出せなかった。ビデオを使っても使わなくても，基本的な自尊感情や達成動機といった心理特性は変化しないことが示唆されたといえよう。しかし，この結果は4セッションという簡便型の研修であったためかもしれない。研修を年2回程度取り入れるなどして数年継続すれば，心理特性に変化が生じるかもしれない。

　ビデオ自己評価法は，自己の援助スキルを自己の保育場面VTRで自己評価するという研修方法であるが，自己のVTRを視聴するということは，その情報が映像を通してリアルに伝わってくるために，個人の心理特性からの影響を受ける可能性もある。その影響を配慮するためにも，個人の心理特性を研修開始前に測定し，個人差に応じた研修を進める必要もあるかもしれない。さらに，ビデオ撮影，視聴といった特別な状況への抵抗感もその効果に影響を及ぼしている可能性が考えられる。その点について，さらに検討する必要があろう。

　セルフイメージの変化では，ビデオあり・なしの両群において力強さ因子，

たおやかさ因子，真面目さ因子の3因子において，セッション3終了時，事後テストセッション終了時の現実自己得点と理想自己得点の差がベースライン時の差より小さく変化していた。これらの結果からは，ビデオを使っても使わなくても「自己評価」による研修を実施すると自己一致傾向が高まることを示唆できたと思われる。また，陽気さ因子は事後テストセッション終了時の現実自己と理想自己の得点の差が有意に低くなっていたが，セッション3終了時との関係を見出すことはできなかった。

　セルフイメージ変化量の比較では，ビデオあり群の方がビデオなし群よりも，力強さ因子においてセッション開始前に測定した現実自己・理想自己の差得点が，事後テストセッション終了時ではより小さくなる傾向がみられた。この結果から，ビデオあり群の自己一致傾向が力強さ因子においてはビデオなし群よりもやや強まる可能性が示唆された。力強さ因子は，「強い―弱い」「元気のある―元気のない」「大きい―小さい」といった動的な強さを表す形容詞対が多い。ビデオ自己評価法は，VTRを視聴することで自己の援助を動的に視覚的に捉え，自己評価することができる。そのために，力強さ因子にグループ間の傾向差がみられたのかもしれない。

　また研究2では，援助スキルの使用頻度がセッション終了時よりもフォローアップ時にさらに上昇するという結果を得ている。そして，援助スキルが自己の援助として認知され，自己評価に反映されるまでには時間を要するのではないかということが示唆されたが，セルフイメージにおいても1か月後の事後テストセッション時でその変化量の差が確認されたということは，セルフイメージの修正においてもある程度の時間を要すると推測することができる。そして，ビデオ自己評価法で研修を行うとセルフイメージにも変化が現れる可能性が示唆された。

　しかし，ビデオあり群はオリエンテーションにおいて研修実施者（筆者）が各実施対象園に赴き，説明を行っているが，ビデオなし群においては各実施対象園にプリントを配付し，その説明は園長または研修担当者が行っている。そのために，研修に対する研究協力者の動機づけに差があったかもしれない。研修について直接説明する効果についても注意深く検討する必要があると考える。

　また，本研究は保育場面についての自己評価を研修の目的としている。しか

しビデオあり群が自己評価した保育場面は，筆者が撮影した特定場面の10分間の録画VTRを使用し，ビデオなし群では，想起する保育場面を自由保育場面に限定したが，全く同じ条件の保育場面について自己評価したとは言えない。その点で，ビデオあり群の得点がビデオなし群の得点よりも有意に高くなるという結果に関係していた可能性も否めない。そのような点に考慮しながらこの結果を受け止める必要があろう。

　さらに，ビデオあり群は研修開始2か月前に援助スキルのベースラインを測定している。これは，ビデオなし群が新援助スキルチェック・リストのみで自己評価した時の得点と，ビデオ録画を使った研修をしていないビデオあり群の得点との間に差が無いことを確認するためであった。しかし，ビデオなし群にも同じ条件（2か月前に援助スキルのベースラインを測定する）を設定して，その得点を比較すべきだったかもしれない。保育現場での実験の難しさなのかもしれないが，いかに客観的視点を現場研究に取り入れて検証していくか，今後の大きな研究課題となった。

# 第8章 ビデオ自己評価法の効果に及ぼす個人要因の検討【研究6】

第1節 目的

　研究4では，ビデオ自己評価法による研修の効果について，その方法（実施回数）から検討をした。その結果，実施回数が増えると，さらに援助スキルの使用頻度が増えることが明らかにされた。そして，援助スキルの使用頻度の上昇が顕著であった研究協力者Aと，反対に援助スキルの使用頻度が最も上昇しなかった研究協力者Bの自由記述を自己認知から検討した結果，ビデオ自己評価研修を受ける研究協力者個人の心理特性が要因として関与している可能性が示唆された。

　しかし，研究5において，ビデオ自己評価法を実施したビデオあり群の自尊感情や達成動機，原因帰属といった心理特性をその変化量から検討したが，顕著な変化はみられなかった。この結果から，ビデオ自己評価法（簡便法による）を実施しても個人の基本的な心理特性は変化しにくいということが示唆された。

　それでは，どのような人がビデオ自己評価法による研修で援助スキルが変化しやすく，どのような人は変化しにくいのであろうか。研究5では変化量からその変化を検討したが，初回セッション開始前に測定した個々の心理特性の得点にはかなり個人差があった。これは，ビデオ自己評価法研修による研究協力者の自尊感情や達成動機，原因帰属の変化量は少ないが，援助スキルが変容する要因として個人の心理特性が影響を及ぼしていることも考えられる。

　以上のことから，実際どのような人にビデオ自己評価法を使った研修を実施すると効果があるのかといった個人要因をさらに詳細に明らかにする必要があ

ると考えた。
　Tesser（1980）は自尊感情モデルを提唱し，その中で自己評価に関わるものとして，「他者の遂行」「他者との心理的距離」「課題への関与」などを要因として挙げ，「個人がその課題遂行をどれくらい重視しているかが影響する」と個人の心理的な側面の重要性を述べている。溝上（1997）も梶田（1988）の外在的視点と内在的視点の概念を使い，さらに個性記述的方法と組み合わせ，多面的に自己概念を測定し，自尊感情との関連を検討している。その結果，自尊感情の高群では多くの要因に支えられて自己を高く評価しているという結果を得ている。これらの研究から，自己評価には個々の自尊感情の高低が大きく関与していることが推測できる。
　また，桜井（1987）は自己評価的動機づけ（SEM）モデルに基づいて，やる気の無い中学生の指導からその妥当性を検証している。このモデルは「刺激→認知→感情→動機づけ→行動」の枠組みから成り立っているが，このモデルをビデオ自己評価研修に当てはめて考えれば，援助行動が変化する，すなわち援助スキルが向上する背景には，感情や達成動機，認知などが関与していることが推測できる。
　佐藤（1998）は学習方略の使用と達成目標および原因帰属との関係を検討し，テストの点数の良さを能力に帰属させる者は柔軟的な学習方略を使い，努力や方略に帰属させる者は全ての方略を用いるという，原因帰属が学習方略に及ぼす影響を明らかにしている。
　以上の研究結果から，自尊感情，達成動機，原因帰属といった個々の心理的な要因をより詳細に明らかにすれば，個々の心理的な要因に配慮した研修を実施することも可能である。
　そこで本研究では，ビデオ自己評価法の効果に及ぼす個人の心理的な要因について明らかにすることを目的とする。
　特に本研究では，抵抗感の要因に対する影響を重視した。というのは，研究2および3において，研究協力者の自由記述からその抵抗感がビデオ自己評価法の効果に影響を及ぼしている可能性が示唆されたためである。また，研究5においても保育者に承諾を受けながらビデオ撮影をしたが，ほとんどの保育者が特に研修開始当初，ビデオの存在を気にして，「どのように映っていますか？」

「恥ずかしい感じですね」「緊張しますね」など，必ずビデオ撮影に対して何らかの抵抗を示していた。片野・國分（1999）は，構成的グループエンカウンターにおける抵抗の要素として「変化への抵抗」「構成への抵抗」「取り組みへの抵抗」の３つが存在することを明らかにし，グループエンカウンターのリーダーは，プログラムの構成や介入行動からその抵抗を予防する必要があると述べている。ビデオ自己評価法は，自己評価を中心として行われるという方法においてエンカウンターとは相違があるが，自己発見，自己洞察を促し，自己の気づきにより行動変容を試みるという点では，その過程で起こる抵抗感にはかなり類似点があると考えられる。

　ビデオ自己評価法は自己の保育場面のビデオを撮影し視聴するという変化に加え，自己変革を自己評価という方法で求められるという二重の変化が要求される。そのような変化やセッションの構成や研修への取り組みに抵抗が起こることは当然考えられる。

　個々の研究協力者に即した研修を進めるためには，個々の心理特性に加えて，ビデオ撮影や視聴に関する抵抗感のビデオ自己評価法の効果への影響を明らかにする必要があると考えた。

　そこで，抵抗感を軸とし，その他の心理特性との関連からビデオ自己評価法の効果に及ぼす個人要因を検討しようと考えた。

第2節
研究方法

1. 研究協力者

首都圏の保育所,幼稚園に勤務する保育者52名(有効回答52名)。
　内訳,幼稚園教諭20名(4園),保育士32名(4園)。研究5と同じく3歳以上を担当する保育者である。

2. 研修実施者

筆者。

3. 研修実施期間

1999年4月から2001年3月。

4. アセスメント

　(1) 新援助スキルチェック・リスト(研究4で検討されたチェック・リスト)

　(2) 援助スキル頻度測定チェック・リスト(研究2,3に同じ)

　(3) 自尊感情尺度(研究5に同じ)

　(4) 達成動機尺度(研究5に同じ)

　(5) Locus of Control 尺度(研究5に同じ)

　(6) 抵抗感尺度

抵抗感尺度は,山口(1994)の心理的距離を測定するスケーリングクエッション(測定範囲1〜10)を応用し,筆者が作成した。

「鏡や写真に写っている自分の姿を見た時の抵抗感を「1」と規定した場合，ビデオに写っている自分を見る時，どの程度，抵抗感をもちますか。「1」から「10」の範囲で自分の抵抗感を設定して，○をつけてください」という設問で尋ねた。さらに，尺度の内容妥当性を確認するために，心理学専攻の学生10名および心理学専攻の大学教員5名と討議した。その結果，心理学専攻の大学院生10人中9人（90％），心理学専攻の大学教員5名中4名（80％）から，抵抗感の測定可能という回答を得て，このスケールの内容妥当性が確認された。スケールの値を1～10にしたのは，ビデオ視聴という刺激に対し全く抵抗を感じないことは無いという前提で1からのスケールとした（資料11）。

5．研修内容および手続き

　ビデオ自己評価法を使い，保育者が保育場面のVTR（10分間）を見て自己の援助スキルについて自己評価するというセッションを2週間に1回，計3回，事後テストセッションを1か月後に1回，計4回実施した（研究5に同じ）。研修実施に当たり，研修実施者（筆者）が，各研修開始1か月前に研修実施予定園にてオリエンテーションを，保育者（研究協力者）を対象に約1時間行った。

　オリエンテーション実施にあたり，研修内容や研修期間についてのプリントと使用する心理アセスメントを配布し，説明を行った。ビデオ自己評価法については，配布プリントに加え，「具体的に自己の保育場面を使って自己の保育を視聴し，援助スキルチェック・リストで援助スキルを自己チェックし，自己の援助スキルの良い点やこれから改善する点などを発見するための研修方法である」という研修の目的や方法ついて口頭で説明を行った。また，援助スキルの意味（援助スキルは援助を具体的な行動で分類した保育技術であること）についても説明を加えた。質疑応答の時間も入れ，十分理解を得てから各園にてセッションを実施した。

　心理特性については，セッション開始の2週間前に1回，セッション3終了時に1回，事後テストセッション終了時1回，計3回測定した。抵抗感尺度については，VTR視聴後，援助スキルチェック・リストで自己の援助についてチェックした後，あわせて実施した。

6. ビデオ自己評価法の効果測定

　本研究では，効果測定を研究2，3と同じ援助スキル出現頻度評価から行った。出現頻度評定者は研修実施者（筆者）と研究2，3で協力を得た評定者の2名で行った。頻度評価方法は研究2，3と全く同じ方法で行った。評定一致率の算出方法も研究2，3と同じで，今回の一致率の範囲は80～84％，平均一致率は82％であった。

　研究5では，ビデオ自己評価法で研修した群と，援助スキルチェック・リストのみを使用し研修した群との比較で，各心理特性とビデオ自己評価法との関連が確認されている。その効果測定は，研究協力者が記入した援助スキルチェック・リストの自己評価得点をもとに検討した。援助スキルチェック・リストによる自己評価については評定者による頻度測定値と有意な相関があることが研究4で明らかにされてはいるが，本研究ではより客観的な視点からその効果を検討しようと考え，再度援助スキル頻度測定チェック・リストを使用して，評定者による頻度測定値を用いてその効果を明らかにしようと考えた。

7. 分析方法

　本研究では，個人の心理的な要因がその効果に影響を及ぼしているかを検討することが目的である。そこで，個人内の心理的な要因として，セッション開始2週間前に測定したベースライン自尊感情尺度の得点，達成動機尺度の得点，Locus of Control尺度の得点とセッション開始時の抵抗感得点の平均値に基づいて高群と低群に群分けをして独立変数とした。それぞれの心理特性の平均値と標準偏差値が表8-1に示されている。群分けした研究協力者の心理特性別構成は表8-2～表8-4に示されている。

　従属変数は援助スキル頻度測定チェック・リストで測定した頻度得点から算出した頻度変化量である。自尊感情の高群・低群（自尊高群・低群）×抵抗感の高群・低群（抵抗高群・低群），達成動機の高群・低群（達成高群・低群）×抵抗感の高群・低群（抵抗高群・低群），原因帰属の高群・低群（原因高群・低群）×抵抗感の高群・低群（抵抗高群・低群），2要因の分散分析を行った。これらの2要因の組み合わせについては，全ての組み合わせで相関を確認した。

その結果,抵抗感の平均値と自尊感情,達成動機,原因帰属の平均値間には有意な相関が見られず,抵抗感と心理特性は独立したものであることが確認された。

頻度変化量はセッション開始時(セッション1)の頻度得点とセッション終了時(セッション3)の頻度得点の差得点とセッション開始時(セッション1)の頻度得点と事後テストセッションの頻度得点の差得点を算出しそれぞれ分析に使用した。

差得点は,セッション3および事後セッションの頻度得点からそれぞれにセッション1の頻度得点を減算して求めた。分析方法は研究協力者間のABSタイプである。

表8-1 自尊感情・達成動機・Locus of Control・抵抗感の平均値, 標準偏差

	自尊感情	達成動機	Locus of Control	抵抗感
平均値	36.42	110.90	37.73	5.27
標準偏差	5.57	14.34	6.60	2.28

表8-2 自尊感情高・低群, 抵抗感高・低群別, 研究協力者構成

	抵抗感高群	抵抗感低群	計
自尊感情高群	9	16	25
自尊感情低群	11	16	27
計	20	32	52

(人)

表8-3 達成動機高・低群, 抵抗感高・低群別, 研究協力者構成

	抵抗感高群	抵抗感低群	計
達成動機高群	7	21	28
達成動機低群	13	11	24
計	20	32	52

(人)

表8-4 Locus of Control 高・低群, 抵抗感高・低群別, 研究協力者構成

	抵抗感高群	抵抗感低群	計
Locus of Control 高群	9	17	26
Locus of Control 低群	11	15	26
計	20	32	52

(人)

第3節
結果および考察

1. 結果

　各条件の頻度変化量（差得点）の平均値が表8-5～表8-7に示されている。
　まず，頻度変化量（ベースラインとセッション3終了時の頻度変化量，ベースラインと事後テストセッション終了時の頻度変化量）を従属変数とし，自尊感情（高・低）と抵抗感（高・低）を独立変数とする2要因分散分析を行った。その結果，ベースラインとセッション3終了時の頻度変化量を従属変数とした場合には，主効果および交互作用は有意でなかった。
　一方，ベースラインと事後テストセッション終了時の頻度変化量を従属変数とした場合には，交互作用が有意であった［$F(1,48)=3.844, p<.01$］。そこで，自尊感情別，抵抗感別のそれぞれで単純主効果の検討を行った。その結果，抵抗感の単純主効果の検定では，自尊感情高群においてのみ有意傾向で差がみられ［$F(1,23)=4.131, p<10$］，抵抗感低群が高群よりも頻度変化量が有意傾向で高かった。自尊感情の単純主効果の検定では，いずれにおいても有意な差はみられなかった。
　次に，頻度変化量（ベースラインとセッション3終了時の頻度変化量，ベースラインと事後テストセッション終了時の頻度変化量）を従属変数とし，達成動機（高・低）と抵抗感（高・低）を独立変数とする2要因分散分析を行った。その結果，ベースラインとセッション3終了時の頻度変化量を従属変数とした場合には，主効果および交互作用は有意でなかった。
　一方，ベースラインと事後テストセッション終了時の頻度変化量を従属変数とした場合には，交互作用が有意であった［$F(1,48)=3.109, p<01$］。そこで，達成動機別，抵抗感別のそれぞれで単純主効果の検討を行った。その結果，抵抗感の単純主効果の検定では，達成動機高群においてのみ有意傾向で差がみられ［$F(1,269)=3.235, p<.10$］，抵抗感低群が高群よりも頻度変化量が有意傾向で高かった。達成動機の単純主効果の検定では，いずれにおいても有意な差

表8-5　援助スキル頻度変化量（自尊感情低・高群×抵抗感低・高群）

自尊感情	抵抗感	ベースラインと セッション3終了時	ベースラインと 事後テストセッション終了時
低群	低群	12.81　(9.10)	15.87　(11.96)
	高群	13.63　(6.63)	18.09　(7.43)
高群	低群	16.37　(8.71)	22.37　(12.20)
	高群	12.66　(7.05)	11.66　(13.43)

注）（　）内は標準偏差値

表8-6　援助スキル頻度変化量（達成動機低・高群×抵抗感低・高群）

達成動機	抵抗感	ベースラインと セッション3終了時	ベースラインと 事後テストセッション終了時
低群	低群	13.81　(9.28)	15.45　(11.99)
	高群	13.23　(6.77)	17.53　(7.47)
高群	低群	15.00　(8.97)	21.04　(12.35)
	高群	13.14　(6.98)	10.85　(14.87)

注）（　）内は標準偏差値

表8-7　援助スキル頻度変化量（Locus of Control 低・高群×抵抗感低・高群）

Locus of Control	抵抗感	ベースラインと セッション3終了時	ベースラインと 事後テストセッション終了時
低群	低群	15.73　(9.19)	20.33　(10.49)
	高群	12.90　(5.48)	15.09　(5.95)
高群	低群	13.58　(8.88)	18.05　(13.99)
	高群	13.55　(8.21)	15.33　(15.19)

注）（　）内は標準偏差値

はみられなかった。それらの結果が図8-1と図8-2に示されている。
　原因帰属高・低群×抵抗感高・低群の場合，主効果および交互作用は有意でなかった。これらの結果から，自尊感情高群では抵抗感低群が高群よりも頻度変化量が高いことがわかった。また，達成動機高群でも，抵抗感低群が高群よりも頻度変化量が高いことがわかった。

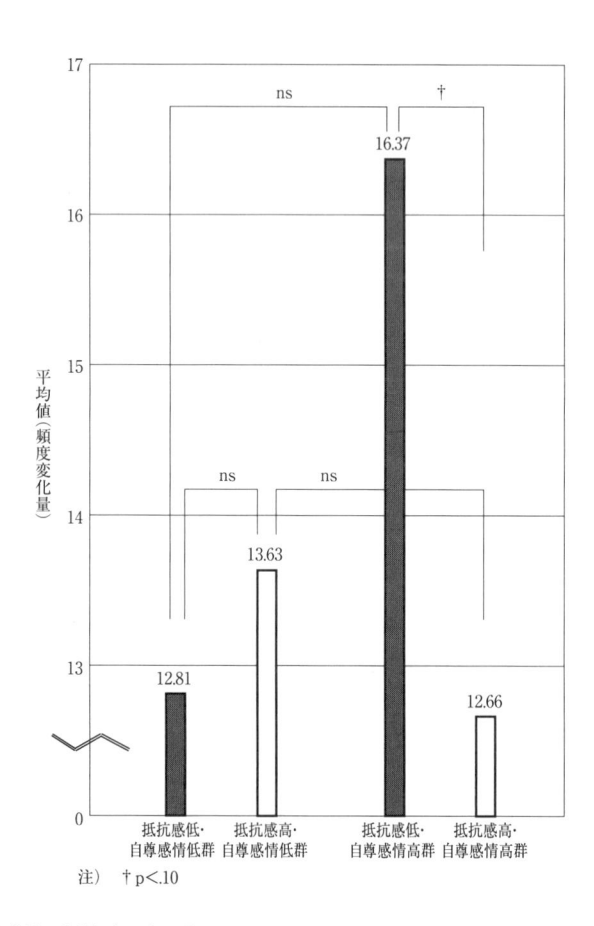

図 8-1　自尊感情と抵抗感の交互作用

注）†p<.10

（縦軸：平均値（頻度変化量））

- 抵抗感低・自尊感情低群：12.81
- 抵抗感高・自尊感情低群：13.63
- 抵抗感低・自尊感情高群：16.37
- 抵抗感高・自尊感情高群：12.66

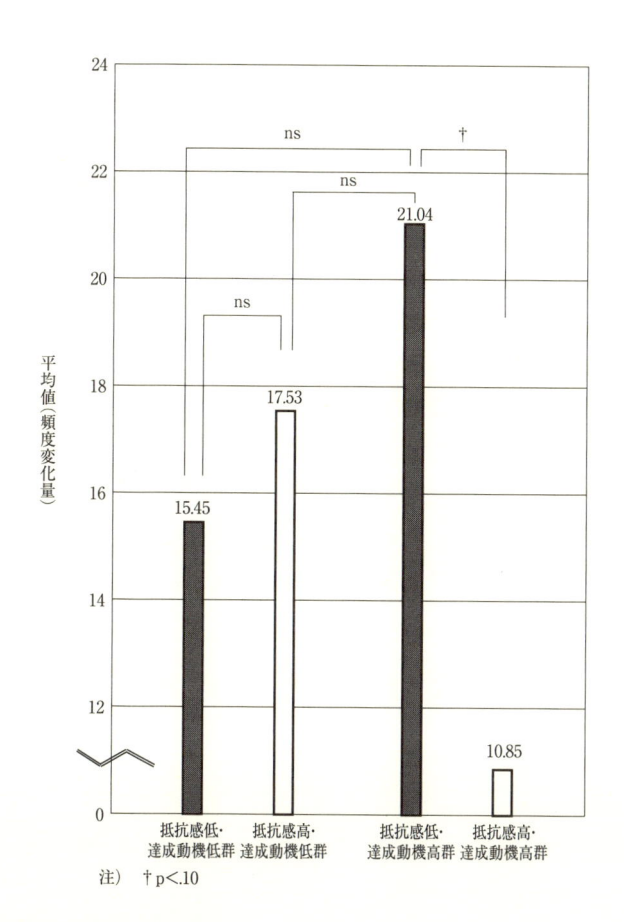

図8-2　達成動機と抵抗感の交互作用

注）†p<.10

第3節●結果および考察

2. 考察

　本研究では抵抗感という新たな要因を各心理特性と組み合わせ，ビデオ自己評価法の効果に対する個人要因の影響を検討した。

　その結果，自尊感情（高・低），達成動機（高・低）ともベースラインと事後テストセッション終了時の頻度変化量で交互作用が有意であった。そこで，それぞれに単純主効果を検討した。その結果，自尊感情高群，達成動機高群でそれぞれ有意傾向の差がみられ，抵抗感低群が高群よりも頻度変化量が有意で高かった。すなわち自尊感情の得点が高い研究協力者や，達成動機の得点が高い研究協力者で，抵抗感が低い研究協力者は頻度変化量が高い傾向がみられ，ビデオ自己評価法による研修の効果が高い可能性があることがわかった。

　また，本研究では抵抗感をビデオ自己評価法による研修の効果に及ぼす個人要因として重視してきた。研究2，3の研究協力者Bの自由記述で抵抗感について何度も記述されていたためである。ビデオ撮影やビデオ視聴に対する抵抗感が，ビデオ自己評価法における研修の効果に自尊感情や達成動機，原因帰属といった心理特性と関連しながらどの程度影響を及ぼすかが本研究の中心課題でもあった。

　そして，抵抗感を軸として心理特性と関連させながら検討した結果，自尊感情が低い研究協力者においては抵抗感の高低で頻度変化に差がみられないが，自尊感情が高い研究協力者においては抵抗感の高低で頻度変化に差がみられ，抵抗感の低い研究協力者が抵抗感の高い研究協力者よりもビデオ自己評価法研修の結果，頻度変化が大きい傾向にあった。

　また，達成動機が低い研究協力者においても抵抗感の高低で頻度変化に差はみられないが，達成動機が高い研究協力者においては自尊感情と同様に抵抗感の高低で頻度変化に差がみられ，抵抗感の低い研究協力者が抵抗感の高い研究協力者よりもビデオ自己評価法研修の結果，頻度変化が大きい傾向にあった。

　このことから，抵抗感の高さはビデオ自己評価法の効果に影響を及ぼす個人要因ではあるが，それは，抵抗感が独立して影響を与える要因ではなく，自尊感情や達成動機といった心理特性と関連してビデオ自己評価法の効果に影響を及ぼしている可能性が示唆された。

どのような人に効果があるかを決める大きな鍵は，抵抗感に加え，自尊感情や達成動機といった心理特性であることが明らかとなった。

本研究で使用した自尊感情尺度は，自尊，自己受容などを含めた，人が自分自身についてどのように感じているのかといった感じ方を自尊感情と捉え，自己の価値と能力に関する感覚，感情を測定することを目的して作成されている。本研究では保育場面のビデオで自己の援助について自己評価し，そして保育者としての自己価値や能力（援助の質等）についてどの程度，自分自身で「これでよい」と感じているかを測定したことになる。言い換えれば，保育者としての自分についてどれだけ自己を受け入れ，「これでよし」という方向に評価できるかという自己受容の程度を測定しているとも言える。

小池（1990）は自己受容のあり方が自己概念に関与し，保育行動に影響することを指摘している。そして，「一人の保育者の中に子どもと共感している部分と子どもと共感することが困難な部分が共存し，それは保育者の自己に対する態度と一致している」と述べている。本研究は，援助スキルを中心に自己評価する研修であるが，ビデオに映し出された子どもとの関わりの場面における自己の援助とその価値をどれだけ共感的に受け入れることができるか，できないかといった自己に対する態度，つまり自己受容の程度が研修の効果に影響していたとも考えられる。遠藤（1992a）は自己に対するポジティブな評価感情（自尊感情）はポジティブな自己認知と結びついていると述べている。自己に対してポジティブに評価できる者，つまり自尊感情の得点が高い者は，自己認知，つまり自己の援助に対する認知もポジティブになる可能性が高いことになる。

ビデオの撮影や視聴に関する抵抗感も，ビデオという具体的，現実的，客観的な情報を無理なく受け入れることができ，自己を振り返ることができるといった，自己受容的な態度が関与しているのかもしれない。そのため，自尊感情が高く，抵抗感が低い研究協力者の効果が顕著だったのではないだろうか。

本研究で使用した達成動機尺度は，価値ある仕事に挑戦し，それを成し遂げようとする傾向の強さを測定している。保育者という仕事にどれだけ価値を持ち，その価値に向かって，その役割を成し遂げようとする，つまりより良い援助を心がけようという研修に対する動機についても測定していたと考えられる。

保育者としての援助向上が価値あるもの，価値ある仕事として考えている傾向が強い研究協力者の得点が高かったと考えることもできる。達成動機の得点が高い研究協力者は，初めから研修に対して受容的・積極的であるため，援助スキルの頻度も上昇するという結果が得られたのかもしれない。

　以上のように，個人の要因として自尊感情，達成動機，抵抗感の3要因がビデオ自己評価法に関与している傾向があることがわかった。ビデオ自己評価法を実施し，セッションを進めるにあたり，上述の心理特性に配慮しながらさらに，ビデオに対する抵抗感の強い研究協力者にはその抵抗を除去するような，例えば，俯瞰で撮影する，撮影は同僚が行う，撮影場面を研究協力者自身が選択するなど抵抗感を低くする工夫をして，研修を実施していくことも必要であろう。

第9章 本研究の結果のまとめと今後の課題

第1節 本研究の主な結果のまとめ

　1990年の幼稚園教育要領および保育所保育指針の改訂を機に，これまでの保育のあり方が大きく見直された。

　具体的には，これまでの保育者が中心となって指導する「保育者主導型」の保育から，幼児自身が自らの成長・発達に必要な「遊び」を自分自身で展開していけるように，個人差に応じて保育者が側面から援助するという，保育の基本を根本からくつがえす改革であった。その改革の中でもとりわけ保育者の援助のあり方が重要視されるに至った。本研究はそのような保育の変革期にあって，保育現場において援助の質的な向上を図ることが急務であり，そのための新しい研修の開発が求められているという時代背景から生まれたものである。

　このような経緯から，本研究では保育者の乳幼児に対する援助の向上を図ることができる新しい保育者のための研修方法を開発し，その効果を明らかにしようと考えた。これまでも，幼稚園や保育園の保育研究会や事例検討会等で，保育記録をもとにその援助が幼児達にとって適切であったか不適切であったか，どんな援助が必要であったかなど，いくつかの角度から検討されてきた。しかし，日常の保育での援助について継続的に検討する幼稚園は少なく，援助を保育技術・技能として基本的な行動レベル，例えば「笑顔で接する」「手をとる」「うなずく」といった細かな視点から検討することは無かった。また，幼稚園教育要領や保育所保育指針の改訂を機に，保育者へのカウンセリングマインドの育成が重要であるとされ，1993年，保育技術専門講座開催に関する資料（文部省）

が示されている。しかし，カウンセリングマインドを育てるための研修は現場レベルではほとんど実施されていないのが現状であった。そこで，本研究では自分自身を振り返るといったカウンセリングの知見を生かした新しい研修を開発しようと考えた。自己を振り返る方法の1つとして，援助をいくつかの基本的な行動（援助スキル）の集合体と仮定し，自己の援助スキルを定期的に客観的に振り返る自己評価研修を開発しようと考えたのである。それがビデオ自己評価法という研修方法である。

　本研究ではビデオ自己評価法という手法で，保育者が自己の援助スキルを客観的に振り返るという研修を実施し，その効果を明らかにすることを目的とした。

　当時，筆者は幼稚園の教頭という指導的立場にあったため，3章，4章，5章は幼稚園教員を対象にした研究である。この研究は現場の保育者を対象としているため，データの確保が非常に困難であり，当初は筆者の勤務する幼稚園教員だけを対象にした事例中心の研究であった。その後，研究の客観性，一般性を高めるために，研究の対象を幼稚園教員から保育士に広げ，6章，7章，8章では新しく開発した研修方法の効果をより詳細に明らかにしようと考えた。

　新しい保育者研修を開発するにあたり，第3章【研究1】では，現場における援助のあり方や，その向上を目指す研修開発が目的であるため，実際の子どもを保育する場面で，どのような援助を保育者が行っているのかという，援助の実態（援助スキル）を明らかにすることが，これからの新しい教員研修を開発する上で重要であると考えた。

　まず，幼稚園教員が自己の保育についてどのような意識をもっているかについて自由記述してもらった。その結果，どのような保育者になりたいかという問いでは，子どもの気持ちに共感的な理解ができるといった「受け止め」や子どもへの「かかわり」に関する記述がほとんどであった。また，かかわりの中で悩む，迷う時はといった問いでは，子どもの気持ちの理解に関するもの，何かトラブルなどがあった時の援助行動のあり方に悩み，迷うものがほとんどであった。つまり，援助のあり方について迷ったり，悩んだりしている幼稚園教員が多いことが明らかになった。

　幼稚園教員の援助の実態についてもアンケートを用いてその実態を調査した。

このアンケートは3つの保育場面を想定し，その場面に5つのタイプの子どもがいた場合の援助について，つまり15パターンの状況にどのような援助を行うかという援助の内容を自由記述してもらった。その自由記述をパターン別に分類・整理した。その結果，15パターン全てにおいて，非言語・言語を含めた積極的な態度を中心とした援助が多い傾向がみられた。このことから，保育者は自分から幼児に関わることを援助として認識している傾向があることがわかった。

　さらに，援助を「援助」という言葉でひとつのまとまった行動として捉えず，いくつかの援助行動（援助スキル）の集まりと考え，場面別の援助の記述を援助スキルとして細かく分類・整理した。その結果，どの場面にも使われる援助スキルと場面固有の援助スキルがあることが明らかにされた。

　第4章【研究2】では，研究1で分類・整理された基本的な行動レベルの援助行動を援助スキルとして定義し，どの場面にも使われる援助スキルと場面固有の援助スキルを使用頻度の高いものから配列して「援助スキルチェック・リスト」40項目を作成した。作成した援助スキルチェック・リストを使い，援助スキル変容に及ぼすビデオ自己評価法の効果を明らかにすることを目的とした。

　まず，6名の幼稚園教員にビデオ自己評価法を5回，それに加えフォローアップセッションを1回，計6回（6セッション，以下セッションと呼ぶ）実施し，その効果を検討した。効果測定は研究協力者が視聴したのと同じVTRを筆者が視聴し，援助スキル頻度測定チェック・リストを用いて援助スキルの使用頻度を測定した。その結果，援助スキルの使用頻度増加には個人差はあるものの，どの研究協力者もセッション2から3で急激に頻度が増加し，その後，徐々に増加していた。研修終了1か月後のフォローアップにおいてさらに頻度が上昇し，援助スキルの使用頻度が増加するというビデオ自己評価法の効果が明らかにされた。また，使用頻度が上昇する援助スキルには特徴があり，変化しやすい援助スキルと変化しにくい援助スキルがあることがわかった。

　さらに，研究協力者が自己評価した時の援助スキルチェック・リストで測定した自己評価得点，セルフイメージの変化および自由記述の内容の変化から，ビデオ自己評価法の効果を明らかにしようとした。

自己評価得点の変化は研究協力者によって得点の揺れは認められたものの，使用頻度のように顕著に増加するといった結果は得られず，援助スキルチェック・リストの自己評価得点そのものの変化からは，その効果を明らかにすることはできなかった。ビデオを視聴した後，自分の援助スキルがあるかないかの2件法による評定であったため，援助の量的な変化までは自己評価できなかった。しかし，セッション2から3にかけて頻度得点が上昇した結果に対応して，自己評価得点においても同じような変化がみられ，変化の特徴からその効果を明らかにすることはできた。

　幼稚園教員のセルフイメージについては，井上・小林（1985）による形容詞対56項目からなるSD法で現実自己・理想自己という2側面の得点の推移から，その変化とビデオ自己評価法との関係を検討した。手続きはビデオ自己評価法開始前のセルフイメージ尺度の得点をベースライン得点として，5セッション終了後に同じ尺度を使い効果測定を実施した。さらにセッション終了時から約1か月後に，フォローアップ時のセルフイメージについても測定した。その結果，6名中4名は得点の開きが小さくなる傾向が見られたが，変化は一様ではなく，非常に個人差が大きく，得点の変化だけではセルフイメージの具体的な変化の様子や個人差について明らかにすることはできなかった。

　自由記述は研究協力者別，セッション別にその記述内容をまとめた。その結果，セッションを重ねるたびにその記述量も内容も変化はみられたが，個人差が大きく，研究協力者が6名ということもあり，個別への対応のあり方，セッション数，実施時期など今後の検討課題が明らかになった。

　第5章【研究3】では，研究2に引き続き同じ幼稚園で，年齢や経験年数といった条件が同一の4名の保育者に絞り1年間研修を実施して，セッション数による効果の違いを明らかにすることを目的とした。

　その結果，研修2年目に入り，研究協力者4名とも援助スキルの使用頻度はさらに上昇し，ビデオ自己評価法は継続して実施し，実施回数が増えると効果が高まることが示唆された。

　さらに，研究2で使用した井上・小林（1985）による形容詞対56項目からなるセルフイメージ尺度の因子構造を明らかにし，セルフイメージの現実自己・理想自己，因子といった側面からその効果を明らかにしようと考えた。

保育者のセルフイメージの因子構造を明らかにするため，保育者（幼稚園教諭・保育士）200名を対象にセルフイメージ尺度をアンケート方式で郵送，回収した。有効回答198名のデータを主因子法，VARIMAX回転により因子分析を行った。その結果，現実自己・理想自己共に解釈可能な4因子が抽出された。第1因子は「力強さ因子」と命名した。この因子は保育者の強靭性や積極性を表している。第2因子は「たおやかさ因子」と命名した。この因子は保育者の情緒安定性や柔軟性を表している。第3因子は「陽気さ因子」と命名した。この因子は保育者の活発性，明朗性を表している。第4因子は「真面目さ因子」と命名した。この因子は保育者の誠実性や安定性を表している。

　セルフイメージ尺度（研究2に同じ）を用いて，研修開始1週間前に1回，夏季休業前に1回，2学期開始前に1回，研修終了時に1回，フォローアップ終了後に1回，計5回測定した。そして，明らかにされた4因子を用いて得点を研究協力者別・因子別に整理した。その結果，現実自己の第1因子（力強さ因子）では，研究協力者4名のベースラインにおける得点の範囲は42〜74と各人に得点の開きがあったが，フォローアップ時には49〜65と得点の開きが小さくなっている。第2因子（たおやかさ因子），第3因子（陽気さ因子），第4因子（真面目さ因子）も得点の開きは因子によって異なるが，開きが小さくなる傾向は同じであった。理想自己においては，4名の得点の開きからはあまり顕著な変化はみられなかった。しかし，開きは変わらないが得点そのものが4名とも下降しており，特に第3因子（たおやかさ因子）は，4名とも顕著にその得点が下降していた。つまり，たおやかさ因子の表すやさしさや柔軟性について，ビデオを視聴することで理想とするイメージが修正されたことを意味している。これらの結果はあくまでも各因子における研究協力者の得点の推移だけで検討した結果であるが，因子によって変化が違うこと，そしてビデオ自己評価法によってセルフイメージに変化が起こる可能性は示唆できたと考える。

　また，効果をより詳細に検討するために，収集した自由記述を記述内容の質的変化（認知傾向の変化）から明らかにすることとした。研究2の6名の研究協力者の中から，援助スキル使用頻度が最も増加した研究協力者Aと最も増加しなかった研究協力者Bを選び，自由記述の内容を分類・整理して認知傾向を検討することとした。分析方法は，「表情」「言語」「動き」の3カテゴリー

を設け，さらに「今後は……」「……していきたい」といった将来への言及というカテゴリーと，「……について改善したい」「もっと……工夫して」といった動機づけを示唆する記述について動機づけカテゴリーの5カテゴリーを設け，記述内容の分類・整理を行った。カウントされた記述数を変数として整理し，2人の研究協力者を比較した。その結果，研究協力者Aは研究協力者Bよりも研修当初から記述量が多く，認知においても「表情」「言語」「行動」「動機づけ」の4カテゴリーでも認知の出現が多かった。しかし，「将来への言及」は研究協力者BがAよりも出現が早く，出現頻度も高い傾向がみられた。研究協力者Bは「……のようになりたい」「……のようにしていきたい」といった，なりたい自分が先行していたと考えられる。また，研究協力者Bはビデオを撮られることに抵抗感をかなり強く持っており，その記述が研究協力者Aより多かった。研修の効果を妨げる要因として，もともともっている個々の心理特性，例えば達成動機や自尊感情といった態度の感情成分や，原因帰属などの態度の認知成分が影響していることが推測された。

　また，設定した4カテゴリーの中で，「表情」や「行動」カテゴリーでは変化が現れやすいが，「言語」カテゴリーは変化しにくい傾向が見られた。ビデオで自己評価する研修であったため，映像で捉えやすい情報が自己評価に影響を与えていることが推察された。

　第6章【研究4】では，研究2，研究3で使用していた援助スキルチェック・リストの評定方法の改定を行った。これまでは援助スキルチェック・リストの項目を「ある」「なし」の2件法で自己評価する方式であったため，援助スキルの量的な変化はそのチェック・リストからは捉えにくかった。そこで，チェック・リストの改定を試みることとした。新援助スキルチェック・リストは「ある」「なし」の2件法から「やっていない」から「よくやっている」までの4件法に修正して，援助の量的な変化について自己評価できるように改定し，従来の使用頻度測定との相関を検討した。その結果，高い相関が得られ，新援助スキルチェック・リストで従来行っていた使用頻度から効果測定するのと同じように，新援助スキルチェック・リストの得点を変数として効果が測定できることが明らかになった。

　第7章【研究5】では研究2，3で推測された心理特性とビデオ自己評価法

の効果との関連からビデオを使うという方法の効果について明らかにすることを目的とした。そこで，ビデオ自己評価法を実施した群をビデオあり群として，ビデオを使わずにチェック・リストのみを使い自己評価研修をする群をビデオなし群として設定し，新援助スキルチェック・リストによる自己評価得点や基本的な心理特性の変化量の違いを検討して，ビデオを使う研修の効果の違いを明らかにしようと考えた。

　事例研究から一歩進め，より客観的なデータを収集しようと考え，これまでより多くの研究協力者を対象とした。セッション数は，これまでの研究（研究2ではビデオ自己評価法を6セッション，研究3では11セッション実施）でセッション2から3が大きな変化期ということが明らかにされている点と，誰でも実施できる研修パッケージの開発という2点の理由から，3セッション，それに加え事後セッションを1セッション，計4セッションという簡易型の研修でその効果を検討することとした。

　その結果，ビデオあり群の援助スキルチェック・リストによる自己評価得点がどのセッションにおいても高い傾向がみられた。またセッション1から事後テストセッションにかけてビデオあり群の方が段階的に得点が上昇するという変化がみられ，研修の効果が顕著であった。

　さらに，自尊感情尺度，達成動機尺度，Locus of Control 尺度を用いて心理特性を測定した。そして各尺度得点の変化量を分散分析した結果，各心理特性の変化とビデオ自己評価法の効果との関連は認められなかった。このことから，ビデオ自己評価法は心理特性への影響が少ないことが確認された。

　セルフイメージの変化についてもビデオあり群とビデオなし群を比較した。セルフイメージ尺度は研究2，3と同じである。各人の因子別理想自己得点から因子別現実自己得点を減算した開きの得点（差得点）を算出し，セッション（セッション開始前のベースライン，セッション3終了後，事後テストセッション終了後）とグループ（ビデオあり・なし群）の要因から分散分析を試みた。その結果，セッションの主効果が有意であった。ビデオあり群では第1因子（力強さ因子），第2因子（たおやかさ因子），第4因子（真面目さ因子）において，ベースラインの差得点よりセッション3終了時，事後テストセッション終了時の差得点が有意に下降していた。つまり，この3因子においてビデオ

あり群もなし群においても自己一致傾向が強まる傾向が示唆された。

　さらに，セルフイメージの変化量からその効果を明らかにしようと考えた。変化量は因子別の理想自己差得点から現実自己差得点を減算し，算出した。分析対象としたデータはビデオ自己評価開始2週間前に測定したベースラインとセション3終了時の変化量，ベースラインと事後テストセッション終了時の変化量である。その結果，力強さ因子でベースラインと事後テストセッション終了時の変化量にビデオあり群となし群のグループ間に有意傾向が見られた。

　このことから，ビデオ自己評価法を使い研修を実施すると，力強さに関するセルフイメージが変化する可能性が示唆された。

　第8章【研究6】では，ビデオ自己評価法の効果に及ぼす個人要因に関して検討を行った。研究5では，ビデオを使った群の自己評価得点が上昇することが確認され，ビデオを使う方が効果があることが確認されている。また，心理特性の変化については顕著な変化がみられないことがわかったが，自尊感情や達成動機といった心理特性がビデオ自己評価法の効果に影響を及ぼしている可能性が示唆され，このことは，研究3の自由記述の分析からも推測されている。そこでこれらの結果から，どのような人にビデオ自己評価法を使った研修をすると，どのような効果があるのかを明らかにする必要があると考えた。また，研究3において，ビデオ撮影や視聴に対する抵抗感がその効果に影響を及ぼしていることが推測されており，研究6では特に抵抗感の要因を重視し，その他の心理特性との関連からビデオ自己評価法の効果に及ぼす個人の要因を明らかにすることを目的とした。使用したアセスメントは自尊感情尺度，達成動機尺度，Locus of Control尺度，新援助スキルチェック・リスト，抵抗感尺度で，研究2，3と同様の方法で頻度測定からその効果の差を検討した。抵抗感尺度は山口（1994）の心理的距離を測定するスケーリングクエッションを応用して筆者が作成した。研修内容と手続きは，ビデオ自己評価法を研究5と同じ簡易型で実施した。心理特性については，セッション開始2週間前1回（ベースライン），セッション終了時1回，事後テストセッション終了時1回，計3回測定した。抵抗感尺度はビデオ視聴後，毎回測定した。分析方法は抵抗感得点を高群・低群に群分けし，自尊感情等の心理特性も同じように2群分けし，頻度得点の変化量から分散分析を行った。その結果，自尊感情が高く抵抗感が低

い研究協力者と，達成動機が高く抵抗感が低い研究協力者の交互作用が有意であった。そこで，単純主効果を検討した結果，自尊感情の高群と達成動機の高群の主効果が有意という結果を得た。このことから，ビデオ自己評価法による研修の効果に及ぼす個人要因として，自尊感情や達成動機といった心理特性が関与することが明らかとなった。

　以上が，実証的検討の主な結果である。研究全体を通して得られたこれらの成果については，次節で検討する。

第2節 全体的な観点からの考察

1. ビデオ自己評価法の効果

本研究を通して見出された保育者の援助向上のためのビデオ自己評価法の効果について総合的に検討する。

(1) 援助スキルの頻度が上昇する

まず，ビデオ自己評価法を使い研修を実施すると，研究3，4でも示したように，援助スキルの使用頻度が上昇するという結果が得られた。ビデオ自己評価法は援助スキルチェック・リストを使い，自己の援助について援助スキルという基本的な行動レベルでチェックし，点検する方法である。そのために，援助を細かな行動視点から点検でき，その視点から振り返ることができるために，目標とする行動の目安が立てやすく，それを行動に移す際に行動が具体的にイメージしやすいという利点があったと考えられる。

その結果，援助スキルの使用頻度を上昇させるという研修効果が得られたのではないだろうか。援助という言葉は子どもへのかかわり方一般を指し，援助を改善するといっても漠然として，改善点が見出しにくいという課題があった。

ビデオ自己評価法のように，援助スキルチェック・リストという行動目安が示されたこと，さらにVTRという具体的で客観的な情報が呈示されたことが，援助スキルの使用頻度を上昇させたものと思われる。

頻度変化の特徴として，セッション2からセッション3にかけて頻度得点が急増するという結果が得られたが，これはビデオ自己評価法の内容や援助スキルチェック・リストの援助スキル項目の意味がわかり始め，自己の援助を技能・技術として意識し始めたためと考えられる。

さらに，フォローアップ時にかなり頻度得点が上昇しているが，これはセッション時に意識化された援助スキルが，その後，実際の保育の中で繰り返し想起され，次第に自己の援助スキルとして使用できるようになり，さらに，身に

ついた援助スキルを自己の援助として，客観的に自己評価できるようになり，それが頻度得点の上昇という結果につながったと推測された。援助スキルが実際の自分の援助として身につくのに，1か月というある程度の時間がかかることを意味しているとも言える。

また，このフォローアップ時の現象を別の視点から考察すれば，ビデオ自己評価法はセッションを重ねることで援助スキルへの意識を高め，その結果その効果を高めるが，自己の援助スキルが技能・技術として身についた形で自己評価され，得点の上昇という結果として現れるには，ある程度の時間を要するということも言えるであろう。これは研究4の，実施回数が増えればさらに援助スキルの使用頻度が増加するという結果からも推測できることであろう。

援助スキルの頻度変化の特徴で，よく変化する援助スキルはもともとよく使う援助スキルで，あまり使われない援助スキルは変化しにくいということがわかった。そのためにも，あまり変化しない，しにくい援助スキルについては個々の意識を高めるために，研修中，個別に面接するなどの工夫をして，その援助スキルについて意識を高め，自らが意図的に高めようと努力できるような問題のスキルだけを取り上げ，意識的にトレーニングするといったソーシャルスキルトレーニング的なアプローチも必要なのかもしれない。

また，研究協力者によって使用する援助スキルが違うことが今回の研究で明らかにできた。個々の保育者に合わせて目標とする援助スキルを絞り，自分が担当している学年（年齢）の子どもの発達を援助するために必要な援助スキルを選定しながら，援助を向上させるための研修計画を立てることも可能であろう。

(2) 変化には個人差が大きい（自由記述における認知変化からみた効果）

研究3では研究2で検討した研究協力者2名の自由記述内容を援助への認識（認知）の変化という視点から検討した。その結果，ビデオ自己評価法の効果が顕著だった研究協力者Aは「表情」「行動」「言葉」のどのカテゴリーでもその記述数が多く，あらゆる側面から自己を積極的に振り返ることが可能であったと考えられる。反対に研究協力者Bはどの認知も少なく，記述内容にビデオ撮影に対する抵抗を示す言葉が多くみられた。その根底には，この研修

へのレディネス，研修方法であるビデオ撮影，自己のビデオ録画の視聴といった研修そのものへの抵抗感が関与していることも考えられる。ビデオという直接的な情報を扱う場合，特にその抵抗にも配慮が必要であろう。

片野・國分（1999）は，構成的グループエンカウンターにおける抵抗の要素について検討し，抵抗の3要素を抽出している。そして，「これらの，抵抗の要素の存在をあらかじめ知っておき，プログラムの構成や介入行動からその抵抗を予防する，参加者の前向きなレディネスを作ることが必要である。」と述べている。ビデオ自己評価法は構成的グループエンカウンターとは個人とグループという点で方法が異なっているが，自己発見，自己洞察といった自己の気づきにより自己成長，つまり行動変容を試みるというねらいから考えれば，いくつかの類似点があると思われる。そのため，ビデオ自己評価法のように映像を使い，自己への直接的刺激を研修の材料とし，自己の内面にまで迫る研修方法は，その受け止め方の個人差も大きく，抵抗感や緊張についても研修実施者の予測を超える場合が考えられる。そのためにも，個々の抵抗感やこの研修へのレディネスを十分に配慮して研修を開始，進めていくことがより効果を高めるためには必要であろう。

また，カテゴリー別の変化の特徴では「表情」「動き」カテゴリーは研修の前半に変化しやすく，「言語」は研修の後半に変化しやすい特徴があった。これにより，ビデオ録画から自己評価する研修であるため，ビデオの映像から入手しやすい「表情」「動き」といった情報から取り入れられている可能性が明らかになった。この結果から，「言語」のような映像を手がかりに認知するのに時間がかかる情報については，ビデオ録画のみに頼らず，保育場面での子どものつぶやきを収集し，そのつぶやきに対応した保育者の援助を目的とした言葉かけを記録し，ビデオ録画と対応させながら，映像，文字による記録の両面から検討するといった，言語の記述による視覚的認知のしやすさも考慮しながら研修を進めていく工夫が必要であろう。

(3) 効果には心理的な要因が関与している

研究5から研究7では，ビデオ自己評価法の効果に及ぼす要因の検討を行った。その要因として，研究3で問題とした個人の心理特性がビデオ自己評価研

修にどのような影響を与えるのか，効果に影響を及ぼす要因となりうるのかを検討した。

　Rosenberg（1965）は，自己概念は，態度に対する感情成分と態度に対する認知成分から成り，自尊感情は態度に対する感情成分だと説明している。この考え方を引用すれば，本研究で得られた，自尊感情や達成動機といった自己概念を構成する態度の感情成分の研修前のベースラインの状態（得点）の高低が，ビデオ自己評価法による研修の効果に影響を及ぼすことが明らかにされたとも言えるであろう。

　遠藤（1992a）は，自己に対する全体としてポジティブな評価感情（自尊感情）と自己認知は密接な関係にあると言及している。つまり，ビデオ自己評価法のような自己評価研修においては，自己へのポジティブな評価感情である自尊感情や達成動機と自己認知は，この結果からも密接な関係があることが明らかにできたと考える。

　また，自尊感情の高群が研修後自己評価得点も高くなるという結果が得られている。溝上（1997）は，自己評価の規定要因とSelf-esteem（自尊感情）との関係を，特に最近注目されている個性記述的観点を考慮する方法で検討したが，その結果Self-esteem高群は多くの要因に支えられて自己を高めており，そのことは外在的視点による規定要因の選択個数の多さ，内在的視点による規定要因の表出のしやすさとしてあらわれたと言っている。

　ビデオ自己評価法における自尊感情の高群が研修後の自己評価得点が高くなる結果が得られたのも，溝上（1997）のいう外在的視点による選択個数の多さ，つまり援助スキルチェック・リストの項目への評価の高さ，得点の高さと読み取ることができないであろうか。

　以上のことから，ビデオ自己評価法のような自己理解，自己洞察を伴う研修の場合，その個人がどの程度自分自身の姿や状態を受け入れられるかといった心理状態によって，結果が違ってくるのは当然であろう。ビデオ自己評価法は個人の内面にまで影響を及ぼす研修方法であるということが，心理特性の高低がその効果に影響しているということからも推察できる。

(4) 方法の違いについて（ビデオを使う意味）

　第7章で，ビデオを使用するという方法についてビデオ自己評価法の効果に及ぼす要因から検討を試みた。その結果，ビデオを使った自己評価研修，つまりビデオ自己評価法による研修群（ビデオあり群）は，同じセッション数で実施したチェック・リストのみの自己評価研修を受けたビデオなし群よりもセッションを重ねる度に自己評価の得点が高くなった。

　中島（1996）は「映像を学習場面で併用すると学習成績が良くなるという学習促進効果（mathemagenic effects）の存在が確かめられている」と述べ，ビデオをはじめとした映像の学習効果について指摘している。自己を振り返る方法として，ビデオは客観的に自分の姿を見直せるという良さがあり，自己学習を促進する可能性を持っている。

　近年，保育者の援助のあり方が問われるようになり，首都圏のある保育所ではいくつかの保育場面を設定し，自己の援助を自己評価できるようなチェック・リストを作成し，学期末や年度末といった機会を利用して実施しているが，本研究で実施したチェック・リストによる自己評価（ビデオなし群）はその研修に相当するであろう。

　本研究の結果では，ビデオを使用した自己評価研修群とチェック・リスト自己評価研修群の両群で，ベースライン時からセション3終了時の平均値が有意に変化するという結果を得ている。つまり，ビデオ自己評価法でもチェック・リストのみの自己評価でも援助スキルチェック・リストで自己評価すると研修の効果がある可能性は示唆された。しかし，本研究ではビデオあり群のみ，セッション3終了時から1か月後に実施された事後テストセッションで援助スキルチェック・リストによる自己評価得点がさらに上昇するという結果を得て，ビデオ自己評価法は自己評価得点が段階的に変化するという研修の効果が確認された。また，自己評価得点の変化量においても，ビデオ自己評価研修の群がセッション3終了時から事後テストセッション終了時に特に効果が現れることが明らかとなった。

　以上のように，ビデオ自己評価法はチェック・リストのみで自己評価するよりも持続的に自己評価を促す方法であることが明らかにされたと考える。

(5) セルフイメージの変容について

　第7章ではセルフイメージの変化からビデオ自己評価法の効果を明らかにしようと考えた。当初の研修ではセルフイメージ尺度を現実自己・理想自己の2側面からその差異でその変化を捉えようとした。個人差が大きく変化が顕著な者もいたが，差異だけではビデオ自己評価法の効果を明らかにすることはできなかった。

　しかし，セルフイメージ尺度を因子分析し，因子ごとの変化から検討した結果，セッションの主効果が有意で，陽気さ因子を除いてほとんどの因子の差得点，つまり現実自己と理想自己の差が小さくなることが明らかになり，ビデオ自己評価研修でもチェック・リスト自己評価研修でもセッションを重ねるとセルフイメージが変化することが明らかになった。この結果から，自己評価研修はセルフイメージに変化を及ぼす可能性があることがわかった。さらに，セルフイメージの差得点の差（変化量）では，力強さ因子においてビデオ自己評価による研修をした群が得点の差が小さくなる傾向がみられ，自己一致傾向が高まることが明らかとなった。

　Rogers（1942）は，理想自己と現実自己の差が小さいほど適応的であると論じている。しかしその後，遠藤（1992a, 1992b），Moretti & Higgins（1990）らは理想自己・現実自己の差異だけではなく，自己認知における各次元の重み付けや，個人が各次元でどのようにその価値を強め，認めて，肯定的に認知しているかが，自己評価の高さにつながると指摘している。セルフイメージの変化において，チェック・リストのみで行う研修よりもビデオ自己評価法の方が力強さ因子について変化する可能性が示唆されたのは，ビデオという映像が形容詞対から想起されるイメージを容易に検索，修正でき，より具体的で客観的な情報を提供していたためではないかと考えることができるであろう。

　本研究では56項目からなるセルフイメージ尺度を因子分析し，検討して，因子によって変化の度合いが違うことを見出した。ビデオ自己評価法で変化しやすい因子に関してはこの研修方法を活用し，変化しにくい因子についてはその変化が保育に必要な場合は個別にカウンセリングを試みるなどの工夫が必要であろう。

2. ビデオ自己評価法の意義

　幼稚園教育要領および保育所保育指針の改訂を経て，従来の保育者のあり方が問われ，21世紀に向けての新しい教育方法が呈示された。この改訂に伴い保育者の質的な向上が望まれ，保育者の「カウンセリングマインド」の必要性が叫ばれるようになり，保育者研修の方法が模索されてきた。しかし，カウンセリングマインドといった個人の内面にまで迫る研修の開発，研究には時間がかかり，幼稚園教育要領改訂当初は十分とは言えない状況であった。

　そこで本研究では，まず幼稚園教員を対象に幼児と保育者の関わりに焦点を当てて，援助の実際について調査をした。

　筆者も長年にわたり，幼稚園の教頭として保育者の資質向上を図ろうと研修の企画を担当し，実施してきた。しかし保育者は，ともすると自分のクラスという閉鎖的な社会の中で，保育者を評価したり，保育者に対して積極的に反抗したりすることが少ない幼児を対象に圧倒的な権限を持ち，自分が正しいと思った保育を意のままに展開しやすく，その保育について客観的な評価が得難いという現状が少なからずあった。援助についての研究会を行い，そのあり方を話し合っても，自分のクラスに入ってしまえば，その研修で学んだことが本当に生かされているのか，第三者が確認することはできない現状がある。

　また，保育者も幼児を指導する立場にあるために，他者から自分の指導の良し悪しを助言されたとしても，その助言を全面的に受け止め，自ら変わろうとするのにはかなりの努力を要することも確かである。また，自分一人がリーダーであり，その行動を修正するためのモデルがクラス内には存在しないために，自己の行動パターンが修正されにくい点もあった。そんな現状から，自分の保育について他者から注意を受け，予想以上に自信を無くしたり，他者からの助言に防衛的になったり，他者から言われたことだから修正したくなくなるといった他者評価のバイアスの働きを取り除き，より客観的，具体的に評価し，修正できる方法は無いものかと思索し，ビデオ自己評価法を試みるに至った。

　この方法は自分の長所も短所も自分自身が認め，自分自身で自己変革目標が立てられる点で，他者から注意を受け，傷ついたり，やる気を失ったりといった心理的な損失を最小限度に抑え，さらに自分なりに変化していける余地を与

えた点で心理的な負担を軽減できたことは意義あることと思う。

　新井（1998）は子どもの自己決定に関する発達研究で，小学生から高校生を対象に，自己決定から予想される発達的意義，自己決定の実態，学習意欲の発達との関連などを検討している。その結果，賞罰による学習意欲よりも自己決定による学習意欲の方が自律性を高めるという点で意義があるという結果を得ている。また，自己決定は自尊感情や達成動機なども高める可能性を持っていることが示唆されている。

　本研究は対象が児童，生徒ではないが，自分の援助スキルの現状をVTRで確認し，どの援助スキルから修正するのか，どの援助スキルを向上させるのかなど，自己の判断が大きく作用する研修である。つまり，自己評価研修は，自己決定を伴う研修と言い換えることもできるのではないだろうか。

　成人であっても人間はそのライフステージで常に成長し続けるものであろう。本研究は，保育者の援助技術の質的な向上を図ることが目的ではあったが，これも人間としての成長過程の一部と考えれば，「自分で決めて，自分で変わる」というように自己決定の要素を多く含んだビデオ自己評価法は，保育者の自律性を高め，人間的な成長を図ることができるとも考えることができるであろう。

　また，援助行動を実際の調査から分類・整理し，援助スキルという新しい概念で基本的，目的的な行動レベルでその援助を具体的に捉えやすくした点がこの研究の大きなポイントで，援助スキルが変化するという結果を左右したと考える。援助という言葉は，「援助の質を高めるには……」「子どもの心に寄り添った援助を心がけて……」など，抽象的な表現で保育の現場では良く使われる概念である。しかし，これを基本的な保育行動，幼児の発達を促す意図をもった行動，保育者の技能・技術として，「援助スキル」という新しい概念を打ち立てたことは意義深いと考える。

　さらに，その援助スキルを使い作成された援助スキルチェック・リストで，自分の援助の実態を詳細に把握し，点検し，向上を図ることが，自己の保育場面のビデオ録画という新しい教材を併用したことでさらに生かされ，ビデオ自己評価法の効果について明らかにできたと考える。

　ビデオ自己評価法は，保育場面の録画ビデオを視聴し，援助スキルチェック・リストを使い自己の援助スキルについて自己評価するという方法であるが，援

助という包括的な概念を援助スキルという具体的な概念で援助の中身や自己の援助への認識を詳細にし，具体的かつ客観的に捉える一助になったと考える。

また，援助スキルチェック・リスト作成にあたっては，保育場面での援助項目をアンケートにより収集し，分類・整理したことで，実際の保育場面での保育に密着した内容を反映することができたものと思われる。

林（1994）は児童・生徒の学習指導現場で自己評価カードを使い，その効果を明らかにし，さらに自己評価のねらいを明らかにしている。ここでは，「自己評価のねらいは，1．自分の現状を知る（問題の理解），2．自分の考える手段の確保（解決方法），3．自分の成長をみつける（成果），4．次の発展を促す（新しい発展）」と言っている。

援助スキルチェック・リストは問題の理解を容易にし，援助スキルそのものが「笑顔で接する」「スキンシップをとる」といった基本的な行動レベルでとらえられるので，解決方法も見つけ出しやすく，成果もより具体的にとらえられるので，新しい発展にもつながりやすいという利点があったのではないだろうか。その点からも援助スキルという概念を導入したことは意義があると思う。

さらに，ビデオを使ったという点では，考察でも触れているが授業研究のような他の教員に保育を参観され，その保育について検討するという従来の方法に比べ，そこで行われた保育についてより正確に情報を伝えることができるというビデオの記録性が，保育者の研修への意欲や意識を高め，効果的な自己評価が促されたと思う。

Pearl, et al.（1982）は，映像の影響力について3つの側面から説明している。1つ目は認知との関連で，映像はその内容が我々の知識を変えるという理解に及ぼす影響，2つ目は動因との関連で，内容が我々の気持を変えるという感情に及ぼす影響，3つ目はパフォーマンスとの関連で，内容が我々の行動を変えるという態度に及ぼす影響であり，それぞれの影響が大きいことを示唆し，暴力的テレビ映像が子どもの攻撃性を増加させることをその研究で明らかにしている。これはビデオ自己評価法にも当てはまることであろう。

ビデオ録画という教材は，研修といった健全な目的で使用することでその働きや効果が生かされるが，暴力シーンのような不適切な情報が非教育的な効果をも生み出す危険性を含んでいることも否めない。ビデオを使った社員教育な

ど，一般社会では教材としてビデオ録画が活用されることは多く，一般的な研修方法であるという見方もある。しかし，かつて聖職と言われた教育者（本研究では保育者）の教育，研修という目的で使用されたこと，実際の自己の保育場面をその教材としたこと，定期的，継続的にビデオを撮り，定期的継続的な研修として活用した点などは，これまでにないVTRの活用方法であったと考える。

今回の研究では，ビデオを自由遊びの場面に限定して，10分間録画したものを自己評価に使用したが，保育者が一日の保育が終わった放課後に定期的，継続的に視聴するのに負担にならないよう，保育者から聞き取り調査をした上で10分間の録画時間を決定したため，日々保育に追われる忙しい現場でも比較的受け入れやすい，活用されやすい撮影時間であったかもしれない。

また，当初は6セッション（フォローアップや事後セッションを含む）で，その後，継続研修として11セッションを実施し，セッション数が増えると援助スキルの使用頻度もさらに増えるという結果を得ることができた。いつでも，どこでも，誰でも現場で活用できる研修ということで簡易型4セッションという方法で効果が確認できたことは，定期的，継続的ではあるがセッション数も比較的少なめで，保育者の負担にならずに研修の継続実施ができる可能性を示唆でき，現場で利用可能な新しい研修方法を開発できたのではないだろうか。

さらに，ビデオ自己評価法という方法は応用の可能性が高いという利点がある。実際，心理学専攻の学生が論文発表のプレゼンテーションの練習シーンをビデオに数回録画し，その録画ビデオを視聴，自己評価するという自己研修を行い，本番のプレゼンテーションに臨んだ。その結果，これまで臨んだプレゼンテーションに比べ，自分のスピーチにおける欠点を事前に把握できたそうである。何回か自分でその修正を行っては自己評価するうちに，ビデオで自己を撮影する緊張という経験がプレゼンテーションでの人前での緊張緩和になり，結果的にプレゼンテーションが上手くいったということである。

また，野球部のピッチャーやバッターのスキルを自己チェックするという研修を高校野球部で1年間実施した。その結果，自己のスキルをチェックすることで，自己の問題点を事前に把握でき，さらにビデオという映像を通して再認するため，スキル（フォームについても）の欠点など，スローによる再生を使

い，じっくりスキルを分割して研究できる，特に野球部のようなスキルの修正，学習，向上には有効な方法であったようである。

ビデオ機器の持つ機能である，何度も繰り返し見ることができる，部分だけを取り出して見ることができる，スロー再生でも，早送りでも，ストップ機能で静止画でも見られるといった機能の特性が，繰り返し学習しながら身につけることが必要なスキル（技能・技術）習得には有効に活用できる点で，ビデオ録画は効果的な，多くの活用方法がある教材であることが，本研究で確認できたものと思われる。

本研究は援助スキル向上を目的とした研究であったが，ビデオ自己評価法は前述したプレゼンテーションスキル，ピッチングスキル，バッティングスキルに留まらず，教師の授業スキル，カウンセラーの傾聴スキル，面接スキル，プレイセラピーにおける振り返りなど応用範囲の広い研修方法であることも意義あることと考える。

また，ビデオ自己評価法による研修を実施した保育園や幼稚園では，同僚が仲間の保育場面をビデオ録画し，相互に自己の援助について振り返りを行ったり，アドバイスを与えたりといった研修に応用したり，特に気になる子どもに焦点を当てて，定期的，継続的にビデオでその子どもの活動場面を録画し，援助方法を検討することはもとより，発達の検証，心の変化などについて検討するといった保育カンファレンス研修にも活用されている。

志賀（1987）は幼児理解を促進するための教師教育プログラムの開発について，鈴木ら（1990）は保育場面における子どものサインとその受け止めについて検討しているが，どちらの研究も，いかに子どもの行動とその意味を理解し，子どもの発達や心に寄り添った保育を展開するかという問題を検討している。

ビデオ自己評価法による研修は保育者の自己理解がさらに幼児理解へ発展していく可能性が高いことが，研修を受けた保育者が自分たちで幼児理解の必要性を感じ，ビデオカンファレンスに発展させていった経緯からも読み取ることができると思う。

筆者の所感としてもう一点，ビデオ自己評価法の意義というより，この研修から得た産物について言及したい。それは，この研修に筆者は研修実施者（教頭）という立場とカウンセラーという立場で関わっていったが，ビデオ自己評

価法を実施した保育者はこの研修が終了した時から，子どもの援助についての相談を積極的に筆者にするようになった。この変化について全員の保育者にヒアリングしたところ，「先生には全て見せてしまったような感じがして，今まで言えなかったことが素直に言えるような気がするんです」といった回答が比較的多く返ってきた。保育者とビデオ自己評価法を通してリレーションができ，セッションを進める過程でいつのまにか信頼関係ができていったと思われる。

保育者を育てることは，研修方法といったハード面の開発も大切であるが，一人ひとりの保育者に寄り添い，メンタルなケア，支援をしていくことによってこそ，生きた研修となるのではないかと実感することができた。

以上のように，カウンセリングの知見を生かした新しい研修方法として，ビデオ自己評価法は，すぐに使える，誰でも使える，どこでも使える方法として現場の役に立つことができるのではないだろうか。

3. 本研究における自己評価モデル（仮説の検証）

本研究は，保育者の援助向上のためのビデオ自己評価法の効果を明らかにすることが目的であった。その結果，ビデオ自己評価法による研修を保育者に実施すると，保育者の援助スキルの使用頻度が増加し，援助スキルチェック・リストによる自己評価の得点も上昇するという結果を得ることができ，ビデオ自己評価法の効果が確認できた。

さらに，その効果に及ぼす要因を心理特性やビデオ撮影に対する抵抗感から検討した結果，ビデオ自己評価法による研修を開始する前の自尊感情，達成動機といった心理特性の得点の高低がその効果に影響を及ぼしていることが明らかになった。

ビデオ撮影に伴う抵抗感も，心理特性と関連しながら自己評価得点に影響を与える個人要因であることが確認された。また一方で，ビデオ自己評価法の効果をセルフイメージの変化から検討した。その結果，セルフイメージの得点が変化し，自己一致傾向が高まることも確認できた。

そこで，これらの最終的な結果のまとめとして，ビデオ自己評価法を保育者に実施し，その研修効果を保育者の援助向上（自己成長）として捉え，その変化プロセスモデル試案を作成した。ビデオ自己評価法による援助向上（自己成

長）モデル試案は図9-1に示してある。

　自己評価は自己認知や自尊感情，自己概念（自己イメージ，理想自己・現実自己）などとの関わりから多くの研究者が検討を重ねてきている。このビデオ自己評価法においても自尊感情や自己認知，自己概念（セルフイメージ）との関わりについて検討してきたが，これらの結果と一連のプロセスをビデオ自己評価法研修モデルとして全体的な視点からその実態をまとめる必要があると考えた。

　自己評価は学習活動との関連で取り扱われることも多く，桜井（1987）も有能感（無能感）や効力感，原因帰属，自己決定感などから内発的な動機づけの学習モデルを作成しているが，本研究ではビデオ自己評価法による学習プロセスを研修効果（援助向上）とセルフイメージの変化や心理特性との関係から捉え，援助向上（自己成長）モデル試案とした。

　このモデルは本研究開始時に立てた仮説の検証から成立している。この援助向上（自己成長）プロセスモデル試案について説明を加えると，ここで示しているモデルでは，ビデオ自己評価法を使い保育者が自分自身の保育を振り返るという自己の「部分」に関する認知（特定化された自己の援助スキルに対する認知）の変容を試みていると考えられる。

　つまり，自己の保育実践という特定化された行動を自己評価することにより，特定化された感情や認知にも変化が起こるというものである。また，自己評価を規定する個人要因として，自尊感情や達成動機などの心理特性と抵抗感がその変化に関与する可能性が考えられる。そして，これらの一連の変化は再び自己の認知や感情に影響を及ぼし，学習活動が繰り返される可能性についても，今後の検討課題であるが仮定としてモデル図に挿入してある。

　また，本研究では心理特性への影響については4セッションという簡便型研修で検討しているため，その変化を捉えることはできなかったが，研修をさらに継続していれば心理特性に変化が現れる可能性も予測されたので，モデルの中ではその変化についても取り上げ，モデル図に挿入してある。

　さらに，その変化した自己の「全て」，つまり全体としての自己が研修（セッション）を継続する中で自己の「部分」を認知していくという，部分から全体へ，全体から部分という連関的な自己の援助向上（自己成長）プロセスがある

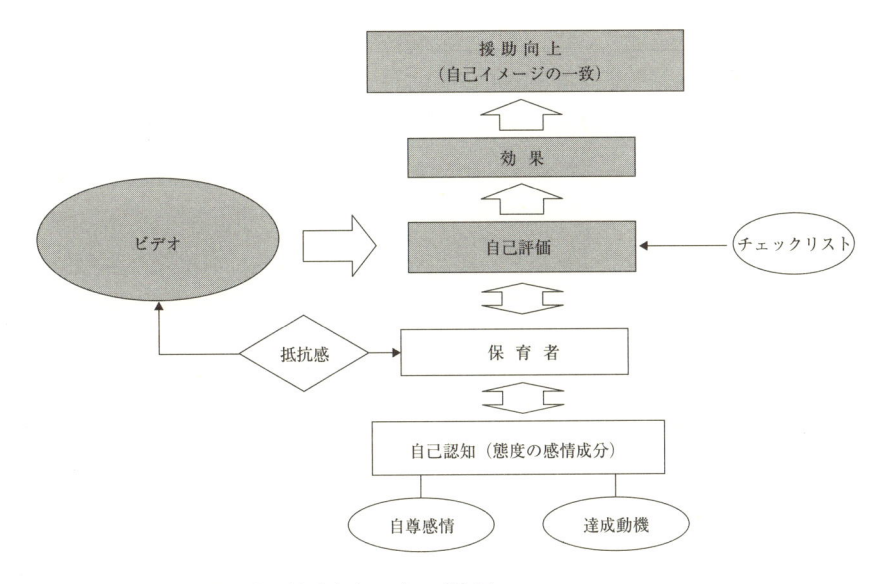

図9-1 ビデオ自己評価法 援助向上モデル（試案）

と考え，その関連をモデル図化した（このモデルではセルフイメージを自己概念の一部として取り扱っている）。

4. 今後の課題

　以上のようにビデオ自己評価法は保育者の援助向上のための研修として有効な方法であることが検証された。しかしながら，本研究ではビデオ自己評価法の基本的な効果は明らかにできたが，研修パッケージとしての精度を高めるためには今後いくつかの課題があると考えられる。まず，ビデオ自己評価法の方法における課題について述べる。

　従来から実施されていた授業研究会のような，他の保育者に保育を参観され，その日の保育内容や保育者の援助，子どもの様子などについて保育者の保育記録を使いその園の保育者全員で検討するといったカンファレンス方式に比べ，ビデオ録画を用いる点で保育場面の情報をより正確に記録できるため，保育者の研修への取り組みの意識を強めた可能性はある。本研究では自由遊びの場面を10分間録画したものを研修に使用した。10分という時間は長いようで

あるが，保育全体の流れから見ると10分間では変化が起きにくい場合もあり，場面固有の援助スキルを評価する頻度が低くなるという欠点もあった。しかし，保育場面の撮影時間を10分以上にすると，継続して研修する点では保育者の負担が大きくなってしまう。例えば，撮影時間を5分ずつ2場面に分けてビデオを録画する，または撮影時間は本研究で実施した10分間であっても，セッションを前期，後期といったように分けて別の場面を設定して撮影するということも考えられるであろう。今後，ビデオ自己評価法をより現場に適応した形で広めていくためには，撮影時間，撮影場面，撮影時期についてさらに検討する必要があると考える。

　セッション数については，ビデオによる録画を当初6セッションで行い，その効果を確認した。その後11セッションに増やし，効果が高くなる結果を得た。しかし，いつでも，どこでも，誰でも実践できる現場に対応した研修の開発が目的であったため，4セッションという簡易型の研修で効果を確認したところ，その効果が認められた。しかし，4セッションだけ実施すれば研修はそれで十分であるとは言い難い。実際，4セッションの簡易型のビデオ自己評価研修を受けた保育者からは，その後，月に1度，せめて学期に1回でも定期的にこの研修を続けていきたいという要望が多かった。

　この研修は定期的に何度も繰り返すことでさらに効果をあげる研修であるため，保育者の負担と，現場におけるその他の研修や行事といった保育では欠かせないイベント（行事など）による現場全体の年間の活動の流れと研修実施時期との関連を考慮しながら，定期的に続けていく研修方法を現場の実態に合わせて組み込んでいかなくてはならないであろう。そのためには，年間に最低4セッションに加えて何セッション実施すればその効果を維持できるのかといったフォローアップ研修についての工夫，どの程度のセッション数が現場で定期的に継続的に実施するためには適当なのかなど，セッション数，期間，回数，実施時期などの検討がさらに必要であると考える。

　研修の時期も，当初の研究では年少・年中群を1学期に，年長群を2学期に実施し，実施時期を2回に分ける方法をとったが，学期により幼児の活動内容も活動の質も違ってくる。後半に実施した年長群の方が，担当幼児による援助スキルの種類がビデオ自己評価法による研修の有無にかかわらず違う点を考慮

に入れたとしても，初めから援助スキルの頻度が年少・年中群より高めであった。このことからも，前述同様に実施時期の工夫がよりバランスの取れた援助スキルの学習・習得のためには必要で，この点についても今後の課題であろう。

また，ビデオ自己評価法はこれまで包括的に援助を捉え，その援助全体について検討していた従来の研修から脱して，援助スキルという概念を提唱し，援助行動をより詳細に具体的に分類・整理して，援助スキルチェック・リストという評価項目を用意し，具体的，客観的に自己の援助を自己評価できるよう工夫した点は新しい試みとして有意義であった。

そして，この援助スキルチェック・リストの作成にあたっては，実際の保育場面での援助をアンケートにより収集し，分類・整理したことで，実際の保育現場の実情に即した援助を自己評価できたと考える。しかし，援助スキルチェック・リストの項目を，①アンケートで収集した援助に関する自由記述を基本的な行動レベルに分解し援助スキルとし，②その中で使われている頻度の高い援助スキルを選択し，③必要であると思われる数項目だけを加える方法で行い，援助スキルチェック・リスト項目を40項目の構成とした。そのため，やや似かよった項目があり，自己評価がなかなかされない項目があった。また，援助スキル分類のため収集したアンケートは幼稚園教員を対象にしたものであり，援助の対象となる幼児は3歳以上であり，保育所のように乳児対象の保育者には使用できなかった。

これらの結果から今回使用した援助スキルチェック・リスト項目の見直しを行い，機会があれば，再度アンケートを保育者の年齢別に取ったり，担当幼児別にその内容を整理するなどして，今まで以上にバランスのとれた，応用性のある援助スキルチェック・リストの改定を試みたいと考えている。そのためには援助スキルの概念化が必要であり，理論的な分類・整理を行うことが必要であると思われる。

関口・柳田（1990）は保育者の行動と幼児の反応について保育者の姿勢や視線から検討している。本研究では基本的な行動，それもよく使われる行動を援助スキルとして配列したが，この40項目をビギナー編とすれば，さらなるスキルアップを図るためのアドバンス編として，視線の位置，声量，質，動作の速さなど，より詳細な援助スキルチェック・リストの作成が必要となってくる

かもしれない。

　また，40項目という項目数についても，十分なのであるか，もう少し項目数を増やした方が援助向上につながるのか，もっと少なくても十分に効果があるのかなど，いくつかのパターンからもっとも効果的な項目数，または状況別に選択・配列できる援助スキル項目リストの作成も今後の課題である。

　次に，誰が保育場面を撮影するかという問題が挙げられる。本研究では研究開始当初は幼稚園の教頭という同じ保育現場の指導的立場にあった筆者が撮影をするという方法であったが，幼稚園教育要領・保育所保育指針改訂という時期であったため，保育者の研修に対する意欲も高く，教頭，つまり上司にその撮影をされることに強い抵抗を示すことは少なかった。しかし，上司に自己の保育を撮影されるということに，全く抵抗や緊張が無かったとは言えないであろう。その後の研究では，保育園や幼稚園の内部の人間としてではなく，外部の研究者として，カウンセラーとしてその撮影にあたった。

　福岡（1987）は保育者研修における効果的な研修形態について，その形態への配慮が必要であると言っているが，「誰が保育現場でビデオ撮影を行うのか」ということは，その効果にも影響を与えている可能性が高いと思われる。保育者の保育場面を撮影するということは，子どもと保育者で展開されている保育を中断したり，妨害するようなことにもなりかねない。

　筆者も撮影にあたっては，子どもの活動が中断されたり妨害されないように，保育者に撮影場所や撮影シーンを確認しながら細心の注意を払った。また，子ども達の興味や関心がビデオや撮影者に移り，活動に混乱が起きないように，撮影に慣れるための事前撮影や子ども達と遊ぶ時間などを1〜2回設け，撮影による保育場面への影響を極力除外しようと試みた。それでも，いつもと違った状況ということで泣き出す子どもがいて，撮影を中断したこともあった。

　これらのことからも，外部の第三者が撮影することによる弊害は無いとは言えない。しかし，園内の例えば園長が撮影するとなると，そこには利害関係が発生し，自己評価研修でありながら，上司からの第三者評価的な受け取りをされ，この研修そのものへの嫌悪感を招きかねない。実際，外部の立場でこの研修を進めた時の方が，保育者はあまり強い抵抗を示さず，研修への取り組みも熱心であった。

しかし，外部からの人的資源は今の保育現場ではあまり望めないのが現状である。できれば，この研修に取り組みたいという保育者同士が，保育勤務の交代を工夫してお互いに撮り合う，または，保育室にビデオを常置し自分が自己評価したい場面を自分で選定して撮影するなど，保育者のニーズについて調査し，そのニーズにあった活用方法を提案していく必要もあると考える。

　文部科学省の指導で，教員への第三者評価が実施されることになったが，これについては多くの意見がある。保育者としては，教育の対象が乳幼児ということもあって，子どもからの評価を直接的に受ける機会は，言語能力や自己主張能力の発達から考えても小学校や中学校の児童生徒などに比べ少ない傾向にある。そのために，評価に慣れていない保育者が第三者からシビアに評価されること自体が不安や緊張を招き，負担感も強くなる傾向があると考えられる。

　第三者評価に対応すべく，多くの地方公共団体でチェック・リストを利用した保育者の自己評価を取り入れているが，チェック・リストによる方法に加えてビデオ自己評価法を取り入れれば，評価するということへの抵抗も軽減できるし，客観的に自己評価ができていれば，第三者評価が行われても冷静に自己を振り返り，その評価を有効に生かすことができるのではないだろうか。そのためにも，第三者評価基準の目指すところと，ビデオによる自己評価研修の評価内容を修正して利用すれば，さらに応用範囲を広げることができると考える。この点も今後の大きな課題といえる。

　また，本研究ではビデオ視聴に対する抵抗感に着目して，心理特性との関連からその影響を検討したが，抵抗感には2つの要素が存在しており，その要素を分けて検討することができなかった。その要素とは，ビデオ撮影に対する抵抗感とビデオ視聴に対する抵抗感である。ビデオ撮影をした研究協力者に，撮影のみを行いビデオ視聴をしないで自己評価するという手続きを研究計画に入れて検討すれば，2つの抵抗感別にその影響が確認できたかもしれない。しかし，現実問題として，研修という形でこのデータを収集した経緯から考えて，ビデオで保育を撮影したのに，それを視聴せずに自己評価してもらうという研修の設定は不可能であった。実験という手続きを理解してもらえる現場があれば，さらに詳細にこの2つの抵抗感についても検討することが必要であろう。

　また，細川・若林（1992），若林・細川（1992）は保育者の幼児への関わり

行動と保育観との関係について検討しており，保育観による保育者のタイプからそのかかわり行動を分析している。本研究では，セルフイメージの変化からその効果を検討し，ビデオ自己評価法による研修を実施するとセルフイメージが変容することが明らかにされている。また，自由記述を分類・整理し，援助行動に対する認識（認知）についてもビデオ自己評価法による研修の効果が認められている。その点から推察しても，保育に対する考え方である保育観が変化している可能性は十分にあると考えられる。しかしながら，本研究では保育観の変容については検討していない。

泉（1992）は「受容的・応答的保育」の研究で，環境としての保育者の重要性について言及している。幼稚園教育要領や保育所保育指針の改訂も，環境を通して行う教育をその基本に据え，乳幼児を取り巻く環境の重要性を強く打ち出し，とりわけ人的環境として保育者を重要であるとしているが，まさにその保育者の資質を支えるのが保育観であろう。子どもの立場に立つことのできる保育者は自己のことも受容できる保育者で，子どもの成長発達に対するしっかりとした保育観を持っているに違いない。このような点からもビデオ自己評価法による研修の効果と保育観の変容は関係が深いと考えられ，今後，ぜひ検討していきたいと考える。

以上が，ビデオ自己評価法による研修についての今後の課題である。本研究では扱えなかった課題が山積している。本研究では保育者の保育場面における援助に関する自己評価を軸にした研修であったが，保育者の保育現場における役割は拡大しつつある。子育て支援における保護者へのサポーターとしての役割も担い，専門性を求められることも多くなってきて保育者の負担は増大している。21世紀を担う子どもの将来を考えると，人格の基礎が作られる乳幼児期の教育を担当する保育者が，プロフェッショナルとしてより良い保育を展開していけるために，筆者もさらなる研鑽を続けて，保育者が自信を持って保育に取り組めるような保育者研修を開発し，実施していきたいと考える。

資料

1. 幼稚園教諭の研修の実態および，援助に関するアンケート
2. 若者のための社会的スキル
3. 社会的スキル100項目
4. 援助スキルチェック・リスト
5. 援助スキル頻度測定チェック・リスト
6. セルフイメージ尺度（現実自己・理想自己）
7. 新援助スキルチェック・リスト
8. 自尊感情尺度
9. 達成動機測定尺度
10. Locus of Control 尺度
11. ビデオ自己評価法に対する抵抗感尺度

資料1

幼稚園教諭の研修の実態および，援助に関するアンケート

氏名：
年齢：
園名：
（公，私）

【1】幼稚園教諭の研修についておうかがいします。
1．教職経験年数（　　　　）年
2．研修会の参加回数及び内容
　　授業研究・園内（　　　　）回
　　教材研究（　　　　）回
　　公開保育研究（　　　　）回
　　講演会（　　　　）回
　　その他（　　　　）回
　　＊その他に記入された方は，内容を記入してください。
　　（　　　　　　　　　　　　　　　　　　　　　　　　　　　　　　）

3．教員にとって役だったと感じた研修内容について具体的に記述してください。
　　（　　　　　　　　　　　　　　　　　　　　　　　　　　　　　　）

4．これからは，どのような内容の教員研修を望みますか。
　　（　　　　　　　　　　　　　　　　　　　　　　　　　　　　　　）

【2】日常の保育の中で，子供と教師のかかわり方についておうかがいします。
1．日々のかかわりの中で，どのような教師であろうと，あなたは心がけていますか。
　　（　　　　　　　　　　　　　　　　　　　　　　　　　　　　　　）

2．子供を援助していく時，そのかかわりの中でうまくいかない時，迷う時，悩む時はどんな時ですか。いくつかの具体例を挙げて記述してください。
　　（　　　　　　　　　　　　　　　　　　　　　　　　　　　　　　）

3．下記のような場面で，あなたはどのような態度や方法で接しながら援助をしていますか。
　　（　　　　　　　　　　　　　　　　　　　　　　　　　　　　　　）

　　A．信頼関係をつくる時
　　　①園そのものに馴染めない幼児がいた場合
　　　（　　　　　　　　　　　　　　　　　　　　　　　　　　　　　　）

　　　②友達の中に入っていけず，ぽつんとしている幼児がいた場合
　　　（　　　　　　　　　　　　　　　　　　　　　　　　　　　　　　）

　　　③先生のそばにばかりいて，友達と関わりが少ない幼児がいた場合
　　　（　　　　　　　　　　　　　　　　　　　　　　　　　　　　　　）

④友達の中に自分から入って遊べる子
(   )

⑤自分勝手に行動し，周りのことを考えない幼児がいた場合
(   )

B．トラブルに対処する時（けんか，仲間はずれ，悪口他）
　①園そのものに馴染めない幼児がいた場合
(   )

　②友達の中に入っていけず，ぽつんとしている幼児がいた場合
(   )

　③先生のそばにばかりいて，友達と関わりが少ない幼児がいた場合
(   )

　④友達の中に自分から入って遊べる子
(   )

　⑤自分勝手に行動し，周りのことを考えない幼児がいた場合
(   )

C．遊びを広げたり，発展させていく時
　①園そのものに馴染めない幼児がいた場合
(   )

　②友達の中に入っていけず，ぽつんとしている幼児がいた場合
(   )

　③先生のそばにばかりいて，友達と関わりが少ない幼児がいた場合
(   )

　④友達の中に自分から入って遊べる子
(   )

　⑤自分勝手に行動し，周りのことを考えない幼児がいた場合
(   )

資料2
若者のための社会的スキル (Goldstein et al., 1980)

Ⅰ. 初歩的なスキル
　1. 聞く
　2. 会話を始める
　3. 会話を続ける
　4. 質問をする
　5. お礼をいう
　6. 自己紹介をする
　7. 他人を紹介する
　8. 敬意を表す

Ⅱ. 高度のスキル
　9. 助けを求める
　10. 参加する
　11. 指示を与える
　12. 指示に従う
　13. あやまる
　14. 納得させる

Ⅲ. 感情処理のスキル
　15. 自分の感情を知る
　16. 感情を表現する
　17. 他人の感情を理解する
　18. 他人の怒りを処理する
　19. 愛情表現
　20. 恐れを処理する
　21. 自分をほめる

Ⅳ. 攻撃に代るスキル
　22. 許可を求める
　23. 分け合う
　24. 他人を助ける

　25. 和解する
　26. 自己統制
　27. 権利を主張する
　28. いじめを処理する
　29. 他人とのトラブルを処理する
　30. ファイトを保つ

Ⅴ. ストレスを処理するスキル
　31. 不平をいう
　32. 苦情に応える
　33. ゲームの後のスポーツマンシップ
　34. 当惑を処理する
　35. 無視されたことの処理
　36. 友人のために主張する
　37. 説得に対応する
　38. 失敗を処理する
　39. 矛盾したメッセージを処理する
　40. 非難を処理する
　41. むずかしい会話に応じる
　42. 集団圧力に対応する

Ⅵ. 計画のスキル
　43. 何をするか決める
　44. 問題がどこにあるか決める
　45. 目標設定
　46. 自分の能力を知る
　47. 情報を集める
　48. 問題を重要な順に並べる
　49. 決定を下す
　50. 仕事に集中する

資料3

社会的スキル100項目（菊地・堀尾，1994）

[A] 基本となるスキル	1｜聞く　2｜会話を始める　3｜会話を続ける　4｜質問する　5｜自己紹介をする　6｜お礼をいう　7｜敬意を表わす　8｜あやまる　9｜納得させる　10｜終わりのサインを送る	
[B] 感情処理のスキル	11｜自分の感情を知る　12｜感情の表現をコントロールする　13｜他人の感情を理解する　14｜他人の怒りに対応する　15｜他人の悲しみに対応する　16｜愛情と好意を表現する　17｜喜びを表現する　18｜思いやりの心をもつ　19｜おちこみ・意欲の喪失に耐える　20｜恐れや不安に対処する	
[C] 攻撃に変わるスキル	21｜分け合う　22｜グチをこぼす　23｜ユーモアにする　24｜ファイトを保つ　25｜和解する　26｜他人とのトラブルを避ける　27｜自己主張する　28｜自己統制する　29｜いじめを処理　30｜許可を求める	
[D] ストレスを処理するスキル	31｜ストレスに気づく　32｜不平を言う　33｜苦情などを処理する　34｜失敗を処理する　35｜無視されたことを処理する　36｜危機を処理する　37｜気分転換する　38｜自分の価値を高める　39｜矛盾した情報を処理する　40｜集団圧力に対応する	
[E] 計画のスキル	41｜何をするか決める　42｜問題がどこにあるか決める　43｜目標を設定する　44｜自分の能力を知る　45｜情報を集める　46｜情報をまとめる　47｜問題を重要な順に並べる　48｜決定を下す　49｜仕事に着手する　50｜計画を立てる	
[F] 援助のスキル	51｜相手の変化に気づく　52｜相手の要求を知る　53｜相手の立場に立つ　54｜まわりをみる　55｜同じ気持ちになる　56｜援助の失敗に対処する　57｜自分のできることを知る　58｜気軽にやってみる　59｜相手によろこんでもらう　60｜自分の立場を知る	
[G] 異性とつきあうスキル	61｜デートの相手を選ぶ　62｜自分の情熱を相手に伝える　63｜相手の気持ちを理解する　64｜デートを上手にこなす　65｜相手との親しさを増す　66｜愛することを決意する　67｜ケンカを上手にこなす　68｜恋愛関係を維持する　69｜悪化のサインを読みとる　70｜性別や人による恋愛の違いを知る	
[H] 年上・年下とつきあうスキル	71｜話を合わせる　72｜相手を立てる　73｜上手にほめる　74｜相手を気づかう　75｜相手の都合に合わせる　76｜相手のレベルに合わせる　77｜だらだら話につきあう　78｜バカにされてもつきあう　79｜「わかった」といわない　80｜上手に叱る	
[I] 集団行動のスキル	81｜参加する　82｜集団の意義を見いだす　83｜仕事に集中する　84｜誰に知らせるか　85｜規範に従う　86｜指示に従う　87｜決定する　88｜会議をする　89｜グループシンクを防ぐ　90｜グループ内の葛藤を処理する	
[J] 異文化接触のスキル	91｜キー・パーソンを見つける　92｜メタ・メタ・レベルで調整する　93｜「同じ」と「違う」を同時に受け入れる　94｜異文化を取り込む　95｜文化的拘束に気づく　96｜意向を伝える・意向がわかる　97｜判断を保留し先にすすむ　98｜相手文化での役割行動をとる　99｜自分の持ち味を広げる　100｜関係を調整する	

資料4

援助スキルチェック・リスト

	あり なし		あり なし
1. 手をとる	⊔	21. 場面を設定する	⊔
2. そばにいる	⊔	22. 気持ちを聞く	⊔
3. 遊びを紹介する	⊔	23. 一緒に考える	⊔
4. だっこをする	⊔	24. 仲裁に入る	⊔
5. ヒントを言う	⊔	25. 目を合わせる	⊔
6. 気持ちを代弁する	⊔	26. 考えさせる	⊔
7. ふざける	⊔	27. 遊具等を用意する	⊔
8. 声をかける	⊔	28. 手を貸す	⊔
9. 見守る	⊔	29. 一緒に遊ぶ	⊔
10. 頭や頬をさわる	⊔	30. 励ます	⊔
11. 友達の中に誘う	⊔	31. 意見を聞く	⊔
12. うなずく	⊔	32. 教える（助言）	⊔
13. 笑顔で接する	⊔	33. ほめる	⊔
14. 橋渡しをする	⊔	34. 会話する	⊔
15. 様子を観察する	⊔	35. 頼む（手伝い）	⊔
16. 話しかける	⊔	36. 見せる（提示）	⊔
17. 材料を用意する	⊔	37. 要求を聞き入れる	⊔
18. みんなに伝える	⊔	38. 行動を促す	⊔
19. 気持ちを言う	⊔	39. 一緒に楽しむ，喜ぶ	⊔
20. 考えを言う	⊔	40. なだめる	⊔

資料5

援助スキル頻度測定チェック・リスト

		あり なし	あり なし	あり なし	あり なし	あり なし
1.	手をとる					
2.	そばにいる					
3.	遊びを紹介する					
4.	だっこをする					
5.	ヒントを言う					
6.	気持ちを代弁する					
7.	ふざける					
8.	声をかける					
9.	見守る					
10.	頭や頬をさわる					
11.	友達の中に誘う					
12.	うなずく					
13.	笑顔で接する					
14.	橋渡しをする					
15.	様子を観察する					
16.	話しかける					
17.	材料を用意する					
18.	みんなに伝える					
19.	気持ちを言う					
20.	考えを言う					
21.	場面を設定する					
22.	気持ちを聞く					
23.	一緒に考える					
24.	仲裁に入る					
25.	目を合わせる					
26.	考えさせる					
27.	遊具等を用意する					
28.	手を貸す					
29.	一緒に遊ぶ					
30.	励ます					
31.	意見を聞く					
32.	教える（助言）					
33.	ほめる					
34.	会話する					
35.	頼む（手伝い）					
36.	見せる（提示）					
37.	要求を聞き入れる					
38.	行動を促す					
39.	一緒に楽しむ，喜ぶ					
40.	なだめる					

資料6

セルフイメージ尺度

問1　実際のあなたは，どのような人ですか？　あてはまる所に○をつけて下さい。
（現実自己）

	非常に	かなり	少し	少し	かなり	非常に	
1. 明るい							暗い
2. やわらかい							かたい
3. 冷たい							暖かい
4. 消極的な							積極的な
5. 強い							弱い
6. 静かな							うるさい
7. 陰気な							陽気な
8. 不活発な							活発な
9. 好きな							嫌いな
10. 良い							悪い
11. 親切な							不親切な
12. 鈍い							鋭い
13. 気持ちの良い							気持ちの悪い
14. 頼りない							頼もしい
15. たくましい							弱々しい
16. まじめな							ふまじめな
17. 愉快な							不愉快な
18. 不安定な							安定した
19. おしゃべりな							無口な
20. だらしない							きちんとした
21. 強情な							素直な
22. 責任感のある							無責任な
23. 落ち着いた							落ち着きのない
24. 理性的な							感情的な
25. 意欲的な							無気力な
26. にくらしい							かわいらしい
27. こせこせした							のんびりとした
28. 勇敢な							臆病な
29. 優しい							厳しい
30. 丸い							四角い
31. 強気な							弱気な
32. 思いやりのある							わがままな
33. 外向的な							内向的な
34. 不潔な							清潔な
35. 元気な							疲れた

36.	不幸な	幸福な
37.	鈍感な	敏感な
38.	美しい	醜い
39.	地味な	派手な
40.	つまらない	面白い
41.	複雑な	単純な
42.	軽率な	慎重な
43.	社交的な	非社交的な
44.	重い	軽い
45.	小さい	大きい
46.	男性的な	女性的な
47.	悲しい	嬉しい
48.	深い	浅い
49.	はげしい	おだやかな
50.	楽しい	苦しい
51.	速い	遅い
52.	きれいな	きたない
53.	やさしい	こわい
54.	広い	狭い
55.	のろい	すばやい
56.	豊かな	貧しい

問2　あなたは，どのような人になりたいですか？　あてはまる所に○をつけてください。(理想自己)

	非常に	かなり	少し	少し	かなり	非常に	
1. 明るい							暗い
2. やわらかい							かたい
3. 冷たい							暖かい
4. 消極的な							積極的な
5. 強い							弱い
6. 静かな							うるさい
7. 陰気な							陽気な
8. 不活発な							活発な
9. 好きな							嫌いな
10. 良い							悪い
11. 親切な							不親切な
12. 鈍い							鋭い
13. 気持ちの良い							気持ちの悪い
14. 頼りない							頼もしい
15. たくましい							弱々しい
16. まじめな							ふまじめな
17. 愉快な							不愉快な
18. 不安定な							安定した
19. おしゃべりな							無口な
20. だらしない							きちんとした
21. 強情な							素直な
22. 責任感のある							無責任な
23. 落ち着いた							落ち着きのない
24. 理性的な							感情的な
25. 意欲的な							無気力な
26. にくらしい							かわいらしい
27. こせこせした							のんびりとした
28. 勇敢な							臆病な
29. 優しい							厳しい
30. 丸い							四角い
31. 強気な							弱気な
32. 思いやりのある							わがままな
33. 外向的な							内向的な
34. 不潔な							清潔な
35. 元気な							疲れた

36.	不幸な	幸福な
37.	鈍感な	敏感な
38.	美しい	醜い
39.	地味な	派手な
40.	つまらない	面白い
41.	複雑な	単純な
42.	軽率な	慎重な
43.	社交的な	非社交的な
44.	重い	軽い
45.	小さい	大きい
46.	男性的な	女性的な
47.	悲しい	嬉しい
48.	深い	浅い
49.	はげしい	おだやかな
50.	楽しい	苦しい
51.	速い	遅い
52.	きれいな	きたない
53.	やさしい	こわい
54.	広い	狭い
55.	のろい	すばやい
56.	豊かな	貧しい

資料7

新援助スキルチェック・リスト

		よくやっている	やややっている	あまりやっていない	やっていない			よくやっている	やややっている	あまりやっていない	やっていない
1.	手をとる	1	2	3	4	21. 場面を設定する		1	2	3	4
2.	そばにいる	1	2	3	4	22. 気持ちを聞く		1	2	3	4
3.	遊びを紹介する	1	2	3	4	23. 一緒に考える		1	2	3	4
4.	だっこをする	1	2	3	4	24. 仲裁に入る		1	2	3	4
5.	ヒントを言う	1	2	3	4	25. 目を合わせる		1	2	3	4
6.	気持ちを代弁する	1	2	3	4	26. 考えさせる		1	2	3	4
7.	ふざける	1	2	3	4	27. 遊具等を用意する		1	2	3	4
8.	声をかける	1	2	3	4	28. 手を貸す		1	2	3	4
9.	見守る	1	2	3	4	29. 一緒に遊ぶ		1	2	3	4
10.	頭や頬をさわる	1	2	3	4	30. 励ます		1	2	3	4
11.	友達の中に誘う	1	2	3	4	31. 意見を聞く		1	2	3	4
12.	うなずく	1	2	3	4	32. 教える(助言)		1	2	3	4
13.	笑顔で接する	1	2	3	4	33. ほめる		1	2	3	4
14.	橋渡しをする	1	2	3	4	34. 会話する		1	2	3	4
15.	様子を観察する	1	2	3	4	35. 頼む(手伝い)		1	2	3	4
16.	話しかける	1	2	3	4	36. 見せる(提示)		1	2	3	4
17.	材料を用意する	1	2	3	4	37. 要求を聞き入れる		1	2	3	4
18.	みんなに伝える	1	2	3	4	38. 行動を促す		1	2	3	4
19.	気持ちを言う	1	2	3	4	39. 一緒に楽しむ,喜ぶ		1	2	3	4
20.	考えを言う	1	2	3	4	40. なだめる		1	2	3	4

資料8

自尊感情尺度（山本ら，1982）

	あてはまらない	ややあてはまらない	どちらともいえない	ややあてはまる	あてはまる
1. 少なくとも，人並みには価値のある人間である。	1	2	3	4	5
2. 色々な良い素質をもっている。	1	2	3	4	5
3. 敗北者だと思うことがよくある。	1	2	3	4	5
4. 物事を人並みは，うまくやれる。	1	2	3	4	5
5. 自分には，自慢できるところがあまりない。	1	2	3	4	5
6. 自分に対して肯定的である。	1	2	3	4	5
7. だいたいにおいて，自分に満足している。	1	2	3	4	5
8. もっと自分自身を尊敬できるようになりたい。	1	2	3	4	5
9. 自分は全くだめな人間だと思うことがある。	1	2	3	4	5
10. 何かにつけて，自分は役に立たない人間だと思う。	1	2	3	4	5

資料9

達成動機測定尺度（堀野，1987；堀野・森，1991）

		非常によくあてはまる	ほとんどあてはまる	すこしあてはまる	どちらともいえない	あまりあてはまらない	ほとんどあてはまらない	全然あてはまらない
1.	いつも何かに目標をもっていたい。	1	2	3	4	5	6	7
2.	決められた仕事の中でも個性を生かしてやりたい。	1	2	3	4	5	6	7
3.	他人と競争して勝つとうれしい。	1	2	3	4	5	6	7
4.	みんなに喜んでもらえるすばらしいことをしたい。	1	2	3	4	5	6	7
5.	人に勝つより，自分なりに一生懸命やることが大事だと思う。	1	2	3	4	5	6	7
6.	競争相手に負けるのはくやしい。	1	2	3	4	5	6	7
7.	どうしても私は人よりは優れていたいと思う。	1	2	3	4	5	6	7
8.	勉強や仕事を努力するのは，他の人に負けないためだ。	1	2	3	4	5	6	7
9.	今の会社では，強いものが出世し，勝ち抜くものだ。	1	2	3	4	5	6	7
10.	就職する会社は，社会で評価されるところを選びたい。	1	2	3	4	5	6	7
11.	今日一日何をしようかを考えることは楽しい。	1	2	3	4	5	6	7
12.	難しいことでも自分なりに努力してやってみようと思う。	1	2	3	4	5	6	7
13.	こういうことがしたいなあと考えるとわくわくする。	1	2	3	4	5	6	7
14.	ものごとは他の人よりうまくやりたい。	1	2	3	4	5	6	7
15.	人と競争することより，人とくらべることができないようなことをして自分を生かしたい。	1	2	3	4	5	6	7
16.	ちょっとした工夫をすることが好きだ。	1	2	3	4	5	6	7
17.	何でも手がけたことは最善を尽くしたい。	1	2	3	4	5	6	7
18.	何か小さなことでも自分にしかできないことをしてみたい。	1	2	3	4	5	6	7
19.	結果は気にしないで，何かを一生懸命やってみたい。	1	2	3	4	5	6	7
20.	いろいろなことを学んで，自分を深めたい。	1	2	3	4	5	6	7
21.	成功することは，地位や名誉を得ることだ。	1	2	3	4	5	6	7
22.	社会の高い地位を目指すことは重要だと思う。	1	2	3	4	5	6	7
24.	世に出て成功したいと強く願っている。	1	2	3	4	5	6	7

資料10
Locus of Control 尺度（鎌原ら，1982）

	そう思う	ややそう思う	ややそう思わない	そう思わない
1. あなたは，何でも成り行きに任せるのが一番だと思いますか。	1	2	3	4
2. あなたは，努力すればりっぱな人間になれると思いますか。	1	2	3	4
3. あなたは，一生懸命話せば，誰でも分かってもらえると思いますか。	1	2	3	4
4. あなたは，自分の人生を自分自身で決定していると思いますか。	1	2	3	4
5. あなたの人生は運命によって決められていると思いますか。	1	2	3	4
6. あなたが，幸福になるか不幸になるかは，偶然によって決まると思いますか。	1	2	3	4
7. あなたは，自分の身におこることは，自分の置かれている環境によって決定されていると思いますか。	1	2	3	4
8. あなたは，どんな努力をしても友人の本当の気持ちを理解することはできないと思いますか。	1	2	3	4
9. あなたの人生はギャンブルのようなものだと思いますか。	1	2	3	4
10. あなたが将来何になるかについて考えることは役に立つと思いますか。	1	2	3	4
11. あなたが努力をすればどんなことでも自分の力でできると思いますか。	1	2	3	4
12. あなたは，たいていの場合，自分自身で決断した方が良い結果を生むと思いますか。	1	2	3	4
13. あなたが幸福になるか，不幸になるかはあなたの努力しだいだと思いますか。	1	2	3	4
14. あなたは自分の一生を思い通りに生きることができると思いますか。	1	2	3	4
15. あなたの将来は運やチャンスによって決まると思いますか。	1	2	3	4
16. あなたは，自分の身に起こることを自分の力ではどうすることもできないと思いますか。	1	2	3	4
17. あなたが，努力をするかどうかと，あなたが成功するかどうかとは，あまり関係ないと思いますか。	1	2	3	4

資料11
ビデオ自己評価法に対する抵抗感尺度

鏡や写真に写っている自分の姿を見た時の抵抗感を「1」と規定した場合，ビデオに写っている自分を見る時，どの程度，抵抗感をもちますか。「1」から「10」の範囲で自分の抵抗感を設定して，○をつけてください。

1　2　3　4　5　6　7　8　9　10

研究協力幼稚園・保育園一覧

〈市川市〉
学校法人築葉根学園　築葉根幼稚園
市川市立大洲幼稚園
市川市立稲荷木幼稚園
市川市立百合台幼稚園
市川市立信篤幼稚園
市川市立二俣幼稚園
市川市立南行徳幼稚園
市川市立新浜幼稚園
市川市立塩焼幼稚園
社会福祉法人百合台保育園

〈つくば市〉
学校法人塚原学園　あおば台幼稚園
学校法人塚原学園　あおば台第2幼稚園

〈習志野市〉
習志野市立谷津幼稚園

〈八千代市〉
しろばら幼稚園

〈市原市〉
市原市立千種幼稚園（八幡幼稚園）

〈流山市〉
流山市立東幼稚園

〈浦安市〉
浦安市立あおば幼稚園
ベネッセチャイルドケアセンター新浦安

〈横浜市〉
ベネッセチャイルドケアセンター新横浜

ベネッセチャイルドケアセンター青葉台
ベネッセチャイルドケアセンター市ヶ尾

〈横須賀市〉
ベネッセチャイルドケアセンター汐入

〈福岡市〉
ベネッセチャイルドケアセンター友泉

〈千葉市〉
ベネッセチャイルドケアセンター東急あすみが丘

〈神戸市〉
ベネッセチャイルドケアセンター本山

注）小学校については東京都内の小学校および市川市立の小学校の先生方にご協力いただきましたが，学校名として集計しませんでした。
　その他，首都圏の公立保育園30園，幼稚園40園に協力いただきましたが，園名を公表しない約束で研究にご協力いただきましたので，ここには掲載いたしません。

引用文献

安彦忠彦　1987　自己評価――「自己教育論」を超えて――　図書文化社.
安彦忠彦　1993　教育に生きる評価の三条件　児童心理 3 月号, 29-34.
新井邦二郎　1998　子どもの自己決定に関する発達的研究　平成 7 年度～ 9 年度科学研究費補助金「基盤研究（B）（2）」研究報告書.
芦田宏　1992　保育行動のカテゴリー分析　姫路短期大学紀要, 37, 39-47ö．
Bandura, A. 1973 *Aggression: A social learning analysis.* Englewood Cliffs, NJ: Prentice-Hall.
Bandura, A. 1983 Psychological mechanisms of aggression. In R. G. Green & C. I. Donnerstein (Eds.), *Aggression: Theoretical and empirical reviews: Vol.1. Theoretical and methodological issues.* New York: Academic Press. Pp. 1-40.
Bandura, A. & Perloff, B. 1967 Relative efficacy of self-monitored externally imposed reinforcement system. *Journal of Personality and Social Psychology,* 5, 111-116.
Bills, R. E., Vance, E. L. & McLean, O. S. 1951 An index of adjustment and values. *Journal of Consulting Psychology,* 15, 257-261.
Block, J. & Thomas 1955 Is satisfaction with self a measure of adjustment? *Journal of Abnormal and Social Psychology,* 51, 254-259.
Brown A. L. 1978 Knowing when, where, and how to remember: A problem of meta cognition. In R. Glaser (Ed.), *Advances in instructional psychology. (Vol.1).* Hillsdale, Erlbaum.
Butler, R. & Nisan, M. 1986 Effects of no feedback, task-related comments, and grades on intrinsic motivation and performance. *Journal of Educational Psychology,* 78, 201-216.
Chodorkoff, B. 1954 Adjustment and the discrepancy between the perceived and ideal self. *Journal of Clinical Psychology,* 10, 266-268.
中央教育審議会　1988　「新しい時代を拓く心を育てるために」――次世代を育てる心を失う危機――　答申　文部省.
Clark, R. L. 1978 Media, mental imagery, and memory. *Educational Communication and Technology Journal,* 26, 355-363.
Coopersmith, S. 1967 *The antecedents of self-esteem.* San Francisco: Freeman.
Corno, L. & Mandinach, E. B. 1983 The role of cognitive engagement in classroom learning and motivation. *Educational Psychologist,* 18, 88-108.
Cowen, P. S. 1984 Film and text: Order effects in recall and social Inferences. *Educational Communication and Technology Journal,* 32, 131-144.
Deci, E. L. 1975 *Intrinsic motivation.* Plenum press.
Ekman, P. & Friesen, W. V. 1969 The repertoire of nonverbal behavior: Categories, categories origins and codings. *Semiotica,* 1, 49-98.
Ekman, P. & Friesen, W. V. 1975 *Unmasking the face.* New Jersey: Prentice-Hall, Inc.
遠藤由美　1992a　自己認知と自己評価の関係――重み付けをした理想自己と現実自己の差異スコアからの検討――　教育心理学研究, 40, 157-163.
遠藤由美　1992b　自己評価基準としての負の理想自己　教育心理学研究, 63, 214-217.
遠藤由美　1993　自己認知における理想自己の効果　心理学研究, 64, 271-278.
Flanders, N. A., 1970 *Analysing teaching behavior,* Addison Wesle.
福岡貞子　1987　保育者の研修について――研修効果を高める研修形態のあり方――　日本保育学会第40回大会発表論文集, 654-655.
福島脩美　1980a　「自己強化の心理学」　児童心理 6 月号, 182.

福島脩美　1980b　課題解決行動における自己強化と外的強化の統合　日本教育心理学会第22回総会発表論文集, 82-83.

福島脩美・佐野秀樹　1990　学校カウンセリングと心の教育　教員養成カリキュラムの改善に関する研究, 193-203.

Goldstein, A. P., Spratkin, R. P., Gershaw, N. J. & Klein, P. 1980 Skill Training Approach to Teaching prosocial Skills. Research Press.

後藤吉道・佐藤正二・高山巌　2001a　児童に対する集団社会的スキル訓練の効果　教育心理学研究, 34, 127-135.

後藤吉道・佐藤正二・高山巌　2001b　カウンセリング研究, 34, 127-135.

Gough, H. G., Lazzari, R. & Fioravanti, M. 1978 Self versus ideal self: A comparison of five adjective check list indecees. *Journal of Consulting and Clinical Psychology,* 46, 1085-1091.

Grime, T. 1990 Audio-Vsual correspondence and its role in attention and memory. *Educational Technology and Development,* 38, 15-25.

Harrison, R. P., Cohen, A. A., Crouch, W. W. & Genov, B. K. L. 1972 The nonverbal communication literature: Special book review selection. *Journal of Communication,* 22, 460-476.

Harrison, R. P. 1974 *Beyond words: An introduction to nonverval communication.* Englewood Cliffs, New Jersey: Pentice Hall.

橋本重治　1981　学習評価の研究　図書文化.

橋本重治　1983　「教育評価基本用語解説」　指導と評価7月臨時増号.

速水敏彦　1993　外発的動機づけと内発的動機づけの間――リンク信条の検討――　名古屋大学教育学部紀要――教育心理学科――, 40, 77-88.

林智恵子　1994　自己評価カードの活用　児童心理4月号, 106-110.

Higgins, E. T. 1987 Self-discrepancy: A theory relating self and affect. *Psychological Review,* 94, 319-340.

平山許江　1987　保育方略を指標にした幼稚園教諭の行動分析に関する研究――その1――　日本保育学会40回大会発表論文集, 660-661.

平山園子　1995　保育カンファレンスの有効性　保育研究16-3, 18-19.

広田信一・佐藤純　1997　自己学習における認知・リソース方略に関する検討　山形大学教育実践研究, 6, 1-6.

Hoge, D. R. & McCarthy, J. D. 1983 Issues of validity and reliability in the use of real-ideal discrepancy scores to measure self-regard. *Journal of personality and Social Psychology,* 44, 1048-1055.

堀野緑　1987　達成動機の構成因子の分析――達成動機の概念の再検討――　教育心理学研究, 35, 148-154.

堀野緑・森和代　1991　抑うつ尺度とソーシャルサポートとの関連に介在する達成動機の要因　教育心理学研究, 39, 308-315.

細川政弘・若林明美　1992　保育者の幼児へのかかわり行動と保育観との関係について（その1）　日本保育学会第45回大会発表論文集, 432-433.

Hughes, E. L., Sullivan, H. J. & Beaird, J. 1986 Continuing motivation of boys and girls under differing evaluation and achievement levels. *American Educational Research Journal,* 23, 660-667.

稲垣忠彦　1984　戦後教育を考える　岩波新書.

井上正明・小林利宣　1985　日本におけるSD法による研究分野とその形容詞対尺度構成の概観　教育心理学研究, 33, 253-260.

石川久恵　1990　保育における行動評価の研究（2）　日本保育学会43回大会発表論文集, 324-325.

伊藤秀子　1990　テレビ学習における眼球運動と視聴覚情報処理　放送教育開発センター研究報告, 18, 71-82.

Ito, H. 1991 An analysis of eye movements while watching educational TV programs. *Bulletin of the*

National Institute of Multimedia Education, 5, 147-162.

Ito, H. 1993 Effects of visual and auditory presentation on viewer's learning. *Research and development division working paper of Ntional Institute of Multimedia Education,* 041-e-93, 1-31.

伊藤崇達　1996　学業達成場面における自己効力，原因帰属，学習方略の関係　教育心理学研究, 44, 340-349.

岩立志津夫・諏訪きぬ・土方弘子・金田利子・木下孝司・斎藤政子　1997　保育者の評価に基づく保育の質尺度　保育学研究, 35, 52-59.

泉和枝　1992　「受容的・応答的保育」の研究——環境としての保育者——　日本保育学会第45回大会発表論文集, 692-693.

James, W. 1890 *Principles of Psychology.* New York: Henry Holt.

James, W. 1892 *The Principles of Psychology. (vol 1/2).* Dover Publications.

Josephson, W. L. 1987 Television violence and children's aggression: Testing the priming, social script, and disinhibition predictions. *Journal of Personality and Social Psychology,* 53, 882-890.

鹿毛雅治　1990　内発的動機づけに及ぼす評価主体と評価基準の効果　教育心理学研究, 38, 428-437.

鹿毛雅治　1991　生徒の内発的動機づけに及ぼす成績教示の効果　慶応義塾大学社会学研究紀要, 32, 29-37.

鹿毛雅治　1993　到達度評価が内発的動機づけに及ぼす効果　教育心理学研究, 41, 367-377.

鹿毛雅治・並木博　1990　児童の内発的動機づけと学習に及ぼす評価構造の効果　教育心理学研究, 38, 36-45.

梶田叡一　1985　子どもの自己概念と教育　東京大学出版会.

梶田叡一　1988　自己意識の心理学　東京大学出版会.

鎌原雅彦　1986　高校生のLocus of Controlに関する研究——期待及び学習動機との関連——　東京大学教育学部紀要, 26, 107-117.

鎌原雅彦・樋口一辰　1987　Locus of Controlの年齢的変化に関する研究　教育心理学研究, 35, 177-183.

鎌原雅彦・樋口一辰・清水直治　1982　Locus of Control尺度の作成と，信頼性，妥当性の検討　教育心理学研究, 30, 302-307.

上淵寿　1995　自己制御と自己評価の教育　武藤隆・市川伸一（編著）　学校教育の心理学, 129-155.

Kanfer, F. H. & Marston, A. R. 1963 Determinants of self-reinforcement in human learning. *Journal of Experimental Psychology,* 66, 245-254.

片野智治・國分康孝　1999　構成的グループエンカウンターにおける抵抗の検討——抵抗の種類と属性との関係——　カウンセリング研究, 32, 14-23.

菊地章夫・堀毛一也　1994　社会的スキルの心理学　川島書店.

Knapp, M. L. 1978 *Nonverval communication in human interaction. Second ed.* New York: Holt, Rinehart and Winston（牧野成一・牧野泰子訳　1979　人間関係における非言語情報伝達　東海大学出版会　1972に依処）.

小堀友子・上淵寿　2001　情動モニタリング操作が学習に及ぼす影響　教育心理学研究, 49, 359-370.

小池みさを　1990　保育行動と保育者の自己受容との関連性　日本保育学会第43回大会発表論文集, 332-333.

腰山豊　1987　保育方法の改善と保育評価——保育活動の評価に関する一試論——　日本保育学会第40回大会発表論文集, 662-663.

Levie, W. H. & Lentz, R. 1982 Effects of text illustrations: A review of research. *Educational Communication and Technology Journal,* 30. 195-232.

Levin, J. R. & Lesgold, A. M. 1978 On pictures in prose. Educational Communication and Technology, 26, 233-243.

Lombardo, J. P., Fantasia, S. C. & Solheim, G. 1975 The relationship of internality-externality, self-acceptance, and self-ideal discrepancies. *The Journal of Genetic Psychology,* 126 281-288.

Maehr, M. L. & Stallings, W. M. 1972 Freedom from external evaluation. *Child Psychology,* 43, 177-185.

Marston, A. R. 1967 Self-reinforcement and external reinforcement visual motor learning. *Journal of Experimental Psychology,* 74, 93-98.

松原達哉・萩原靖夫　1987　全国教育相談研修会の実態と今後のあり方　相談学研究, 19, 93-107.

McDonald, R. L. & Gynther, M. D. 1965 Relationship of self and Ideal-self description with sex, race, and class in southern adolescents. *Journal of Personality and Social Psychology,* 1, 85-88.

Milavsky, J. R., Stipp, H. H., Kessler, R. C. & Rubens, W. S. 1982 Television and aggression: *A panel study.* New York: Academic Press.

宮原和子・宮原英種　1987　応答的保育入門　蒼丘書林

三宅茂夫・田中亮胤　2001　保育のおけるコミュニケーションの生成の改善——誘因としての保育者の「ことばがけ」——　保育学研究, 39, 49-58.

宮本初枝　1991　教育環境としての保育者の資質と子ども観についての研究（1）　日本保育学会第44回大会発表論文集, 716-717.

宮本茂治・中澤潤・清水敬　1988　教育相談カリキュラムの検討（Ⅱ）——受講者の研修前後の比較——　千葉大学教育研究センター年報, 第5号, 1-29.

溝上慎一　1997　自己評価の規定要因とSELF-ESTEEMとの関係——個性記述的観点を考慮する方法としての外在的視点・内在的視点の関係——　教育心理学研究, 45, 62-70.

Moretti, M. M. & Higgins, E. T. 1990 Relating self discrepancy to self-esteem: The contribution of discrepancy beyond actual-self ratings. *Journal of Experimental Social Psychology,* 26, 108-123.

森上史朗　1995　保育実践研究の基盤を考える　（発達63）　ミネルヴァ書房, 63.

中川恵庄・松原千代子　1996　児童における「わり算」の学習に及ぼす自己評価訓練の効果——自己評価カード導入の効果——　教育心理学研究, 44, 214-222.

中島義明　1996　映像の心理学　マルチメディアの基礎　サイエンス社.

中島義明・井上雅勝　1993　映像視聴時の視覚運動　文部省科学研究費重点領域研究「情報化社会と人間」(103) 第2群「高度情報化社会における人間行動の変化」平成5年度合同成果報告書, 272-292.

中村陽吉　1983　対人場面の心理　東京大学出版会.

中澤次郎　1985　学校カウンセリング研修会における教員の意識の変化——知的学習と体験学習に比較から——　日本相談学会第18回大会発表論文集, 102-103.

西松秀樹・千原孝司　1995　教師による個人内評価と自己評価が生徒の内発的動機づけに及ぼす効果　教育心理学研究, 43, 436-444.

小田豊　1987　保育場面分析の検討（4）——保育者の期待と幼児の認知に関する一考察——　日本保育学会第40回大会発表論文集, 960-961.

小川博久　1978　保育行動分析：授業研究の方法論の確立のために　東京学芸大学紀要Ⅰ部門, 29, 55-178.

小倉泰夫・松田文子　1988　生徒の内発的動機づけに及ぼす評価の効果　教育心理学研究, 36, 144-151.

Osgood, C. E. 1952 The nature and measurement of meaning. *Psychological. Bulletin,* 49, 197-237.

大豆生田啓友・高杉展・若月芳浩・渡辺英則　1996　「保育の物語を探る」事例研究の試み——リアリティに迫る研究の在り方を求めて——　保育学研究, 34, 12-19.

Pearl, D., Bouthilet, L. & Lazar, J. (Eds.) 1982 *Television and behavior: Ten years of scientific progress and implication for the eighties: Vol.2. Technical reviews.* Washington, DC: U. S. Government Printing Office.

Peeck, J. 1974 Retention of pictorial and verbal content of a text with illustration. *Journal of Educational*

Psychology, 66, 880-888.

Pintrich, P. R. & De Groot, E. V. 1990 otivational and self-regulated learning components of classroom academic performance. *Journal of Educational Psychology,* 82, 33-40.

Rogers, C. R. 1942 Concerning and psychotherapy. Boston: Houghton Mufflin Company（友田不二男訳　1966　ロジャーズ全集2：カウンセリング　岩崎学術出版社）．

Rogers, C. R. 1951 *Client-centered therapy.* Boston: Houghton.

Rogers, C. R. 1959 A Theory of Therapy, Personality, and Interpersonal Relationships, as developed in the Client-Centered Framework. In S. Koch (Ed.), *Psychology; A Study of a Science. vol.3. Formulation of the Social Countext.* New York: McGraw-Hill, 184-256（伊藤博編訳　1967　ロジャーズ全集8：パーソナリティ理論　岩崎学術出版社）．

Rogers, C. R. & Dymond, K. F. 1954 *Psychotherapy and personality change.* Chicago　I ll.: University of Chicago Press.

Rosenberg, M. 1965 *Society and the adolescent self-image.* Prinston Univ. Press.

Rosenberg, M. 1979 *Conceiving the Self.* New York: Basic Books.

齋藤正典　2000　教師と幼児の関係性の中での教師の援助の変容　保育学研究, 38, 78-84.

坂越孝治・竹田契一・田中祐美子　1987　保育者のコミュニケーション・センシティビティの向上に関する実践的研究Ⅰ——INREAL（インリアル）適用の意義について——　日本保育学会第40回大会発表論文集, 718-719.

坂倉重雄・佐野秀樹・福島脩美　1993　カウンセリング研修の効果—研修経験を有す教師と一般の教師及び生徒指導教諭との比較研究　カウンセリング研究, 26, 139-145.

坂野雄二　1995　認知行動療法　日本評論社.

桜井茂男　1983　認知されたコンピテンス測定尺度（日本語版）の作成　教育心理学研究, 31, 245-250.

桜井茂男　1984a　内発的動機づけに及ぼす言語的報酬と物質的報酬の影響の比較　教育心理学研究, 32, 286-295.

桜井茂男　1984b　パズル選択法による課題への動機づけに及ぼす外的報酬の効果——自己評価的動機づけ理論の検討——日本心理学会第48回大会発表論文集, 282.

桜井茂男　1984c　質問紙法による児童の課題への動機づけに及ぼす外的報酬の効果の検討——自己評価的動機づけ理論の提唱——　日本教育心理学会第26回総会発表論文集, 686-687.

桜井茂男　1985　内発的動機づけに及ぼす外的評価と報酬予期の効果—自己評価的動機づけ（SEM）モデルの検討Ⅲ——　日本教育心理学会第27回総会発表論文集, 652-653.

桜井茂男　1987　自己評価的動機づけ（SEM）モデルに基づく「やる気」のない生徒の指導　カウンセリング研究, 20, 38-43.

桜井茂男　1989　内発的動機づけに及ぼす外的評価の予告と報酬予期の効果　教育心理学研究, 37, 29-35.

Salili, F., Maehr, M. L., Sorensen, R. L. & Fyans, L. J. 1976 A consideration of the effects of evaluation on motivation. *American Educational Research Journal,* 13 85-102.

Salomon, G. 1974 Internalization of filmic schematic operations in traction with learners aptitudes. *Journal of Educational Psychology,* 66, 499-511.

佐藤綾子　1992　40代における社会的距離の意識と態度　実践女子大学文学部紀要, 34, 65-92.

佐藤綾子　1994　アイコンタクトを中心とした日本人のパフォーマンスの特性——比較文化的および心理学的考察による視線行動の実験的研究——　パフォーマンス研究, 1, 25-38.

佐藤綾子　1995a　自分をどう表現するか——パフォーマンス学入門——　講談社現代新書.

佐藤綾子　1995b　パフォーマンスおよびパフォーマンス学の概念と目的　パフォーマンス研究, 2, 7-17.

佐藤綾子　1997　非言語表現を学ぶ目的とパフォーマンス教育の効果に関する自己意識の関係につい

て　パフォーマンス研究, 4, 7-20.
佐藤綾子　1998　日常生活を舞台とした非言語表現能力の阻害要因に関する研究——「場」と「かかわり」に対処するソーシャルスキルとしての視座から——　パフォーマンス研究, 5, 9-16.
佐藤綾子　1999　非言語コミュニケーション・スキル訓練のプログラム開発に関する研究　カウンセリング研究, 32, 145-156.
佐藤純・新井邦二郎　1998　学習方略の使用と達成目標及び原因帰属との関係　筑波大学心理学研究, 20, 115-124.
沢崎達夫　1993　自己評価とやる気　児童心理３月号, 36-40.
関口はつ江・柳田光穂　1990　保育者の行動と幼児の反応Ⅰ——保育者の姿勢と視線——　日本保育学会第43回大会発表論文集, 52-53.
関口準・橋本真理子・後藤千鶴子・常田奈津子・二階堂邦子　1985　保育者の保育指導分析——評価の研究Ⅰ——日本女子体育大学紀要, 15, 147-154.
関口準・橋本真理子・後藤千鶴子・常田奈津子・二階堂邦子　1986　保育者の保育指導分析——評価の研究Ⅱ——日本女子体育大学紀要, 16, 131-138.
Shavit, H. & Shouval, R. 1980 Self-esteem andconsistency effects on self-other evaluation. *Journal of Experimental Social Psychology,* 16, 417-425.
志賀智江　1987　幼児理解を促進するための教師教育プログラムの開発に関する研究　日本保育学会第40回大会発表論文集, 656-657.
鈴木和子・吉田彰子・天野和子・安藤八重子・早川幸子・粂幸男　1990　保育場面における子どものサインとその受け止め（その１）　日本保育学会第43回大会発表論文集, 44-45.
立川多恵子・堀合文子・上垣内伸子　1995　一人ひとりを育てる保育者の援助と保育内容　保育学研究, 33, 41-46.
田中三保子・桝田正子・吉岡晶子・伊集院理子・上坂元絵里・高橋陽子・尾形節子・田中都慈子　1996　保育カンファレンスの検討——第１部現場の立場から考える——　保育学研究, 1, 29-42.
田中祐美子・竹田契一　1987　保育者のコミュニケーション・センシティビティの向上に関する実践的研究Ⅱ——VTRによるフィードバックの効果について——　日本保育学会第40回大会発表論文集, 720-721.
樽木靖夫　1992　中学生の自己評価に及ぼす担任教師によるフィードバックの効果　教育心理学研究, 40, 130-137.
田代和美　1996　保育カンファレンスの検討——第２部研究者の立場から考える——　保育学研究, 34, 34-42.
寺田裕子　1984　自己卑下的自己評価と接近の防衛　甲南女子大学院論文集, 心理学年報, 3, 53-64.
Tesser, A. 1980 Self-esteem maintenance in family dynamics. *Journal of personality and Social Psychology,* 39, 77-91.
東條光彦・前田基成　1993　教育相談研修による教師の指導態度の変容とその維持に関する研究　カウンセリング研究, 26, 45-53.
冨田久枝　1996　幼稚園教員の援助スキル変容に及ぼすビデオ自己評価法の効果　筑波大学カウンセリングコース修士論文（未公刊）
冨田久枝　2000a　ビデオ自己評価法の効果Ⅳ——野球部におけるスキルトレーニングへの応用——　日本教育心理学会37回大会発表論文集, 381.
冨田久枝　2000b　ビデオ自己評価法の効果に及ぼす要因の検討　日本教育心理学会第44回大会発表論文集, 251.
冨田久枝　2000c　ビデオ自己評価の効果——幼稚園教員による自由記述の検討——　カウンセリング研究, 33, 303‐314.
冨田久枝　2000d　小学校教員の自己イメージとその特徴　筑波大学発達臨床心理学研究, 12, 99-109.

冨田久枝・田上不二夫　1996a　幼稚園教員研修の実態と援助スキル訓練の重要性　日本カウンセリング学会第29回大会発表論文集, 124.

冨田久枝・田上不二夫　1996b　幼稚園教員の援助スキル変容に及ぼすビデオ自己評価の効果　日本教育心理学会第33回大会発表論文集, 538.

冨田久枝・田上不二夫　1997　小学校教員の自己イメージとその特徴　日本カウンセリング学会第30回大会発表論文集, 140-141.

冨田久枝・田上不二夫　1998　幼稚園教員の援助スキル変容に及ぼすビデオ自己評価の効果　日本教育心理学会第40回総会発表論文集, 376.

冨田久枝・田上不二夫　1999　幼稚園教員の援助スキル変容に及ぼすビデオ自己評価法の効果　教育心理学研究, 47, 97-106.

冨田久枝・田上不二夫　2000　幼稚園教員のビデオ自己評価研修とその効果　保育学研究, 38, 49-56.

続有恒　1969　教育評価　教育学叢書第21巻　第一法規.

Veenman, S., Beems, D., Gerrits, S. & OpDeWeegh, G. 1999 Implementation effects of a training program for self-regulated learning. *Journal of Research and Development in Education,* 32, 148-159.

若林明美・細川政弘　1992　保育者の幼児へのかかわり行動と保育観との関連について（その2）　日本保育学会第45回大会発表論文集, 434-435.

Weiner, B. 1974 *Achievement motivation and attribution theory.* General Learning Press.

Weiner, B. 1979 A theory of motivation for someclassroom experiences. *Journal of Educational Psychology,* 71, 3-25.

White, R. W. 1959 Motivation reconsidered; The concept of competence. *Psychological Review,* 66, 297-333.

谷島弘仁・新井邦二郎　1996　クラスの動機づけ構造が中学生の強化の能力認知，自己調整学習方略および達成不安に及ぼす影響　教育心理学研究, 44, 332-339.

山口正二　1994　教師の自己開示と心理的距離に関する研究　カウンセリング研究, 27, 126-131.

山口正二・中島剛・山本勝也・原野広太郎　1992　学校カウンセリング場面における教師の応答様式に関する研究　カウンセリング研究, 25, 19-30.

山本真理子・松井豊・山成由紀子　1982　認知された自己の諸側面の構造　教育心理学研究, 30, 64-68.

Zimmerman, B. J. & Martinez-Pons, M. 1986 Development of a structured Interview for Assessing Student Use of Self-Regulated Learning Strategies. *American Educational Research Journal,* 73, 614-628.

Zimmerman, B. J. & Martinez-Pons, M. 1992 Perceptions of Efficacy and Strategy Use in the Self-Regulation of Learning. In D. Schunk & J. Meece (Eds.), *Student Perceptions in the Classroom: Causes and consequences.* Hillsdale, NJ: Lawrence Erlbaum Associates.

【その他の引用文献】
幼稚園教育課程講習会説明資料　千葉県教育委員会　1988年9月.
保育技術専門講座資料　文部省　1993年7月.
千葉県公立学校教職員研修事業総合計画　千葉県教育委員会　1994年.
全国幼稚園教育研究協議会　研究紀要
保育内容等の評価についての研究委員会編　「保育内容等の自己評価」のためのチェック・リスト　――園長（所長）編――　全国社会福祉協議会　1996年.
保育内容等の評価についての研究委員会編　「保育内容等の自己評価」のためのチェック・リスト　――保母編――　全国社会福祉協議会　1996年.
幼稚園教育要領・保育所保育指針現行・改定対照　社団法人全国保育士養成協議会　1999年11月.
幼稚園教育要針　文部省　1998年12月.
保育所保育指針　厚生省児童家庭局　1999年10月.
新しい保育所保育指針―――その解説と実践へのアプローチ―――　保育所保育指針検討小委員会メン

バー編著　チャイルド本社　2000年7月.
研修研究事業一覧　財団法人東京都私学財団　2003年.
平成15年度千葉県研修事業計画　千葉県教育庁教育振興部指導課　2003年.
平成15年度保育者研修計画　千葉県児童家庭課健康福祉部子育て支援班　2003年.
研修一覧（過去10年間）・平成15年度研修計画　社会福祉法人日本保育協会研修部　2003年.

本論文を構成する研究の発表状況

【審査論文】
冨田久枝・田上不二夫　1999　幼稚園教員の援助スキル変容に及ぼすビデオ自己評価の効果　教育心理学研究, 47, 97-106.（研究2に対応）
冨田久枝　2000　幼稚園教員のビデオ自己評価研修とその効果　保育学研究, 38, 49-56.（研究3に対応）
冨田久枝　2000　ビデオ自己評価法の効果—幼稚園教員による自由記述の検討—　カウンセリング研究, 33, 303-314.（研究3に対応）

【紀要論文】
冨田久枝　2000　小学校教員の自己イメージとその特徴　筑波大学発達臨床心理学研究, 12, 99-109.（研究3に対応）

【学会発表】
冨田久枝　1998　幼稚園教員の援助スキル変容に及ぼすビデオ自己評価法の効果Ⅲa　日本カウンセリング学会第31回大会発表論文集, 20-21.
冨田久枝　1999　ビデオ自己評価法におけるセルフモニタリングと個々のエピソードとの関連　日本教育心理学会第36回大会発表論文集, 654.
冨田久枝　2000　ビデオ自己評価法の効果Ⅳ—野球部におけるスキルトレーニングへの応用—　日本教育心理学会第37回大会発表論文集, 381.
冨田久枝　2002　ビデオ自己評価法の効果に及ぼす要因の検討　日本教育心理学会第44回大会発表論文集, 251.
冨田久枝・田上不二夫　1996a　幼稚園教員研修の実態と援助スキル訓練の重要性　日本カウンセリング学会第29回大会発表論文集, 124-125.
冨田久枝・田上不二夫　1996b　幼稚園教員の援助スキル変容に及ぼすビデオ自己評価の効果　日本教育心理学会第33回大会発表論文集, 538.
冨田久枝・田上不二夫　1997　小学校教員の自己イメージとその特徴　日本カウンセリング学会第30回大会発表論文集, 140-141.

【その他】
冨田久枝　1996　幼稚園教員の援助スキル変容に及ぼすビデオ自己評価の効果　筑波大学カウンセリングコース修士論文（未公刊）．（研究1・2に対応）

■事項索引

あ

INREAL（inter-reactive learning） 60
あるがまま志向 36

え

映像 60, 236
援助スキル 73, 75, 85, 235, 243
援助スキルチェック・リスト 99, 236, 243
援助スキルトレーニング 73
援助スキルの頻度 228

か

外在的視点 58, 231
外的強化 48
外的報酬 50
カウンセリング研修 35, 37
カウンセリングマインド 4, 234
かかわり行動 41, 246
学習 47
学習意欲 235
学習促進効果（mathemagenic effects） 63, 232
学習方略 54, 206
覚知（awareness） 55
獲得（acquisition）過程 53
眼球運動 66
環境による教育 7
環境を通して行う教育 3
観察学習 68

き

気づきカード 39
教育課程審議会 6
教育相談研修 35
強化刺激 48
共感性 41
共有主観 43

く

グループカウンセリング 36

け

傾聴スキル 240
原因帰属（causal attributions） 54, 206, 240
言語応答性 44
現実自己（real self） 57, 138, 233
現実主義 36
研修形態 244

こ

攻撃性 67
攻撃的行動 67
構成的グループエンカウンター 168, 230
構成への抵抗 207
肯定的自己評価 39
行動分析 41
効力感 240
個人内評価 51
個性記述的（idiographic） 58
個性記述的方法 58
子育て支援 10
子どものサイン 238
コミュニケーション・スキルトレーニング 45
コミュニケーション・センシティビティ 5, 60
5領域 8
コンピテンス 51

し

CCP（A Test for measuring children's cognition of parents） 40
自己意識（self-identification） 35, 57, 180
自己概念（self-concept） 41, 55, 231
自己強化（self-reinforcement） 48
自己決定 235
自己決定感 50, 240
自己受容 41, 217
自己成長 239
自己調整学習（Self-regulated learning） 52, 53
自己調整学習方略 54
自己認知（self-cognition） 55, 138, 168, 231
自己卑下的自己評価 59
自己評価 38, 43, 47, 57, 168, 240

自己評価カード　39, 52, 236
自己評価尺度　44
自己評価的動機づけモデル（Self Evaluation Motivation Model: SEMモデル）　49, 206
自己評価モデル　239
自己報酬　48
自尊感情（self-esteem）　57
自尊感情尺度　182, 208
自尊感情モデル　206
社会的スキル　76
社会的比較　36
社団法人全国保育士養成協議会　9
集団志向　36
授業カンファレンス　62
授業スキル　238
受容的・応答的保育　246
情動制御過程　55
初級教育相談研修　36
心理療法　36

す

ズーミングの効果　64

せ

成功体験　50
正の理想自己　58
絶対評価　51
折衷的カウンセリング　36
セルフイメージ　59
セルフイメージ尺度　98
全国幼稚園教育研究協議会　19
選択（selectivity）　53

そ

相対評価　51

た

他者決定感　50
他者評価（others evaluation: 外的評価）　49, 51
達成動機尺度　183, 208
達成動機づけ　50

ち

注意（alertness）　53
中央教育審議会教育内容等小委員会　6

て

抵抗　169
抵抗感　206, 207
抵抗感尺度　208

と

動機づけ　38, 54
統合（connecting）　53
取り組みへの抵抗　207

な

内在的視点　58
内発的動機づけ（intrinsic motivation）　49

に

二重符号化説　66
認知的従事（cognitive engagement）　53
認知的評価理論　49
認知変化　229

は

バッティングスキル　238
場面分析　40

ひ

PFT（Picture Frustration Test）　40
非言語コミュニケーション　45
ピッチングスキル　238
否定的自己評価　39
ビデオ自己評価法（Self-evaluation Using Video Analysis）　46, 101

ふ

負の理想自己　58
フランダース法　44
プランニング（planning）　53
ふりかえりカード　39
プレゼンテーションスキル　238

へ

べき志向　36
変化への抵抗　207
変換（transformation）過程　53

事項索引　275

ほ

保育観　246
保育カンファレンス　42, 62
保育技術協議会　27
保育技術専門講座　4, 22
保育行動分析　44
保育指導分析　44
保育者言語　44
保育所保育指針　3
保育場面分析　5
保育評価　40
保育評価研究　4
保育評価表　40
保育方略　41
法則定立的方法　58
ポジティブな自己認知　217
ポジティブな評価感情　231

む

無能感　50, 240

め

メタ認知　49
面接スキル　238

も

モデリング　68
モニタリング（monitoring）　53
モニタリング能力　52

や

やる気　39

ゆ

有能感　50, 240

よ

幼児言語　44
幼児理解　238
幼稚園教育要領　3
幼稚園教育要領改訂　5
幼稚園等新規採用教員研修　26

り

理想自己（ideal self）　57, 138, 233
理想主義　36

ろ

Locus of Control尺度　183, 208
Rogersの来談者中心療法　36

■人名索引

A
安彦忠彦　39, 47, 49
新井邦二郎　54, 235
芦田　宏　44

B
Bandura, A.　48, 68
Bills, R. E.　57
Block, J.　57
Brown, A. L.　52

C
千原孝司　51
Chodorkoff, B.　57
Clark, R. L.　66
Coopersmith, S.　56
Corno, L.　53
Cowen, P. S.　64

D
De Groot, E. V.　53
Deci, E. L.　49

E
Ekman, P.　45
遠藤由美　57, 58, 138, 168, 217, 231, 233

F
Friesen, W. V.　45
福岡貞子　244
福島脩美　37, 48

G
Goldstein, A. P.　76
Gough, H. G.　57
Grime, T.　65
Gynther, M. D.　57

H
萩原靖夫　36
Harrison, R. P.　45

橋本重治　47, 52
速水敏彦　54
林智恵子　39, 236
Higgins, E. T.　58, 233
平山許江　41
平山園子　42
Hoge, D. R.　57
堀毛一也　76
細川政弘　41, 245
Hughes, E. L.　51

I
稲垣忠彦　62
井上雅勝　67
井上正明　98, 141
石川久恵　39
伊藤崇達　54
Ito, H.　66
伊藤秀子　66
泉　和枝　246

J
Josephson, W. L.　67

K
鹿毛雅治　52
Kanfer, F. H.　48
片野智治　168, 207, 230
梶田叡一　57
菊地章夫　76
Knapp, M. L.　45
小林利宣　98, 141
小池みさを　41, 217
國分康孝　168, 207, 230
腰山　豊　4, 40

L
Lentz, R.　63, 65
Levie, W. H.　63, 65
Lombardo, J. P.　57

M

前田基成　37, 137
Maehr, M. L.　52
Mandinach, E. B.　53
Marston, A. R.　48
Martinez-Pons, M.　53
松原達哉　36
松原千代子　51
松田文子　50, 52
McCarthy, J. D.　57
McDonald, R. L.　57
Milavsky, J. R.　67
宮原英種　44
宮原和子　44
三宅茂夫　44
宮本茂治　36
溝上慎一　58, 231
Moretti, M. M.　58
森上史朗　42

N

中川恵正　51
中島義明　63, 67, 232
中村陽吉　168
中澤次郎　35
並木　博　52
西松秀樹　51

O

小田　豊　5, 40
小川博久　44
小倉泰夫　50, 52
大豆生田啓友　61

P

Pearl, D.　67, 236
Peeck, J.　65
Perloff, B.　48
Pintrich, P. R.　53

R

Rogers, C. R.　57, 233
Rosenberg, M.　56, 180, 231

S

齋藤正典　44
坂越孝治　5, 60
坂倉重雄　37, 137
桜井茂男　49, 169, 206, 240
Salili, F.　52
Salomon, G.　64
佐野秀樹　37
佐藤綾子　45, 54, 206
沢崎達夫　39
関口　準　44
関口はつ江　61, 243
Shavit, H.　169
志賀智江　238
Shouval, R.　169
Stallings, W. M.　52
鈴木和子　238

T

田上不二夫　17, 31, 141
竹田契一　60
田中祐美子　60
田中亮胤　45
田代和美　62
立川多恵子　61
寺田裕子　59
Tesser, A.　57, 206
冨田久枝　17, 31, 141
東條光彦　37, 137

U

上淵　寿　53

V

Veenman, S.　53

W

若林明美　41, 245

Y

谷島弘仁　54
山本真理子　56, 138
柳田光穂　61, 243

Z

Zimmerman, B. J. 53

… 謝　辞

　本研究を始めるきっかけとなったのが，筑波大学教育研究科カウンセリング専攻カウンセリングコースへの入学であった。筑波大学教育研究科は夜間の社会人を対象とした大学院であり，現場で長年にわたり幼児教育に携わっていた私にとり，研究や論文の執筆といった体験は未知の世界であった。そして，無事に修士論文をまとめることができ，さらに博士論文を書くというさらなる険しい道を10年の歳月をかけて歩んできた。この10年の道のりの中で，どれだけ多くの方々に指導・援助いただいたことか。この方々の指導・援助なしには，博士論文の完成は無かったであろう。博士論文を書きあげるという業を成し遂げることができたのも，一重に指導・援助してくださった方々のお陰と深く感謝している。

　特に，指導教官としてご指導くださった筑波大学心理学系教授・新井邦二郎先生には，心より感謝申しあげる。筑波大学教育研究科カウンセリング専攻カウンセリングコースを修了した後，筑波大学教育研究科博士課程の研究生として筑波大学前教授・杉原一昭先生のもとで勉強を始め，博士論文を書き始めたが，杉原先生がご退官され，その後を引き継いで新井先生が2年間にわたり指導してくださった。修士論文を土台として，さらに保育現場で研究・調査はすすめていたものの，博士論文という大きな課題を成し遂げるには未完成な研究が多く，研究計画，研究方法など基本的なことから細部にわたりご指導くださり，このように研究をまとめあげることができたと思う。

　また，筑波大学心理学系教育研究科カウンセリング専攻助教授・濱口佳和先生には，副指導教官としてきめの細かいアドバイス，貴重なご意見をいただき，研究をまとめることの厳しさ，その責任といった研究者の基礎基本について学ぶことができた。感謝申しあげる。

　また，杉原一昭先生は，研究生として博士論文執筆に挑戦する契機を与えてくださった。ご退官まで暖かく見守り，時には厳しく指導してくださり，先生との出会いがなければ，博士論文を書くという道に出会えなかったと思う。そして，先生の支えなしには，最後まで博士論文を書き上げることは不可能であったと思う。筆舌に尽くしがたいほど感謝している。

　筑波大学心理学系教育研究科カウンセリング専攻教授・田上不二夫先生には，修士論文執筆後，博士論文をまとめるまで，10年にわたり影になり日向になり暖かい励ましとご指導をいただいた。その他，國分康孝先生，國分久子先生，

堀洋道先生をはじめ多くの先生方がこの論文執筆を支えてくださった。

　論文の審査の過程でも，多くの先生方から指導・援助を受けることができた。筑波大学社会医学系教授・徳田克巳先生，筑波大学心理学系助教授・桜井茂男先生，服部環先生は，論文の不備な点を丁寧に，そしてわかりやすくご指導くださり，多くを学ぶことができた。論文として体を成し得たものと感謝している。

　また，筑波大学の研究生時代から仲間としてこの論文執筆を支えてくれた，筑波大学・佐藤純さん，市原学さん，市原美樹さん，ほか多くの当時院生だったみなさんは，特に私が苦手とする統計や理論的な背景等について，直接的，間接的に援助してくださった。このような心強い仲間があって10年も論文を書きつづけられたものと思い，深く感謝している。

　そして，この研究を一緒に創り上げてきた，保育現場の先輩，仲間，後輩に心から御礼申しあげたい。多くの保育者の協力なしには，この論文は書き上げることができなかった。保育者たちの思いに応えたい一心でこの論文をまとめることができた。

　最後に，私事ではあるが家族に感謝したい。嫁であり，妻であり，母である私がこれまでやってこれたのは，家族の理解と援助があるからに他ならない。家族の暖かい励ましあっての論文であると思う。

【著者紹介】

冨田久枝（とみた・ひさえ）
千葉県生まれ。市川市在住。

主な学歴：和泉女子短期大学児童福祉学科卒業，日本女子大学家政学部児童学科卒業，筑波大学大学院教育研究科カウンセリング専攻カウンセリングコース修了。筑波大学大学院心理学研究科博士課程研究生。

主な職歴：20余年にわたり幼稚園教諭として勤務。グリーク幼稚園教諭，市川市立百合台幼稚園教諭，築葉根幼稚園教頭。その後，カウンセリング及び保育内容の指導者として浦和学院専門学校看護学科講師，東邦医療短期大学講師，産業能率大学・短期大学講師，山村学園短期大学助教授等で専門学生，大学生の教育に携わる。現在，鎌倉女子大学児童学部児童学科，鎌倉女子大学大学院で保育者育成と心理学関連科目の指導を行っている。心理学（博士）。

主な著書：幼児期・児童期の問題と治療的カウンセリングの実際（共著）明治図書出版 1996年
現代カウンセリング事典（共著）金子書房 2001年
子どもはせんせい（単著）北大路書房 2001年
事例でみる発達と臨床（共著）北大路書房 2001年
教育心理学：保育者をめざす人へ（共著）樹村房 2004年
発達臨床教育相談マニュアル（共著）川島書店 2006年

保育者のためのビデオ自己評価法
理論・方法・実践的効果

| 2007年8月20日　初版第1刷印刷 | ＊定価はカバーに表 |
| 2007年8月30日　初版第1刷発行 | 示してあります。 |

著　者　冨田久枝
発行所　㈱北大路書房
〒603-8303　京都市北区紫野十二坊町12-8
電　話　(075)431-0361㈹
ＦＡＸ　(075)431-9393
振　替　01050-4-2083

©2007　制作／見聞社　印刷・製本／モリモト印刷㈱
検印省略　落丁・乱丁本はお取り替えいたします。
ISBN978-4-7628-2570-5　Printed in Japan